Wulf Dorn

GLI EREDI

Romanzo

Traduzione di Alessandra Petrelli

CORBACCIO

Titolo originale: *Die Kinder*
Traduzione dall'originale tedesco
di *Alessandra Petrelli*

Per essere informato sulle novità
del Gruppo editoriale Mauri Spagnol visita:
www.illibraio.it
Il sito di chi ama i libri

Casa Editrice Corbaccio è un marchio di Garzanti S.r.l.
Gruppo editoriale Mauri Spagnol

www.corbaccio.it

ISBN 978-88-6700-159-0

Per David

Prefazione dell'autore

La vicenda principale di questo romanzo è inventata, così come pure i luoghi e i personaggi che incontreremo di seguito.

Per quanto riguarda gli intermezzi, mi piacerebbe poter dire che si tratta di pura invenzione, invece in ciascuna di queste scene c'è un fondo di verità; si basano su avvenimenti successi nel corso dell'anno in cui ho scritto il romanzo.

La storia di Lucy Walker mi è stata ispirata da un'immagine scattata dalla fotografa belga An-Sofie Kesteleyn. È una foto inquietante, come i titoli di giornale citati nel romanzo che (a eccezione dell'ultimo) sono veri fino all'ultima parola. È inoltre interessante notare che questi articoli si sono succeduti nell'arco di cinque settimane soltanto.

Una delle esperienze più importanti che ho fatto nella mia vita di lettore e autore di storie oscure è che la realtà è sempre molto più agghiacciante di qualsiasi invenzione.

«Il luogo è qui, il tempo è ora e il viaggio nel mondo delle ombre di cui saremo testimoni potrebbe essere il nostro viaggio.»

Rod Serling
Ai confini della realtà

«Un bambino che perde la speranza diventa pericolosissimo. Ci sono molte situazioni difficili nell'infanzia, ma un bambino non deve mai perdere la speranza.»

Alfred Adler
Psicologia individuale

«Children 'round the world
Put camel shit on the walls,
They're making carpets on treadmills
Or garbage sorting.
And it's no game.»

David Bowie
It's No Game

I.

Il distributore di benzina. Il nubifragio. Il ritrovamento

Patrick Landers prese il cellulare prima ancora che il secondo squillo di notifica dei messaggi si fosse spento.

Finalmente!

Però, invece della foto di Su, sullo schermo comparve il logo del suo gestore telefonico. Il messaggio annunciava una *conveniente tariffa autunnale.*

«Al diavolo!»

Lasciò cadere il cellulare sul sedile accanto a sé. Aveva ancora un lungo tragitto da compiere e il cielo si andava rannuvolando come un sinistro presagio. Accelerò e guardò nello specchietto retrovisore, quasi cercasse i volti e le voci che lo incalzavano mentalmente.

«*Non dice più una parola...*»

«*È un'altra persona...*»

«*Si comporta in maniera strana, come... non saprei dire, è... inquietante. Sì, inquietante!*»

«*Forse mi prenderà per pazza, dottore, ma ho paura di lei.*»

E alla fine il suo professore relatore: «Non so che cosa pensare, Patrick. Sono sbigottito quanto te. In vent'anni di carriera non mi è mai capitato niente del genere».

Queste ultime parole erano le più opprimenti per Patrick. Era partito subito dopo la telefonata e da allora rimpiangeva di non averlo fatto già molto prima. Perché, per la miseria, aveva lasciato passare un'altra notte?

La strada provinciale curvava a sinistra, oltre i ruderi di un caseificio abbandonato da tempo, e poi finalmente era segnato il valico. Nessuno gli veniva incontro sulla carreggiata opposta e anche alle sue spalle la strada era vuota. Da quando aveva lasciato l'autostrada e poi la statale, non aveva incrociato più molti veicoli e da mezz'ora viaggiava completamente solo. Le cose sarebbero cambiate solo con l'arrivo della primavera, quando i turisti avrebbero arrancato con i loro camper lungo la stretta stradina per trascorrere qualche giorno di vacanza o per dedicarsi al parapendio nella solitudine delle montagne.

Ammesso che per allora qualcuno venga ancora qui.

La spessa coltre di nuvole, che non prometteva niente di buono, nascose anche le ultime luci del tramonto davanti a Patrick. Fin dal pomeriggio il servizio meteorologico aveva annunciato raffiche violente e forti precipitazioni piovose sui rilievi. Un nubifragio autunnale su quelle strade di montagna strette e tortuose poteva essere estremamente pericoloso.

Tuttavia non era il clima a preoccuparlo, quanto piuttosto ciò che poteva aspettarlo all'arrivo. La paura che le sue congetture fossero esatte non gli dava pace.

Anni prima Su gli aveva regalato una maglietta con la scritta *Take it easy or easy takes you.* «Sembra fatta apposta per te» aveva detto, e nessuno di quelli che conoscevano anche superficialmente Patrick l'avrebbe smentita. Patrick Landers non era una persona che perdesse facilmente la pazienza. Da allora erano cambiate molte cose, certo, lui e Su non stavano più insieme da un bel po' e la maglietta ormai sbrindellata aspettava da parecchio in qualche angolo del suo armadio di essere messa tra gli abiti usati, ma la scritta era sempre valida. Anzi, sempre di più con il passare del tempo. Nei trentacinque anni della sua vita aveva imparato che la maggior parte delle cose si rivela più innocua di quanto appaia a prima vista. Ammesso che le si affronti riflettendo e con la necessaria calma.

Questa volta però aveva sottovalutato la situazione. Su aveva promesso di tenerlo informato. Per tanti anni da quando si conoscevano aveva sempre mantenuto le promesse. Ora invece erano passati già tre giorni senza nessuna notizia da parte sua. Nessuna telefonata, nessun sms, niente. C'era di che preoccuparsi *seriamente*, e da pensare che fosse successo qualcosa. Qualcosa che lui forse avrebbe potuto impedire.

Maledizione, perché aveva rimandato così? Invece di provare ripetutamente a telefonarle invano e aspettare che lei lo richiamasse, si sarebbe dovuto mettere in viaggio già prima. Nel caso il suo presentimento, sempre più concreto e ormai diventato quasi una certezza, si fosse rivelato fondato, non c'era più tempo da perdere.

E se arrivo troppo tardi?

Scacciò quel pensiero, che lo tormentava come un insetto molesto, e si strofinò gli occhi stanchi. Era sfinito dopo il lungo viaggio e la precedente notte insonne. Una notte trascorsa a rigirarsi nel letto tormentato da quelle voci che anche ora lo perseguitavano.

«*È cambiato all'improvviso...*»

«*Si comporta in modo strano...*»

«*Inquietante!*»

Che cosa non avrebbe dato ora per un buon caffè!

Inoltre era quasi in riserva. Forse ce l'avrebbe fatta a raggiungere la meta, ma era rischioso.

Alla fine la ragione ebbe la meglio sull'impazienza e Patrick si fermò a un distributore dove un'insegna di grandi dimensioni informava: *Prossima area di servizio 30 km.*

L'indicazione tuttavia si rivelò un brutto scherzo del destino. Dopo essere sceso e aver infilato velocemente la pistola nel serbatoio, si accorse che la pompa non dava segnali di vita. Era spenta, come pure le luci nel casotto lì vicino. Solo allora Patrick si rese conto che anche l'abitazione adiacente era buia. I cartelli che promettevano *Ogni giorno brioche fresche e caffè da portare via* e *Controllo gratuito degli pneumatici – chiedere alla cassa* erano smentiti da un foglio attaccato alla porta d'ingresso dove qualcuno aveva frettolosamente scarabocchiato *Temporaneamente chiuso.*

Patrick rimase immobile per un attimo davanti alla porta. C'era qualcosa che non lo convinceva in quel messaggio. Qualcosa che non sapeva spiegarsi e che al massimo poteva essere definita un'intuizione. *Gli occhi si lasciano ingannare, l'istinto no*, gli era stato insegnato quando studiava medicina, e la vita gli aveva confermato che quell'affermazione non valeva solo in campo medico.

Forse dipendeva dal modo in cui era scritto il foglio. Scarabocchiato in fretta, come se il proprietario fosse fuggito all'improvviso.

Il vento si era rinforzato e portava con sé l'odore di pioggia. I tuoni rimbombavano assordanti e minacciosamente vicini.

Patrick lasciò perdere il bizzarro messaggio e tornò di corsa verso la macchina. Aveva già perso fin troppo tempo. Si mise di nuovo in viaggio, ignorando l'indicatore della benzina.

Ben presto la stazione di servizio deserta e le finestre buie scomparvero dal suo specchietto. Non si era affatto accorto del nugolo di mosche che ronzava contro i vetri di una di esse.

*

Mancavano pochi chilometri al valico quando il nubifragio si abbatté sulla strada. Le nubi scure avevano inghiottito completamente il cielo al tramonto, mantenendo la loro tetra promessa. Il vento si alzò ululando e spingeva con tale forza la Mercedes che Patrick faticava a restare in carreggiata.

Grosse gocce di pioggia colpivano il parabrezza, sempre più fitte, finché si trasformarono in una vera e propria cascata che nascondeva quasi del tutto la strada.

Patrick non poté fare altro che rallentare. Scalò di una marcia, imprecando. Mentre saliva per i tornanti, cercando di vedere qualcosa oltre la densa cortina di pioggia, non riusciva a smettere di pensare a quel foglio scarabocchiato in fretta. Alla sua inquietante intuizione. Come se esistesse un nesso tra i suoi timori e il distributore abbandonato.

Naturalmente era un'assurdità. Un'idea del genere era semplicemente frutto della stanchezza, della tensione e dell'agitazione di cui era vittima. Le situazioni di stress e di esaurimento possono provocare fenomeni di paranoia. Sebbene i tergicristalli si muovessero avanti e indietro alla massima velocità, non riuscivano a fare granché contro la massa d'acqua che scrosciava dal cielo.

Proprio adesso che la salita era più ripida e la strada più tortuosa.

Spazientito, diede un pugno al volante, quindi si richiamò all'ordine. Doveva trattenere l'impulso di schiacciare l'acceleratore e affrontare più velocemente la curva successiva. Essere in viaggio su quella strada con un tempo simile era già di per sé pericoloso. Non vedeva niente e oltre ogni curva poteva esserci un mucchio di foglie morte scivolose. Oppure una frana che l'acqua aveva staccato dal fianco della montagna.

Si strofinò nuovamente gli occhi e gettò una breve occhiata nello specchietto. Era sempre solo. Al chiarore del cruscotto i suoi occhi sembravano quelli del protagonista di un film dell'orrore. Come il dottor Jekyll *dopo* essersi trasformato in mister Hyde.

Cercò di tranquillizzarsi pensando che ben presto avrebbe raggiunto la sommità del passo. Erano molti anni che non veniva più in questa regione, ma ricordava ancora il punto panoramico che offriva una vista spettacolare sulla vallata. Di sicuro non con quella pioggia e non di notte, ma se non altro sapeva che da quel punto mancava giusto una mezz'ora di strada. Appena arrivato avrebbe...

Una solitaria luce accecante trasformò il parabrezza inondato di pioggia in un mare di luci. Una moto! pensò istintivamente Patrick

Schiacciò a fondo il pedale del freno e per un attimo gli sembrò di sbandare. Ma dopo pochi istanti la Mercedes si fermò ubbidiente con uno stridio di gomme. All'inizio Patrick temette di non riuscire comunque a evitare l'impatto contro il motociclista. Solo dopo un altro agghiacciante secondo si rese conto che il fanale non si muoveva.

Socchiuse gli occhi, accecato, per cercare di distinguere qualcosa in mezzo a quel diluvio illuminato scandito dal viavai frenetico dei tergicristalli. Il cuore gli batteva forte in gola.

Si era sbagliato. Da quanto riusciva a capire, quella davanti al lui sul lato sinistro della strada non era una motocicletta. Era un'auto, con un solo faro anteriore funzionante. Il guidatore doveva aver perso il controllo in curva ed era uscito di strada.

«Ci mancava solo questa!»

Patrick spense il motore e azionò le quattro frecce, anche se in quel punto non aveva molto senso. Le curve erano così ravvicinate che non si vedeva a più di cinquanta metri di distanza. Avrebbe dovuto segnalare il punto dell'incidente con due triangoli, ma siccome non aveva incontrato nessun'altra vettura da una mezza eternità, decise di infrangere le regole e di dare prima un'occhiata all'automobilista. Forse a bordo c'erano addirittura più persone.

Prese una pila dal cassettino del cruscotto e si infilò in tasca il cellulare. Quindi si calò fin sul viso il cappuccio della giacca a vento e scese.

Solo allora si rese conto dell'entità dell'incidente. La metà anteriore dell'Audi sembrava essere finita dentro una pressa. L'auto doveva aver sbandato prima sulla corsia di destra strisciando lungo la parete di roccia dalla parte del guidatore. Lo dimostravano diverse ammaccature e quel poco che restava della vernice argentata. Poi chi era alla guida doveva aver commesso l'errore di sterzare di scatto. Il muretto di pietra aveva fermato la sbandata della vettura facendo accartocciare il lato del passeggero come una lattina di birra vuota.

Patrick guardò il cofano semiaperto simile a un ghigno sinistro. Inspirò l'aria fredda della sera, riconobbe l'odore di benzina e si preparò a un brutto spettacolo. Poi corse verso la macchina, tenendosi il cappuccio con una mano per evitare che il vento glielo strappasse dalla testa.

Le schegge di vetro sparse sull'asfalto scricchiolavano sotto le sue scarpe. A parte il parabrezza, simile a un mosaico ripiegato appeso all'interno della vettura, tutti i finestrini erano frantumati. Ancora prima di arrivare all'auto, Patrick vide una donna seduta al volante. Aveva la testa reclinata sulla spalla destra, il viso nascosto da lunghi capelli biondi.

«Mi sente?» gridò nel fragore della bufera, senza ottenere risposta.

Patrick si avvicinò e diede un'occhiata all'interno dell'abitacolo. Tirò un sospiro di sollievo quando vide che il petto della donna si alzava e si abbassava, in modo lieve ma regolare. A parte lei non c'era nessun altro a bordo dell'auto.

«Ehi, riesce a sentirmi?»

La donna non reagì. Era priva di sensi e Patrick si domandò quanto tempo fosse trascorso dall'incidente. Nonostante il freddo e la pioggia non si vedeva uscire fumo dal cofano accartocciato. Il motore doveva essersi ormai raffreddato.

Patrick si accorse che il busto della donna era macchiato di sangue secco. Non sapeva giudicare se avesse riportato ferite anche alle gambe e di quale entità. L'airbag afflosciato le nascondeva completamente.

Provò a percuotere la portiera, senza riuscire ad aprirla. Non si sorprese, il telaio e la carrozzeria erano completamente deformati. Tirò fuori dalla tasca il cellulare e compose il numero di emergenza. Sotto quella pioggia fu costretto a toccare il display più volte prima di riuscirci.

Il centralinista del servizio di pronto soccorso che rispose al secondo squillo aveva una voce giovane e pacata. Quando Patrick cercò di spiegargli approssimativamente il luogo dell'incidente, si fece sempre più nervoso. Non sembrava avere idea di dove si trovasse il valico né quale fosse l'ospedale più vicino. Probabilmente il soccorso alpino avrebbe mandato un elicottero, lo rassicurò infine. Ci sarebbe voluto un po', ma naturalmente avrebbero cercato di fare il prima possibile.

«Rimanga sul luogo dell'incidente» concluse l'uomo. «La strada è già stata messa in sicurezza?»

Patrick gli spiegò che se ne sarebbe occupato subito dopo la telefonata. Proprio in quel momento la donna al volante si mosse all'improvviso. Doveva aver sentito la voce di Patrick e aveva ripreso i sensi.

Forse dormiva soltanto, si disse Patrick. Se si trovava lì da diverso tempo, era plausibile. Non bisogna sempre pensare al peggio, giusto?

«Benissimo, lo faccia» sentì dire dal centralinista che in quel momento era da qualche parte all'asciutto e al caldo nella centrale di soccorso, mentre lui doveva affrontare la gelida pioggia autunnale e le raffiche di vento. «Ma stia attento e non commetta...»

Patrick non udì altro, perché la donna aveva girato la testa verso di lui, che così la vide in faccia.

«Buon Dio, non è possibile!» esclamò, abbassando la mano che reggeva il cellulare. «Laura?»

Lei mosse le labbra e mormorò qualcosa, ma la sua voce era troppo debole e fu inghiottita dal fragore del nubifragio. Aveva la metà destra del viso incrostata di sangue e le ciocche bionde erano appiccicate a una ferita sulla fronte che aveva lasciato una ragnatela di sangue rappreso sulla tempia e sulla guancia. Il freddo e lo shock le conferivano un colori to giallastro che la faceva somigliare a un cadavere.

Patrick si infilò frettolosamente il cellulare in tasca e fece un altro inutile tentativo di aprire la portiera.

«Laura, mi senti?» Si sporse più vicino a lei, le agitò la mano davanti al viso. «Laura!»

I suoi occhi si riaprirono e cercarono freneticamente intorno a sé, come chi è stato svegliato da un sogno particolarmente intenso e deve ritrovare l'orientamento nella realtà. Alla fine si accorse della sua mano e quindi anche di lui.

«Pa... trick?»

La voce era solo un sussurro, ma lo aveva riconosciuto.

Era un buon segno.

«Resta immobile. Stanno arrivando i soccorsi. Ti fa male da qualche parte?»

Lei mosse di nuovo le labbra, senza produrre alcun suono. Poi la testa le ricadde all'indietro sul poggiatesta e le palpebre si abbassarono.

«Non addormentarti, Laura! Devi restare sveglia! Il dottore arriverà presto.» Stava gridando a squarciagola, ma non era sicuro che lei lo capisse. «Adesso mi allontano per segnalare l'incidente, hai capito? Torno subito.»

Lei aveva gli occhi chiusi e sembrava di nuovo svenuta. Probabilmente aveva una commozione cerebrale e aveva perso molto sangue.

Patrick decise che non poteva visitarla finché era incastrata dentro i rottami dell'auto. Non gli restava altro da fare che aspettare l'ambulanza. Oppure l'elicottero. Ammesso che trovassero quel posto sperduto nel nulla.

Si morse il labbro inferiore e avvertì un brivido in tutto il corpo che non dipendeva solo dal freddo. Era un fascio di nervi e il tempo stringeva. *Controllati! Sei un medico, quindi comportati come tale!*

Doveva pensare razionalmente alle mosse successive. Non poteva lasciare Laura lì da sola, ma non era il caso di indugiare oltre. Se fosse accaduto qualcosa a Su...

Si bloccò. Era forse per questo che Laura si era messa in viaggio da sola? Su non era con lei, perché...

«*Forse mi prenderà per pazza, dottore, ma ho paura di lei.*»

Si riscosse, per scacciare quel pensiero, quindi tornò verso la sua Mercedes. Tirò fuori il triangolo e corse sotto la pioggia fino all'imbocco della curva. Dopo averlo piazzato in mezzo alla carreggiata, corse indietro da Laura.

La trovò come prima, immobile e con gli occhi chiusi. Le tastò il polso, era accelerato, ma regolare. Le palpebre fremevano come se stesse sognando qualcosa di inquietante.

Per segnalare l'incidente sull'altra curva, gli serviva il triangolo dell'Audi. Per fortuna il bagagliaio aveva superato l'incidente meglio del cofano. Tuttavia anche il portellone si era deformato e non era possibile aprirlo a mani nude. Dopo diversi tentativi, Patrick ci rinunciò. Tornò alla sua macchina e prese dal proprio bagagliaio la chiave per smontare le ruote.

Il vento gli agitava i vestiti e lui era completamente fradicio. Aveva le dita intorpidite per il freddo.

Dopo vari colpi e varie spinte il portellone del bagagliaio finalmente si aprì. Una zaffata nauseabonda lo investì all'istante, togliendogli il respiro nonostante il vento. Patrick indietreggiò sgomento e la chiave gli scivolò dalle mani finendo sull'asfalto con un tonfo metallico.

Si premette una mano sulla bocca e sul naso, ansimando, e sbatté gli occhi. Al buio non riusciva a vedere che cosa ci fosse nel bagagliaio, ma il puzzo di putrefazione ed escrementi era micidiale.

Vomitò, fece un altro passo indietro e tirò fuori dalla tasca la pila. Temendo il peggio la accese e... rimase impietrito.

Colmo di raccapriccio guardò due occhi sbarrati che a sua volta sembravano fissarlo. Uno sguardo spezzato, impaurito, pieno di stupore e anche di rabbia. Poi vide la calotta cranica squarciata. La massa grigiastra di un cervello che non avrebbe mai più pensato, mai più avuto emozioni. Che era solamente una massa morta.

Barcollò all'indietro, inciampò e cadde per terra. La pila rimbalzò accanto a lui sull'asfalto e si spense.

Un altro conato gli strinse lo stomaco. Non si accorse nemmeno di come il vomito gli sporcasse la giacca a vento e i pantaloni.

Dopo un po' la nausea diminuì. Si rialzò barcollando come un ubriaco e si trascinò faticosamente con le ginocchia tremanti lungo la fiancata dell'auto.

Quando raggiunse Laura, si accorse che aveva riaperto gli occhi.

Lo guardò con le lacrime che le rigavano le guance.

«Mi... spiace... non... volevo...»

La sua voce era un sussurro, ma lui la sentì e rabbrividì.

«Su è ancora lì?» chiese con voce arrochita. Si reggeva al

tettuccio dell'Audi per non perdere l'equilibrio. «Rispondimi, Laura, devo saperlo! Su è ancora lì?»

Aveva le ginocchia molli, si sentiva sul punto di crollare da un momento all'altro.

Laura sgranò gli occhi raccapricciata.

«Non... andare lì!» esclamò con voce più alta. Lo sforzo la sfinì. «Non puoi... io...»

Poi le forze l'abbandonarono. Rovesciò gli occhi all'indietro ma poi tornò a fissarli su di lui. Cercava di resistere a un nuovo mancamento per metterlo in guardia.

Patrick si staccò dal tettuccio e tornò barcollando verso la Mercedes. Alle sue spalle udì le grida di Laura.

Salì in macchina, chiuse la portiera e partì rombando sotto il temporale.

II.

Centosessantaquattro. La donna nella stanza

Desolazione fu la prima parola che venne in mente a Robert Winter quando la porta dell'ascensore si aprì davanti a lui. Gli capitava di rado di scendere nel seminterrato della clinica. Il suo studio si trovava al secondo piano, dove se non altro arrivava la luce del giorno.

Si incamminò sul lungo corridoio dove ristagnava un odore pungente di disinfettante. Un misto di canfora, ammoniaca e aroma di limone che solo delle finestre spalancate avrebbero potuto spazzare via. Le pareti imbiancate con le fasce protettive di acciaio scintillavano fredde sotto le luci al neon. Lungo il corridoio si aprivano porte che avevano maniglie solo sul lato esterno ed erano chiuse da serrature a codice. Certi giorni dietro queste porte si udivano grida, pianti o risate folli. Non quel mattino però. Era ancora troppo presto. Sotto l'effetto dei sedativi di cui non potevano quasi mai fare a meno, i pazienti del reparto dormivano ancora.

Bennell gli venne incontro da una stanza in fondo al corridoio. Era passato almeno un anno e mezzo dall'ultima volta che si erano visti e Robert ebbe l'impressione che nel frattempo il poliziotto fosse molto invecchiato. La sua camminata era sempre quella dell'appassionato maratoneta, ma le rughe intorno al naso e alla bocca erano più marcate e i capelli cortissimi erano completamente grigi. Sotto le luci al neon brillavano quasi bianchi.

Frank Bennell doveva aver superato la sessantina ed era a un passo dalla meritata pensione. Finché restava in servizio, era sempre il segugio al quale venivano assegnati casi particolarmente delicati. Aveva quello che generalmente si chiama *settimo senso*, quell'intuito spiccato che non si può imparare ma con cui si nasce. Il suo istinto da criminologo gli aveva fatto guadagnare il rispetto e l'ammirazione dei superiori e soprattutto dei colleghi più giovani.

Bennell vantava una percentuale di successi che faceva morire di invidia altri colleghi del suo stesso grado. Tuttavia il poliziotto non si era mai montato la testa per questo. Al contrario, la sua forza risiedeva, tra l'altro, nel fatto che conosceva perfettamente i propri limiti e sapeva quando gli serviva un aiuto dall'esterno per fare progressi in un caso. E così da qualche anno era iniziata la collaborazione con Robert. Il criminologo e lo psicologo, due esperti della scienza che studia i lati oscuri della natura umana.

«La ringrazio di essere venuto subito» disse Bennell quando si incontrarono a metà del corridoio. «Mi spiace averla tirata giù dal letto, per di più mentre era in ferie.» Porse a Robert un bicchiere di carta fumante. «Nero e senza zucchero, giusto?»

«Un caffè e delle scuse? Deve trattarsi proprio di un'emergenza.»

Bennell abbozzò un sorriso e annuì. «Può ben dirlo. In vita mia ho sentito molte storie pazzesche, ma questa...»

Tacque e l'espressione del suo viso non prometteva niente di buono. A giudicare dalle profonde occhiaie doveva essere rimasto sveglio tutta la notte. Non si era nemmeno fatto la barba.

A Robert tornò in mente la loro ultima collaborazione,

nel caso dell'omicida del martello. Un broker di mezza età che aveva sviluppato allucinazioni psicotiche dovute allo stress. Ogni tanto sentiva delle voci che gli indicavano le case dove abitavano esseri antropomorfi con musi di maiale che progettavano una crisi finanziaria mondiale. L'uomo allora prendeva un martello dalla cassetta degli attrezzi e partiva per dare una lezione a questi mostri. Prima della cattura aveva massacrato nove uomini e quattro donne. Dopo ogni omicidio, che appariva del tutto arbitrario (se si prescindeva dalla folle logica del colpevole) e per questo rendeva le indagini estremamente difficili, l'uomo tornava alla sua vita quotidiana senza ricordare più niente dell'accaduto. Era come se la sua mente, dopo ognuno di questi attacchi di pazzia, facesse un reset completo, aveva riferito lui stesso, e Robert gli aveva creduto. Il cervello è capace di molte cose, soprattutto quando è fuori controllo.

Quel caso era stato particolarmente difficile per loro. Che cosa poteva dunque essere successo di peggiore?

Robert prese la tazza di caffè e seguì Bennell lungo il corridoio.

«Con che cosa abbiamo a che fare stavolta? Il suo collaboratore si comportava come se fosse un segreto di Stato.»

«Non è colpa di Lipinski» rispose Bennell. «Ho dovuto chiedergli di non parlarne per telefono. La procura ha richiesto l'assoluto silenzio sull'accaduto. Non è trapelato ancora niente all'esterno, ma è solo questione di tempo prima che i media lo vengano a sapere. Se per allora non avremo nessun risultato, scoppierà l'inferno. Per questo abbiamo bisogno di risposte il più in fretta possibile.»

Entrarono in una stanzetta dove un giovane grassoccio sedeva davanti a un laptop. Lavorava concentrato fissando il monitor sul quale si vedeva la ripresa di una telecamera. L'immagine sfarfallava e scompariva a tratti, ma Robert riconobbe il tavolo della saletta dei colloqui adiacente. Vide una donna e una infermiera sedute l'una di fronte all'altra.

«Lui è Markus Lipinski. Lipinski, questo è il dottor Winter» li presentò Bennell. «Lipinski si occuperà della registrazione del vostro colloquio.»

«Buongiorno, dottore.» Lipinski si tolse le cuffie e gli rivolse un cenno. «La registrazione è quasi pronta. Mi scuso, ma il sistema di telecamere della clinica è piuttosto antiquato.»

«Non è l'unica cosa antiquata qui dentro» ribatté Robert. «Ma provi ad andarlo a dire al ministero della Salute.»

Lipinski sogghignò, quindi tornò a occuparsi del monitor sfarfallante e cercò di stabilizzare l'immagine.

Bennell si mise seduto a un tavolo laterale ingombro di diversi fascicoli e indicò a Robert di accomodarsi di fronte a lui.

«Bene, mi racconti» disse Robert sedendosi.

«Dunque...» esordì Bennell strofinandosi la barba. «Cercherò di spiegarle la questione, ma non sarà facile.»

Prese il fascicolo che era sopra gli altri e lo aprì. Robert vide che si trattava di un rapporto di intervento.

«Ieri sera alle ore 19.23 abbiamo ricevuto una telefonata di emergenza» disse Bennell. «Un certo dottor Patrick Landers segnalava un incidente su una strada di montagna a circa sessanta chilometri da qui. La centrale ha subito avvisato il pronto soccorso che è giunto sul luogo dell'incidente quarantacinque minuti più tardi.»

Robert alzò le sopracciglia meravigliato. «Ci ha impiegato così tanto?»

«Sì, l'elicottero mandato inizialmente è dovuto tornare indietro a causa del nubifragio e i pompieri e l'ambulanza ci hanno messo parecchio a raggiungere il posto.»

Bennell tirò fuori dal fascicolo una cartina. Robert le diede un'occhiata senza capirci niente. Lui non era della zona e non aveva mai passato le vacanze in montagna. Preferiva andare al mare e fare vita di spiaggia con Jeanette e i bambini.

«Comunque, alla fine l'auto è stata individuata» proseguì Bennell. «C'è voluto un po' per tirare fuori dalle lamiere la donna che la guidava. Evidentemente aveva perso il controllo della vettura a causa della pioggia. Però è stata fortunata. A parte l'indebolimento generale e una ferita alla testa con una lieve commozione cerebrale, non ha riportato altre lesioni.»

Robert indicò il monitor che sfarfallava. «Immagino che sia quella la donna?»

Lipinski e Bennell annuirono quasi contemporaneamente.

Si capiva che erano un team affiatato, come era stato anche in passato tra Bennell e il predecessore di Lipinski, che subito dopo il caso dell'omicida del martello si era fatto trasferire al servizio interno.

Bennell aprì un secondo fascicolo dove erano indicate le generalità della donna.

«Nel frattempo veniamo a sapere che si chiama Laura Schrader» disse. «I suoi genitori possiedono una casa per le vacanze estive a pochi chilometri dal luogo dell'incidente. Ha dichiarato che veniva da lì. L'auto che guidava è intestata a un certo Boris Schumann.» Indicò un puntino sulla carta geografica. «Schumann ha un piccolo supermercato in questo villaggio, a poca distanza dalla casa delle vacanze. Non sappiamo perché Frau Schrader stesse guidando l'auto di Schumann, e la cosa è ancora più insolita perché tre giorni prima aveva noleggiato una vettura.» Indicò l'indirizzo sotto il nome di Laura Schrader. «Tra l'altro in una località a duecentocinquanta chilometri di distanza. L'abbiamo scoperto dalle e-mail inviate con lo smartphone. L'auto non è stata restituita, abbiamo controllato. Se era in vacanza con una macchina a noleggio che, secondo i termini del contratto, sarebbe stata sostituita nel giro di poche ore in caso di guasto, perché si trovava a bordo di un altro veicolo?»

«Forse aveva avuto un guasto, ma dato che si trovava in un luogo sperduto, la sostituzione non era stata immediata?»

«È quello che ho pensato anch'io» disse Bennell. «Ma la società di autonoleggio non ha ricevuto nessuna segnalazione di guasti.»

Robert avvicinò a sé il fascicolo e lesse i dati personali di Laura Schrader. Trentadue anni, nubile, project manager in un'agenzia di marketing.

«D'accordo, non sono stati segnalati guasti alla vettura. Ma dubito che mi abbia fatto chiamare solo per questo.»

Bennell fece una risata senza gioia. «No, certo, ma ho pensato di cominciare dalla parte più semplice della storia. Da qualcosa che avesse una parvenza di logica.»

Tirò fuori un altro foglio dal fascicolo, come un giocatore che scopre una alla volta le sue carte.

Si trattava della fotografia di una pistola affusolata e dall'aria antiquata.

«Quando Laura Schrader è stata estratta dalla vettura, i soccorritori hanno trovato questa sul pavimento davanti al sedile del passeggero. Una Luger 08. Un modello molto vecchio, registrato a nome di un certo Bernhard Jacobs. Vive in una strada vicina al supermercato di Schumann. È una pistola regolarmente denunciata. L'uomo possiede il porto d'armi come cacciatore. Ebbene, che cosa ci faceva Laura Schrader con questo ferro vecchio?» Lanciò una breve occhiata a Robert per dargli il tempo di elaborare la domanda, poi proseguì. «In ogni caso era stata utilizzata. Il caricatore è vuoto.»

«Quanti proiettili?»

«Al massimo otto. A meno che non fosse stata ricaricata. Già... e non è tutto.»

Questa volta Bennell ebbe un attimo di esitazione prima di aprire nuovamente il fascicolo. Rivolse un'occhiata quasi rammaricata a Robert e si schiarì la voce.

«Non è un bello spettacolo. Si prepari a qualcosa di sconvolgente.»

Robert prese la foto che gli porgeva Bennell. Durante la sua carriera si era occupato di diversi casi di omicidio ed era abituato alle foto scattate sulle scene del crimine, e a giudicare dall'espressione tormentata di Bennell in questo caso doveva trattarsi di una scena particolarmente efferata. Ma ciò che vide superava ogni sua aspettativa. Restituì la foto con espressione disgustata.

Bennell annuì comprensivo. «La bambina si chiama Mia Landers. Aveva otto anni. Era nel portabagagli dell'auto incidentata. Secondo il medico legale la ferita alla testa è stata causata da un colpo d'arma da fuoco.»

Robert lo guardò perplesso.

«Landers? Lo stesso nome di chi ha chiamato i soccorsi?»

«Esatto. È, o meglio era, sua figlia. Laura Schrader è la cognata di Patrick Landers. Ex cognata, per la precisione. Fino a quattro anni fa era sposato con la sorella maggiore, Susann. Strano che si siano incontrati proprio su questa strada isolata, non trova?»

Robert indicò la foto della pistola.

«È l'arma del delitto?»

«Stiamo controllando» rispose Bennell. «Ma non credo. Per ridurre così una testa ci vuole un calibro più grosso. Anche nel caso di un bambino.»

«Che cosa dice Landers?»

Bennell si strinse nelle spalle. «Non lo sappiamo. Perché è proprio qui che comincia la parte assurda della storia. Le consiglio di prepararsi e di credere a quello che le racconto. Anche se le risulterà difficile.»

Di nuovo quell'espressione indefinibile, che a Robert non piaceva affatto. Da quando conosceva Bennell, non gliel'aveva mai vista. Era un'espressione titubante, quasi intimorita.

«Abbiamo la certezza che la telefonata di emergenza è stata fatta con il cellulare di Landers e che chi chiamava si è identificato come Patrick Landers» disse Bennell. «Non è possibile esserne sicuri al cento per cento, ma credo che si trattasse proprio di lui. Seguendo gli spostamenti del suo cellulare, abbiamo ricostruito che fino al primo pomeriggio si è trattenuto nell'ambulatorio che si trova nello stesso quartiere in cui vivono anche Laura Schrader, la sua ex moglie e sua figlia.» Quasi a sottolineare la propria dichiarazione, Bennell posò sul tavolo le schede identificative delle quattro persone nominate, indicandole una a una. «Intorno alle 15.40 è partito. Lungo il tragitto ha chiamato più volte il numero della ex moglie, partita tre giorni fa insieme a Laura Schrader per andare nella casa delle vacanze. Questo almeno è ciò che risulta dagli spostamenti del cellulare di *lei.*»

«Si sa che cosa volesse Landers da sua moglie?»

«Ex moglie» lo corresse Bennell. «No, lei non ha risposto alle telefonate. Quando otterremo l'autorizzazione per controllare i messaggi sulla sua segreteria, scopriremo che cosa volesse di tanto urgente Landers da lei e perché alla fine si fosse messo in viaggio per raggiungerla. Si pensa infatti che la casa delle vacanze fosse la sua meta più probabile. L'ultima telefonata risulta quella fatta al numero di emergenza, da lui interrotta improvvisamente.»

«Si sa perché?»

«L'impiegato del centralino ha detto che Landers gli era sembrato stupito. Sicuramente perché aveva riconosciuto la cognata in macchina.»

«È strano però che abbia interrotto la chiamata per questo.»

«Concordo con lei. Pochi minuti più tardi Landers è ripartito diretto verso la casa delle vacanze. E poi la localizzazione si interrompe. La vallata laggiù è un unico grande buco nero. Non ci sono ripetitori nel raggio di dieci chilometri. Già, l'ente per la protezione ambientale è un bell'ostacolo per le nostre indagini. Proprio un gran bell'ostacolo.»

«Landers è scomparso» sintetizzò Robert.

«Esatto.» Bennell annuì lentamente e guardò Robert dritto negli occhi. «Landers è scomparso. E non solo lui.»

«Chi altri?»

Invece di rispondere, Bennell continuò a fissarlo in silenzio. Sembrava stesse riflettendo sulle parole da usare.

«Sono pronto» annunciò in quel momento Lipinski, alzandosi. «Può cominciare quando vuole.»

«Grazie» rispose Bennell senza distogliere gli occhi da Robert. «Ci siamo quasi.»

Lipinski fece un cenno di assenso e si diresse verso la porta. «Vado a prendere un caffè. Qualcun altro lo vuole?»

Robert scosse la testa, ma Bennell alzò due dita.

«Ce ne porti altre due tazze, per favore.» Guardò Robert con la massima serietà. «Mi creda, avrà bisogno ancora di un sacco di caffè oggi. Sarà una cosa lunga.»

Lipinski annuì, come a confermare le parole del superiore e uscì dalla stanza.

«Insomma, mi vuole dire che cosa è accaduto?» chiese Robert.

Bennell posò lo sguardo sul piano del tavolo e strinse le labbra assorto. Quando alzò di nuovo gli occhi, Robert si accorse che avevano una luce singolare. Riconobbe quell'espressione. L'aveva già vista nei suoi pazienti quando decidevano di fargli vedere uno scorcio del loro folle mondo.

E va bene, tanto non ho niente da perdere a parte la mia credibilità, diceva quello sguardo.

«L'ho avvertita, tutta questa storia sembra decisamente pazzesca» disse Bennell. Poi fece un profondo respiro. «Bene, il fatto è che la macchina di Patrick Landers è stata trovata con le portiere aperte e le luci accese di fronte al supermercato di Schumann. Di lui tuttavia manca qualunque traccia.» Fece una breve pausa, quindi aggiunse: «E anche di tutti gli abitanti del villaggio».

«Che cosa?» Robert lo fissò allibito.

«Centosessantatré persone, secondo l'anagrafe» disse una voce alle sue spalle. Lipinski era tornato e posò le due tazze sul tavolo.

«Aggiungendo Landers, sono centosessantaquattro» lo corresse Bennell.

Robert scoppiò in una risata incredula. «Mi state prendendo in giro?»

«La capisco, ma le assicuro che sarebbe una fatica eccessiva per noi» rispose Bennell serio. «Per non parlare poi delle squadre di ricerca che setacciano la zona da questa notte. Mancano centosessantaquattro persone. Uomini, donne, bambini.»

«Ma com'è possibile?»

«Siamo qui proprio per scoprirlo» disse Bennell. «Per ora pensiamo che tutte queste persone si trovino ancora nei paraggi. A parte Laura Schrader, non abbiamo notizia di nessuno che si sia allontanato dal paese. Il nostro problema maggiore, tuttavia, è che si tratta di un ex distretto minerario. Sotto terra ci sono più buchi che in un groviera. Ma le persone non possono essersi dissolte nel nulla. Secondo noi possono trovarsi solo sotto terra. In uno o più di questi cunicoli.»

Bennell prese una delle due tazze e sorseggiò la bevanda facendo una smorfia. Robert lo osservò preoccupato. Insieme avevano già risolto alcuni casi spettacolari, oltre a quello dell'omicida del martello. Robert pensò alla donna che rubava i neonati dalle carrozzine, o al femminicida necrofilo, oppure all'uomo che aveva castrato molti ragazzi e poi li aveva uccisi perché glielo aveva detto Gesù. Ognuno di questi casi li aveva sottoposti a un'enorme pressione, perché era necessario fare in fretta per evitare ulteriori vittime. Avevano dovuto scoprire le motivazioni dei colpevoli in brevissimo tempo, e c'erano sempre riusciti, non da ultimo grazie all'instancabile e puntuale lavoro d'indagine di Bennell.

Ora però quello che Robert aveva davanti era un Frank Bennell completamente diverso. Un Frank Bennell che dubitava di se stesso e del successo della propria missione.

«Non è possibile che le cose siano andate diversamente?» chiese Robert. «Per esempio, gli abitanti del paese potrebbero essere partiti tutti insieme per un viaggio. Basterebbero tre grossi autobus turistici...»

«Una specie di gita, dice lei? Come si faceva in passato quando si partecipava a una processione? No.» Bennell scrollò il capo e si massaggiò le tempie. «Deve sapere che da ragazzo ho letto molte storie dell'orrore e sono sempre stato affascinato in particolare dalla vicenda del *Mary Celeste.* Era un mercantile, ritrovato alla fine del diciannovesimo secolo alla deriva in mezzo all'Atlantico. Il carico e le provviste erano ancora a bordo, ma non c'era più traccia né del capitano né di sua moglie e di sua figlia, e neppure dell'equipaggio. Furono avanzate numerose teorie sull'accaduto. Si pensava che avessero lasciato la nave perché temevano che potesse essere affondata, forse da un maremoto, oppure, secondo la teoria più azzardata, da un qualche mostro marino che avevano avvistato. L'ipotesi più plausibile è che si sia trattato di un tentativo di truffa ai danni dell'assicurazione e che l'equipaggio si sia allontanato a bordo di una scialuppa e poi sia naufragato. Le supposizioni sono tantissime, ma la verità non è mai stata scoperta. L'unica cosa certa era che a bordo della nave regnava una gran confusione, come se fosse stata messa a soqquadro da una masnada di vandali.»

«E quale sarebbe l'analogia con la sparizione degli abitanti del villaggio?»

Bennell fissò con espressione assente il fascicolo davanti a sé, poi lo aprì di nuovo e scartabellò le foto. Ne tirò fuori due, ma esitò. Guardò nuovamente Robert. Aveva un colorito cereo.

«Quando è arrivata la nostra autopattuglia, nelle case e per strada regnava una gran confusione, per non dire altro» disse. «Sono state trovate anche tracce di sangue. Quasi come se fosse scoppiata una rissa generale.»

A questo punto mostrò a Robert le due foto. Sulla prima si vedeva una lavatrice e davanti un mucchio di panni sparsi per terra disordinatamente. Il cassetto della lavatrice era aperto e sopra di essa c'erano una scatola di detersivo rovesciata e un mucchietto di polvere bianca sul pavimento. La seconda fotografia raffigurava una tavola apparecchiata. La tovaglia era storta, i piatti, il cestino del pane e un vassoio di affettati, verdure e formaggio erano caduti a terra, le sedie erano rovesciate.

«Ecco l'analogia con la storia del *Mary Celeste*» disse Bennell. «A questo bisogna aggiungere l'arma e la bambina morta nel portabagagli dell'auto di Laura Schrader. Un'auto che appartiene a una delle persone scomparse.»

Robert annuì. Il tutto cominciava ad assumere contorni inquietanti. Ma diversamente da Bennell, da giovane lui non aveva letto storie di fantasmi ed era una persona razionale, convinta che esistesse una spiegazione logica per ogni cosa, anche se a prima vista poteva sembrare astrusa.

«Credo che questa donna sappia che cosa sia successo nel paese» proseguì Bennell indicando il monitor. «E sono convinto che lei sia la persona giusta per ottenere le risposte che cerchiamo. I suoi colleghi ci hanno detto che Frau Schrader è ancora sotto shock. È probabile che sia per questo che il suo racconto finora non ha alcun senso. Quanto meno per un uomo della mia età, che non crede più alle storie dell'orrore della sua gioventù.»

«Che cosa le ha raccontato precisamente finora?»

«Che là fuori c'è qualcuno che minaccia la vita di tutti noi» disse Bennell.

«Non è stata più precisa?»

«Eccome. Per questo l'ho chiamata.» Bennell sospirò. «Sostiene che siano dei mostri.»

Robert si alzò e si avvicinò al monitor. La donna era curva su se stessa, i gomiti appoggiati sul tavolo e il viso nascosto tra le mani. L'infermiera sedeva dando le spalle alla telecamera e sembrava immersa nella lettura di un e-book.

«Ha parlato con lei?» disse Robert girandosi verso Bennell che gli si avvicinò. «Ritiene che il suo stato confusionale sia autentico?»

«È lei l'esperto di traumi, lo scopra lei.» Bennell lo fissò inespressivo. «Con il nostro omicida del martello ne ero assolutamente certo. Ho richiesto il suo intervento solo per avere una conferma professionale. In questo caso però... al momento abbiamo solo una manciata di fatti che non combaciano, eppure sembrano collegati. Dobbiamo scoprire che cosa è accaduto a queste persone e finché non troveremo altri indizi, lei rappresenta la mia unica speranza.»

«D'accordo, parlerò con lei. Ma non si aspetti miracoli.»

«Al contrario» osservò Bennell, «è proprio ciò che mi aspetto da lei. Un maledetto miracolo è quello che ci occorre adesso.»

Uscì per primo e Robert lo seguì in corridoio. Arrivato

davanti alla porta della saletta dei colloqui, Bennell inserì il codice e si rivolse un'ultima volta a Robert.

«C'è un'altra cosa che dovrebbe sapere» disse a bassa voce. «Quando Laura Schrader è stata estratta dalla vettura, aveva i vestiti pieni di sangue. Nonostante la ferita alla testa, il medico che l'ha soccorsa ha detto che non poteva aver perso tanto sangue. Forse era della bambina, forse anche di un'altra persona. Ne sapremo di più quando il laboratorio avrà esaminato i suoi abiti.»

Robert annuì. «Mi consiglia...»

«Di essere molto prudente» concluse Bennell al suo posto. «*In dubio pro reo*, come si dice, ma forse Laura Schrader non è solo una testimone.»

Phnom Penh

Cambogia

« Avanti, muoviti. Non fermarti sempre. »

Il padre di Kannitha la strattonò per un braccio e lei avanzò barcollando, senza smettere di guardare le molte vetrine che superavano. Come le sarebbe piaciuto fermarsi ad ammirare tutte le cose meravigliose da scoprire dietro i vetri.

Era molto esaltata. La città era immensa! Tutti quei negozi, le insegne, la gente, le auto e i motorini. Venditori ambulanti che spingevano grossi carretti pieni di cocomeri. Chioschi a ogni angolo di strada che sprigionavano profumi irresistibili di zuppe, verdure, riso e arrosti. Piccole bancarelle che vendevano gelati colorati e Kannitha si chiedeva se quelle creme fredde le sarebbero piaciute. E poi tutti quei negozi di moda con vestiti meravigliosi! Da ognuno di essi proveniva una musica molto più alta di come si sentiva dalla radio a transistor che avevano a casa. Erano canzoni che non conosceva. Molte in una lingua straniera che Kannitha immaginava fosse inglese.

Ce n'era una in particolare che le piaceva molto. La cantante aveva una voce pigolante, come un topolino. Squittiva: « Hey! » dopo ogni strofa e Kannitha lo trovava buffo. Le sarebbe piaciuto mettersi a ballare, ma non era possibile, perché andavano di fretta e il padre continuava a tirarla per un braccio.

Dalle sorelle e dai fratelli maggiori aveva già sentito parlare della città, ma quello che vedeva superava di gran lunga la sua più sfrenata immaginazione.

Poco prima, per esempio, erano passati davanti a un negozio che vendeva solo giocattoli.

Nient'altro! *Incredibile!*

Quanto le sarebbe piaciuto rimanere per sempre lì davanti, anche se l'uomo all'interno l'aveva squadrata con espressione truce.

Era sicura che quell'occhiata non fosse rivolta a lei, ovviamente. Tutta colpa del caldo umido che gravava sulla città come una pesante campana. Era il caldo a dare fastidio a quell'uomo. Anche suo padre gemeva ogni pochi passi e si asciugava il sudore dalla fronte.

Quello che le piacevano di più erano i grandi animali di plastica. Il coccodrillo verde squillante, il leone che rideva e l'enorme elefante che non sarebbe mai potuto entrare nella stanzetta dove lei dormiva con i suoi fratelli.

E poi c'erano anche tantissime palle, di tutte le grandezze e colori. A casa ne avevano una soltanto, piccola, che si sgonfiava in continuazione. E loro erano in sei.

Kannitha però sapeva che era meglio non chiedere a suo padre se poteva regalare loro un'altra palla, o magari una ciascuno. Le avrebbe buscate di nuovo, perché non mostrava rispetto. Anche lei si rendeva conto che i soldi bastavano giusto per comprare da mangiare, e a volte nemmeno per quello, perché dopo l'incidente il padre non aveva più potuto lavorare... ma quelle palle colorate erano semplicemente *stupende*.

Bene, un giorno, quando avesse avuto dei soldi suoi, avrebbe saputo dove comprare delle palle così. Si sarebbe ricordata dove si trovava il negozio. Non si poteva mai sapere, magari un giorno gli dei l'avrebbero ricompensata, come ripeteva sempre la nonna.

All'improvviso il padre si fermò e Kannitha rischiò di andargli addosso.

« Aspetta qui » le disse, asciugandosi il sudore dal viso con un fazzoletto. Poi si appoggiò sbuffando al muro di un grande edificio e guardò verso l'alto.

« Siamo arrivati? » chiese Kannitha. Per tutta risposta ricevette solo un cenno d'assenso.

Lui era senza fiato, ma questo non era insolito, pensò lei. La colpa era non solo della calura afosa che tutti gli anni seguiva la lunga stagione delle piogge, ma anche della sua gamba. Non funzionava più bene, aveva spiegato a Kannitha il fratello maggiore, quando il padre era tornato a casa dall'ospedale. E siccome gli mancavano i soldi per aggiustarla, doveva zoppicare. Di sicuro era molto faticoso. Ma il peggio era che nell'incidente era andato distrutto anche il motofurgone. Adesso non poteva più trasportare niente per i venditori ambulanti al mercato e non guadagnava più.

Quello stupido camion!

Se non fosse stato per lui, oggi di certo avrebbero potuto comprare una, o due, oppure addirittura sei palle, pensò. E le avrebbero riportate a casa con il motofurgone, invece di dover fare tutta quella lunga strada a piedi.

Seguì lo sguardo del padre che osservava l'enorme facciata di vetro. Che casa grande!

Kannitha aveva imparato che una casa del genere si chiamava hotel. Chi voleva entrarci, prima doveva andare dal dottore, che ti toglieva il sangue per analizzarlo. Non era bello, l'ago pungeva, ma solo un pochino.

E a otto anni non si poteva più piangere per questo. E poi quello che aveva fatto il medico dopo era stato ancora più spiacevole. Non perché le avesse provocato dolore, ma perché era stato molto imbarazzante. L'aveva visitata in basso e lei si era vergognata tantissimo.

Da un vicolo accanto all'hotel le giunsero un suono metallico e risate di bambini.

Si girò a guardare e subito si mise a ridere. Era un gruppo di bambini e bambine, tutti della sua età, che giocavano a calcio in un cortile. Il pallone era in realtà soltanto una lattina di Pepsi vuota, e la porta era delimitata da due bidoni della spazzatura.

Su uno dei bidoni era seduta una bambina che rideva a crepapelle, perché il bambino che calciava la lattina verso la porta faceva un sacco di stupide acrobazie. E intanto cantava: «*Aye, sexy baby. Gangnam style!*»

Kannitha non aveva idea di che cosa significasse, ma anche lei trovava comico il modo goffo in cui il ragazzino agitava il sedere.

La bambina sul bidone si accorse di lei e le rivolse un cenno. Anche gli altri bambini la guardarono e la salutarono.

«Hey!» esclamò il bambino che stava ballando, muovendo esageratamente il braccio fino a puntarlo su di lei.

«Hey!» rispose lei sorridendo raggiante.

Le sarebbe piaciuto correre da loro, per giocarci insieme o almeno stare a guardare ancora per un po' quel buffo bambino e ridere insieme a loro, ma non era possibile. Il padre non glielo avrebbe mai permesso. Di sicuro non oggi, che era di pessimo umore.

Lei si strinse nelle spalle per scusarsi, rivolse un ultimo cenno di saluto ai bambini e tornò da suo padre. Lui era in piedi all'ombra della tettoia all'ingresso dell'hotel e non sembrava essersi accorto della sua breve assenza. Fumava una sigaretta che si era fatto da solo e guardava in terra con la fronte aggrottata.

Kannitha conosceva quel suo atteggiamento. Lo assumeva quando era concentrato a riflettere, e lei sapeva che allora era meglio non rivolgergli la parola. Si mise ad aspettare paziente accanto a lui, annusando l'aroma dolciastro del fumo di tabacco che si mescolava agli innumerevoli altri odori della città, e seguì con stupore e curiosità il viavai per strada.

Alla fine il padre gettò la sigaretta sul marciapiede, si raddrizzò e la prese di nuovo per mano.

« Vieni » le ordinò brusco, senza guardarla. Poi la fece entrare nell'hotel passando da una grande porta girevole di vetro.

Kannitha non riusciva a credere a quanto fosse piacevolmente fresco e pulito l'interno. Tutti erano vestiti bene, qualcuno aveva addirittura l'uniforme.

Il padre la portò fino a un tavolo molto lungo, lucido come una pietra levigata. Dietro c'era un uomo in uniforme. Era ancora giovane. La sua uniforme era molto più bella di quella di qualunque soldato Kannitha avesse mai visto nel loro insediamento.

« Sono Vibol » disse il padre al soldato parlando in maniera molto più comprensibile che a casa. « Mister Haddenbach mi aspetta. »

Che nome curioso, pensò Kannitha, ma il sorriso le morì sulle labbra quando vide lo sguardo del giovane soldato dietro il grande tavolo. La scrutò intensamente, come aveva fatto il proprietario del negozio di giocattoli.

Che strano, pensò. Qui c'è un bel fresco e l'aria è meglio di fuori. Perché allora lui è di cattivo umore?

« Camera 301 » disse infine il soldato a suo padre che la portò subito via con sé.

Mentre si dirigevano all'estremità opposta della grande sala, con il pavimento rivestito da un tappeto verde scuro,

Kannitha sentiva su di sé lo sguardo del giovane soldato. Perché la guardava così? Lei gli aveva sorriso educata.

Subito dopo dimenticò l'uomo in uniforme, perché entrarono in una cabina grande quanto la cucina della mamma con il soffitto e le pareti tutte di specchi. Bastava pigiare un pulsante e tutta la stanza si metteva in movimento dolcemente e subito dopo si fermava di colpo, facendo provare una insolita sensazione allo stomaco. Si sentiva suonare un campanello, la porta si apriva come se ci fosse un fantasma a spingerla e ci si trovava a un altro piano.

Suo fratello, che era già stato spesso in città e al quale, chissà perché, questo posto non piaceva, probabilmente l'avrebbe chiamata *tecnica*.

Per lei però era una *magia*. Bastava desiderare di essere altrove, si schiacciava un pulsante e *swish*... ci si arrivava. Era come fare un incantesimo!

Il padre uscì prima di lei. Davanti a loro si apriva un lungo corridoio, anch'esso ricoperto da un tappeto verde.

All'improvviso fu assalita da una strana inquietudine. C'era un gran silenzio. Nemmeno una persona a parte loro. Le venne paura. Se fosse stata sola, sarebbe corsa all'ascensore e sarebbe tornata di sotto, dove c'era altra gente.

Dove stavano andando? E chi era quest'uomo che aspettava suo padre?

Si fermarono davanti a una porta e il padre fece un profondo respiro. Tutta quella strada sotto il sole doveva averlo affaticato molto, perché sembrava in preda a terribili dolori. Ma prima che Kannitha potesse chiedergli se volesse riposarsi su una delle due sedie accanto alla finestra, il padre bussò alla porta.

Un uomo venne ad aprire, si sporse a guardare nel corridoio e poi bisbigliò qualcosa. Doveva significare che potevano entrare, perché il padre la trascinò subito con sé dentro la camera.

L'uomo richiuse la porta e sorrise a entrambi. Aveva capelli rossicci molto corti e un aspetto decisamente benestante. E *doveva* esserlo, benestante, se poteva permettersi una camera d'hotel, una camicia e una giacca. E poi quelle scarpe! Di sicuro non le aveva mai usate per camminare sulla sabbia.

« Ciao » le disse sorridendo. « *Aim Dieter.* »

Kannitha cercò di sorridere, perché lui l'aveva salutata, ma non ci riuscì. Forse dipendeva dal modo in cui la guardava. Un po' come il dottore, le sembrava. Forse era anche lui un dottore?

Poi l'uomo si mise a parlare con suo padre. Probabilmente in inglese. Sembrava la lingua che usavano i turisti quando arrivavano al loro villaggio e distribuivano caramelle ai bambini.

A Kannitha quegli uomini non piacevano.

Il padre gli diede una lettera, con un timbro sull'angolo in alto a destra. Somigliava a un serpente che striscia intorno a un bastone.

L'uomo la lesse, annuì soddisfatto e la restituì al padre. Poi tirò fuori dalla giacca una busta e porse anche questa a suo padre.

« *Sausend faif handred* » disse.

Il padre la prese in fretta e se la infilò nella cintura dei pantaloni, mentre l'uomo tornava a guardare lei e la indicava con un sorriso. Domandò qualcosa e il padre annuì serio.

Questa volta Kannitha comprese una delle parole e sorrise a sua volta. Era una di quelle che ripeteva la cantante con la voce pigolante nella canzone che aveva sentito provenire prima da uno dei negozi di moda.

L'uomo alzò le sopracciglia divertito e rimase sorpreso

dal suo sorriso. Aveva l'aria allegra e allora Kannitha scoppiò a ridere.

Poi cantò «*laikavercin*» con la stessa voce della cantante della radio aggiungendo un «*hey*» proprio come faceva lei.

L'uomo scoppiò a ridere e diede una pacca sulle spalle al padre.

Kannitha guardò verso il padre, sperando che ridesse anche lui. Invece la fissava con gli occhi spalancati e a lei parve di scorgere una lacrima che gli scorreva sulla guancia. Lo fissò spaventata. Che cosa gli succedeva?

Ma prima che potesse chiederglielo o potesse andargli vicino, il padre uscì precipitosamente dalla camera e l'uomo in giacca e cravatta si mise nel mezzo. L'afferrò per le braccia continuando a sorriderle.

Nel giro di breve tempo Kannitha avrebbe scoperto perché suo padre non aveva riso. Nemmeno lei avrebbe riso mai più. Invece avrebbe desiderato poter fare di nuovo una magia. Come prima, nell'ascensore, dove bastava schiacciare un pulsante per ritrovarsi in un altro posto. Ma sul letto di quella camera non c'erano pulsanti.

Vibol uscì dalla stanza correndo a testa bassa. Ancora una volta stava male e si sentiva disperato come le altre volte che era stato lì a portare una delle sue figlie. E la busta che teneva infilata nella cintura dei pantaloni non cambiava le cose.

Se non altro questa volta sarebbero bastati più a lungo, cercò di consolarsi. Millecinquecento dollari americani erano un sacco di soldi. Non erano sufficienti per aggiustargli la gamba, ma per un po' avrebbe nutrito la famiglia e avrebbe pagato per la protezione della sua capanna. Era già qualcosa. Bastava saper risparmiare, perché la prossima volta non avrebbe ricevuto tutti quei soldi per la sua figlia più giovane.

La piccola avrebbe comunque perso ben presto l'innocenza, si ripeteva. Meglio farlo con un tizio che pagava bene. In questo mondo succedeva sempre più in fretta, e forse era meglio così. Innocenza e candore rendevano vulnerabili, a volte persino con conseguenze letali. Lo sapeva bene lui, nel posto dove era costretto a vivere.

Sua figlia stava ricevendo la lezione più importante della sua vita: imparare a sopportare il dolore. Era la sorte della povertà.

Nonostante tutte le giustificazioni che cercava di darsi per le proprie azioni, non riusciva a sentirsi meglio. Gli sembrava di avere su di sé lo sguardo di tutti i passanti. Come se sapessero ciò che aveva fatto e ciò che stava succedendo tre piani sopra di loro. E che per questo lo odiassero.

Andate all'inferno, avrebbe voluto gridare. *Andate tutti all'inferno! Non sapete che cosa significa non riuscire a dormire per la fame! Non ho altra scelta!*

Si trattenne e si infilò a testa bassa nel vicolo laterale verso il cortile dell'hotel. Avrebbe aspettato lì fino all'orario previsto. Se non altro questa volta si trattava di un tedesco, e loro erano sempre puntuali. Se dicevano tre ore, le rispettavano.

Con dita tremanti tirò fuori il sacchetto del tabacco dalla tasca dei calzoni e si preparò una sigaretta. Impiegò più tempo del solito con un risultato decisamente pessimo.

Si appoggiò fumando al muro e si guardò le scarpe logore. Chissà se avrebbe potuto permettersene un nuovo paio? Se avesse detto a sua moglie di comprare meno verdura e più riso, ci sarebbe stato dentro. Così avrebbe patito meno a camminare.

Una lattina di Pepsi ammaccata finì davanti ai suoi piedi con un sonoro tintinnio. Vibol trasalì impaurito.

Si guardò intorno per vedere chi l'avesse lanciata e scorse

un gruppo di bambini nel cortile. Erano tutti maschi tranne una femmina. Lo fissavano con occhi sbarrati e avevano piegato la testa di lato, il che dava loro un'aria inquietante. Come se ascoltassero qualcuno che lui non riusciva a sentire.

« Che cosa vi salta in mente! » inveì. « I vostri genitori non vi hanno insegnato il rispetto? »

I bambini non risposero. Continuarono a fissarlo in silenzio. Poi la bambina si staccò dal gruppo e quando Vibol vide i suoi occhi di ghiaccio, la sigaretta gli scivolò dalle dita per il terrore.

Dopo che Bennell ebbe digitato il codice, si udì uno scatto e la porta della saletta colloqui si aprì. L'infermiera che prima era stata seduta di spalle, andò incontro a Robert. Dal suo sguardo si capiva che non vedeva l'ora di uscire dalla stanza.

«Buongiorno, dottore» disse e adesso che ce l'aveva di fronte, Robert si accorse che era incinta. Forse al quinto o al sesto mese, valutò. Sarebbe andata presto in maternità.

«Buongiorno» rispose lui. «Come sta?»

L'infermiera si voltò brevemente verso Laura Schrader che teneva sempre il viso nascosto tra le mani, come se dormisse.

«Uguale a prima» disse l'infermiera evitando il suo sguardo. Aveva l'aria incerta. Come chi non fosse abituato a lavorare con persone mentalmente malate. «Posso andare?»

Robert annuì. «Resti nei paraggi, casomai abbia bisogno di lei.»

«Aspetterò nella stanza accanto.»

Detto questo lo superò velocemente. Lui avvertì un oggetto duro che lo sfiorava spuntando dalla tasca del camice dell'infermiera e gli venne in mente il lettore di e-book sul quale l'aveva vista china poco prima. Forse leggeva un libro sulle future mamme, pensò. Vista la giovane età, doveva essere il primo figlio. All'epoca anche sua moglie aveva letto un sacco di manuali. Ed era andata in bagno spesso. Forse era per questo che la donna aveva tanta fretta.

Dopo che l'infermiera si fu richiusa la porta alle spalle, tuttavia, Robert intuì perché gli fosse apparsa tanto insicura. C'era qualcosa in quella stanza. Un'atmosfera singolare, difficile da descrivere, e che inquietava persino lui, ormai avvezzo da anni a lavorare nelle cliniche psichiatriche.

È come l'occhio di un ciclone, gli venne da pensare, e quest'idea fece riaffiorare in lui un ricordo. A dieci anni aveva assistito a una dimostrazione della gabbia di Faraday in un museo della scienza e della tecnica. Un uomo era entrato in una grande sfera di rete metallica e si era messo seduto su una panca di legno. La palla era stata poi sollevata fino al soffitto della sala e colpita da potenti scariche elettriche. Una vera e propria tempesta assordante di lampi blu. Alla fine la sfera era stata abbassata e l'uomo era uscito, incolume, ed era stato accolto dall'applauso del pubblico.

All'epoca Robert si era domandato come si fosse sentito l'uomo dentro la sfera durante la tempesta elettrica. Ora credeva di saperlo. Questa stanza con le pareti di cemento grezzo, occupata solo da un tavolo, due sedie e la telecamera di sorveglianza, che lo fissava da un angolo, gli sembrava l'interno di quella gabbia.

Era successo qualcosa al di fuori di queste pareti e continuava a succedere. Ma lì dentro, sotto terra, dove solo due lucernari ricordavano che esisteva anche un mondo all'esterno di questa stanza, lui e la donna erano al sicuro.

Oppure prigionieri...

Scacciò questo bizzarro pensiero e si avvicinò al tavolo.

«Buongiorno, Frau Schrader.»

La donna alzò la testa e lo guardò. Aveva un viso allungato, lineamenti regolari e due occhi intelligenti di un verde profondo e misterioso che lo fissavano carichi di scetticismo. La fasciatura sulla fronte le appiccicava i capelli. Da lì partiva un livido che scendeva fin sotto l'occhio sinistro.

«Mi chiamo Robert Winter» si presentò. «Il commissario capo Bennell mi ha pregato di parlare con lei.»

Sulle sue labbra affiorò l'ombra di un sorriso beffardo. «Perché ritiene che io sia pazza.»

«Perché vogliamo scoprire che cosa è accaduto» ribatté Robert sostenendo il suo sguardo.

«Non mi troverei *qui* se voi non mi riteneste pazza» obiettò lei. «È questo il suo compito, giusto? Confermare che ho perduto la ragione.»

«Il mio compito è di parlare con lei, perché sono specializzato nel trattamento di soggetti traumatizzati» spiegò Robert indicando la seconda sedia. «Posso sedermi?»

Lei si strinse nelle spalle e Robert si accomodò.

«Riteniamo che lei abbia avuto un'esperienza molto traumatica» spiegò «e che sappia che cosa è successo agli abitanti del paese.»

Lei abbassò lo sguardo e si fissò le mani posate sul piano del tavolo. Strinse a pugno le dita tremanti.

«Allora Patrick ha proseguito veramente?» domandò sottovoce senza alzare lo sguardo.

Robert annuì. «Per il momento è stata ritrovata solo la sua auto. Lui è sparito, come tutti gli altri.»

Lei fece un cenno affermativo, lo sguardo sempre fisso sui propri pugni. «L'ho avvertito» bisbigliò con un filo di voce. «Quello stupido non ha voluto darmi ascolto.»

«Di che cosa l'ha avvertito?»

Lei non rispose. Una lacrima le rigò la guancia e cadde sul tavolo.

Robert si chinò verso di lei. «Frau Schrader, non voglio

metterle fretta, ma dobbiamo sapere che cosa è accaduto. Dove sono quelle persone?»

Lei tacque ancora, come se dovesse raccogliere i pensieri. Poi si strofinò la faccia con la manica del camice d'ospedale e lo guardò di nuovo.

«Se glielo racconto, non crederà a una sola parola» disse seria. La paura le stava scritta in faccia. Poi indicò la telecamera. «Mi considera pazza anche lei, come quel poliziotto.»

«Forse dovrebbe permettermi di fare un tentativo» suggerì Robert. «Lei è chiaramente convinta di ciò che sa. Mi offra la possibilità di crederle.»

«Convinta?» Aggrottò la fronte, con evidente dolore, e si tastò la benda. «Certo che ne sono convinta. Anche se tutto dentro di me combatte contro questa convinzione. È così...» Si morse il labbro, quasi volesse trattenere quella parola. Alla fine la pronunciò.

«*Agghiacciante.*»

Robert la fissò intensamente, fino a intercettare il suo sguardo, e quando lo fece, la osservò attento. «Che cosa le è stato fatto, Laura?»

Altre lacrime le rigarono le guance e lei se le asciugò con la manica. Robert guardò verso la telecamera, che li osservava come un minuscolo occhio scuro.

«Possiamo avere dei fazzoletti e un bicchiere d'acqua, per favore?»

Laura Schrader singhiozzò, e lui capì che era combattuta.

«D'accordo» disse alla fine. «Le racconterò tutto. Tanto non ho più niente da perdere.»

La serratura della porta scattò con un *click* e l'infermiera di prima entrò nella stanza. Si avvicinò e posò sul tavolo un pacchetto di fazzoletti di carta, una bottiglia di acqua minerale e un bicchiere di plastica.

Laura Schrader la guardò.

«Grazie.»

L'infermiera annuì e uscì subito, quasi precipitosamente.

Atteggiamento da principiante, pensò Robert stizzito, ma non aveva tempo di cercarsi un'altra assistente.

Laura Schrader si soffiò il naso. Poi riempì il bicchiere, bevve un sorso d'acqua e fissò la bottiglia.

«Sa una cosa, da ieri sera non riesco a smettere di pensare a mio padre» disse. «A quello che ci aveva detto un tempo. A me e mia sorella. Lei si chiama Susann, ma tutti la chiamavano semplicemente Su. Le stava bene. Su, rapido e senza fronzoli.» Sorrise alla bottiglia, come se vi vedesse dentro la sorella. «All'epoca avevo cinque o sei anni, e Su due più di me. Era l'inizio delle vacanze estive. Eravamo soliti trascorrerle sempre alla casa sul lago. È un posto bellissimo, in mezzo alle montagne. Su e io eravamo sulla riva e lanciavamo sassi facendoli rimbalzare sull'acqua. Vincevo sempre io, e Su si arrabbiava. Bisognava trovare sassi piatti e Su non era mai stata brava in questo. I suoi andavano a fondo quasi sempre dopo il primo rimbalzo. Tuttavia continuava a giocare, lo faceva per me. Papà di solito stava seduto sul pontile, i piedi nell'acqua, a leggere. Era un topo di biblioteca e sapeva tantissime cose. Per questo gli feci quella domanda sui sassi.»

I suoi occhi tornarono a riempirsi di lacrime che lei asciugò frettolosamente.

«La mattina a colazione mangiai per la prima volta in vita mia i cereali al miele» raccontò. «Mia madre li aveva trovati all'emporio del paese.»

«Quello che oggi appartiene a Boris Schumann?»

Lei annuì. «All'epoca era di suo padre. In ogni caso mi piacevano molto e non volevo smettere di mangiarli. Continuavo a versarmene nella ciotola, e alla fine il latte traboccò. Fece una specie di piccola inondazione sul tavolo e la mamma mi rimproverò. Disse che era una semplice legge fisica. Deve sapere che era un'insegnante.»

Sorrise con espressione distante e Robert si domandò dove volesse andare a parare con quella storia. Il tempo stringeva, Bennell aspettava delle risposte, ma lui sapeva che non doveva mettere sotto pressione Laura Schrader. Aveva iniziato il processo di rielaborazione di un trauma, di cui loro ancora non conoscevano le cause. E come capitava alla maggior parte delle persone traumatizzate con cui aveva avuto a che fare, si avvicinava con cautela all'argomento vero e proprio. Come se fosse un animale pericoloso che tutte le volte apriva le fauci e avrebbe potuto azzannarla, se non fosse stata attenta.

Doveva portare pazienza, e anche Bennell. Anche se significava perdere del tempo prezioso.

«Mentre lanciavamo i sassi, mi tornò in mente la scodella del latte» proseguì. «Mi domandavo se fosse possibile far straripare anche il lago, lanciandovi dentro molti sassi. Mio padre rimase molto divertito da questa domanda, e naturalmente aveva la risposta pronta. Aveva *sempre* una risposta per *tutto*. 'Sicuramente tutto quello che facciamo alla natura provoca una reazione' disse. ' Il fatto è che non sempre ce ne accorgiamo subito, perché si tratta di eventi di dimensioni diverse rispetto a quelli della nostra esperienza individuale. Il lago è molto più grande della tua ciotola di cereali. Naturalmente il suo livello sale, se ci butti i sassi, ma di pochissimo. Così poco che non te ne rendi nemmeno conto. Ma se tantissime persone lanciassero tantissimi sassi nel lago, e lo facessero per molto tempo, a un certo punto l'acqua supererebbe gli argini. E se non si smettesse, tutto questo bel paesaggio sarebbe inondato. Proprio come è successo a te stamattina a colazione.'»

Avvicinò il bicchiere a sé e lo fissò immersa nei pensieri.

«Eravamo tantissimi» disse sottovoce. «Troppi. E abbiamo lanciato i sassi nel lago per tanto tempo. E alla fine ne è bastato uno soltanto per provocare un'inondazione. Capisce quello che voglio dire?»

Robert ricambiò il suo sguardo. «In tutta sincerità, non capisco. Perché non mi racconta il motivo per cui si è recata nella casa delle vacanze dei suoi genitori e quello che è successo dopo?»

Lei fece un profondo respiro e annuì. «Ci siamo andate insieme. Su e io e...» Dovette deglutire mentre gli occhi le si riempivano nuovamente di lacrime. «...E Mia. Era cominciato tutto da lei.»

Pensare alla nipote morta le fece perdere di nuovo il controllo. Scoppiò a piangere e Robert le lasciò il tempo di sfogarsi.

Bennell aveva espresso il sospetto che Laura Schrader fosse responsabile della morte della bambina. Che fosse stata lei a ucciderla. Era del tutto plausibile. Le sue lacrime potevano essere un segno di pentimento. Anche l'omicida del martello aveva pianto, quando si era reso conto di ciò che aveva fatto.

Ma in quel caso, qual era il collegamento con ciò che era accaduto in paese? Perché quei segni di una lotta spietata nelle case?

«Quello che sto per raccontarle è inconcepibile» disse dopo essersi calmata. «Se mi crederà, cosa che mi auguro sinceramente, allora forse potremo salvare ancora qualcosa.»

Cominciò a raccontare e ben presto Robert dovette darle ragione.

Era veramente una storia inconcepibile.

III.

Regressione. Un mondo impazzito. Fateli smettere!

Quando Laura cominciò a raccontare, si rese conto del poco tempo passato da quando gli eventi si erano messi in moto. Solo cinque giorni. Erano solo cinque giorni...

Eppure le sembrava di guardare a un tempo molto più distante. Dopo tutto quello che era successo, le sembrava di attingere al ricordo di una vita precedente, la vita di una Laura Schrader che non esisteva più. Perché anche il mondo che fino ad allora aveva creduto di conoscere, non esisteva più.

È ciò che si deve provare dopo una regressione, pensò, e questo pensiero la lasciò sorpresa.

In quell'altra vita precedente avrebbe liquidato come assurda anche solo l'ipotesi che qualcosa del genere potesse esistere. Era sempre stata concreta, non aveva mai creduto a niente che non fosse conciliabile con la logica del sano buonsenso. Certo, era stata convinta che una vita di successo implicasse anche una certa dose di fortuna, ma secondo il suo modo di pensare, si trattava solo di fortuna, non di predeterminazione né di un destino ineluttabile.

Già, era stata molto fortunata e aveva assaporato a sazietà il lato bello della vita. Aveva trentadue anni, godeva di ottima salute, era bella, aveva una professione di successo e grazie alla sua insaziabile ambizione era arrivata ad acquistare un appartamento in uno dei quartieri migliori della città. Ogni giorno mangiava in un buon ristorante, si concedeva due volte l'anno una vacanza a Madeira o ai Caraibi, faceva shopping nelle boutique più esclusive e si era già messa via un bel gruzzolo per la vecchiaia. Inoltre era stata a un passo dal diventare socia di una famosa agenzia pubblicitaria.

Ma tutto questo era il passato, ed era stato oscurato da un'ombra mostruosa. Ora dubitava di aver sbagliato. Forse esistevano davvero tra cielo e terra forze impossibili da comprendere con il pensiero razionale.

In questo caso, tali forze si erano sollevate contro di lei. Adesso era tutto perduto. Tutto, senza eccezioni. Una parte di lei avrebbe voluto essere davvero pazza, essersi inventata tutto quanto. Ora che era seduta in questa stanza angusta con le pareti di cemento, isolata dal mondo esterno che era diventato irreale e incomprensibile, e leggeva nello sguardo dello psicologo i dubbi sulle sue facoltà mentali, anche a lei sembrava tutto incredibile.

La voce, e ciò che era accaduto... Ciò che loro *avevano fatto*... Erano solo allucinazioni?

La Laura precedente ne sarebbe stata convinta.

La Laura precedente a quel pomeriggio di cinque giorni prima, quando era cominciato tutto.

Era una delle ultime belle giornate di ottobre. Una domenica di sole, preludio perfetto alle vacanze autunnali.

Laura aveva appuntamento con Su e Mia all'ingresso del parco cittadino. Quel pomeriggio il parco era molto affollato. Sembrava che l'intera città si fosse data appuntamento lì, per ammirare il fiammeggiante mare di colori degli alberi.

Accanto al cancello principale c'era una folta schiera di persone in fila davanti a un chiosco che vantava su una grande lavagna *Vero espresso e gelato italiano*. La donna e i due uomini erano indaffaratissimi a servire, per non rubare ai gitanti affamati di sole un ultimo sprazzo d'estate.

Laura si guardò intorno a lungo, prima di scorgere la sorella. La vide uscire dalla coda, sorridente, reggendo tra le mani due bicchieri di carta.

Anche Mia l'aveva vista e le corse incontro porgendole una coppetta con due palline di gelato alla fragola.

«Zia Laura, zia Laura! Vuoi assaggiare?»

«Be', se me lo offre una bambina tanto bella, non posso dire di no.»

Laura le scoccò un bacio sulla guancia e si fece imboccare con la palettina di plastica.

«Mmm» esclamò. «È troppo buono per condividerlo.»

«Hai ragione, ma per te farò un'eccezione» annunciò Mia guardandola raggiante. Aveva la bocca impiastricciata di gelato che la faceva somigliare a un piccolo clown. «Dopotutto sei la mia zia preferita.»

Laura scoppiò a ridere. Era una battuta ricorrente tra di loro, perché Laura era la sua unica zia.

Intanto anche Su le aveva raggiunte. Porse a Laura uno dei bicchieri e abbracciò la sorella.

«Che bello vederti, sorellina» disse ridendo.

«Sì, anch'io sono contenta» rispose Laura. «Sono già passati due mesi dall'ultima volta.»

«Per la precisione tre mesi e mezzo» la corresse Su con un sorriso ammiccante. «Ti piace il mocaccino? Qui lo fanno particolarmente buono.»

«Mi piace il mocaccino» la tranquillizzò Laura dando un'occhiata alla nipote. «E credo che sia ancora più buono bevuto al parco giochi.»

«Sììì!» esclamò Mia.

Si fecero largo tra la folla al cancello e Mia corse avanti.

«Aspettaci!» le gridò dietro Su, ma Mia continuò a correre senza nemmeno voltarsi indietro.

Schivò agilmente un paio di passanti e fece lo slalom tra i lampioni che fiancheggiavano il vialetto di ghiaia.

«Mia, mi hai sentito?»

Ma la bambina era già troppo lontano e la voce della madre si perse nel brusio generale.

«Lasciala andare» disse Laura, «qui non può succederle niente.»

«Tu non hai idea.» Su alzò gli occhi al cielo e sospirò. «Non immagini nemmeno quanto mi dia da fare ultimamente. Ha un'energia inesauribile. Di recente ha rischiato di finire sotto un camion.»

«Santo cielo! Si è fatta male?»

«No, è stata molto fortunata» disse Su con un altro sospiro. «Di sicuro se ne è già dimenticata, ma io ci sto male tutte le volte che ci ripenso.»

«Come è successo?» domandò Laura, evitando una signora anziana che spingeva il deambulatore in mezzo a loro con espressione stoica.

«Volevamo andare in biblioteca ed eravamo in ritardo» raccontò Su. «Martedì scorso c'è stato lo sciopero dei mezzi pubblici. Così abbiamo fatto un pezzo a piedi, per arrivare in tempo. Proprio mentre eravamo sulle strisce pedonali, le si è aperta la cartella. Io mi sono distratta per un attimo, e non riesco a perdonarmelo. Mia si è inginocchiata con tutta calma per raccogliere i libri. Il camion si è fermato giusto a trenta centimetri da lei. Mi è venuto quasi un infarto per lo spavento. Sai invece che cosa ha fatto mia figlia?»

«No, che cosa?»

«È corsa subito dall'autista e si è scusata con lui. Poi è venuta da me, mi ha preso sottobraccio e mi ha promesso che in futuro avrebbe sempre rispettato il semaforo pedonale.»

«È stata lei a *tranquillizzarti*?» Quest'idea fece ridere Laura. «È incredibile.»

«No, è Mia» la corresse Su ridendo a sua volta. «Sono contenta che stia di nuovo bene, ma da allora mi è venuta qualche ciocca bianca in più.»

«Quindi non ha più avuto episodi di sonnambulismo?»

Su scosse la testa e sorrise sollevata. «No, nessuna ricaduta. Credo che ormai il peggio sia veramente passato.»

«Sono molto contenta» disse Laura cingendola con un braccio. «Significa che ha finalmente superato la vostra separazione.»

Su annuì. «Patrick e io ce la stiamo mettendo tutta. Se non altro su questo andiamo ancora d'accordo. Ma adesso cambiamo argomento. Tu come stai?»

«Al solito» rispose Laura. «Un calendario troppo fitto di impegni e le settimane troppo corte, ma sono soddisfatta.»

Erano arrivate al parco giochi e si misero a sedere su una delle poche panchine ancora libere. Laura si appoggiò all'indietro, si schermò gli occhi con la mano e guardò il cielo limpido e azzurro.

Non aveva detto la verità a sua sorella. C'era qualcosa che la preoccupava. Un problema che la tormentava e per il quale finora non aveva trovato una soluzione. Ma non voleva parlarne con Su per il momento. Soprattutto non ora. Era un pomeriggio troppo bello per affrontare dei problemi. Voleva solo gustarsi il sole e la brezza tiepida che faceva danzare le fronde dorate degli alberi.

Avevano alle spalle un settembre piovoso e ora tutti volevano assorbire gli ultimi raggi di sole, perché la stagione fredda non avrebbe tardato ad arrivare.

«*Carpe diem*», avrebbe detto suo padre in quella situazione. Ed era proprio ciò che stavano facendo le sue figlie.

A poca distanza da loro Mia si arrampicava con una schiera di bambini su una struttura colorata. Era nel suo elemento, rideva ed esultava.

Non aveva nessuna difficoltà a trovare degli amici. In questo era molto diversa da sua madre, che da bambina era sempre stata timida e piuttosto introversa. Laura non ricordava che Su avesse molte amicizie all'età di Mia. Preferiva rifugiarsi nei mondi dei suoi libri. Parchi giochi, manifestazioni scolastiche e compleanni dei compagni per lei erano stati una tortura.

«Mamma! Laura! Guardate!»

Mia aveva raggiunto la sommità della struttura rosso acceso e le salutava agitando una mano.

Laura e Su ricambiarono il saluto e Su le gridò: «Attenta a non cadere!»

Le sembrava di essere sua madre, che si era sempre preoccupata delle figlie. Per lei ogni livido e ogni graffio sul ginocchio erano ferite serie. E quando si sporcavano giocando, le sgridava. La madre riteneva che non si addicesse a delle bambine infangarsi come maialini.

Su era sempre stata ubbidiente. Di solito era Laura a farla arrabbiare.

La nipote le somigliava tantissimo. Mia reagì all'avvertimento di sua madre limitandosi a scuotere la testa con un sorriso disarmante e riprese ad arrampicarsi. All'estremità opposta della struttura l'aspettavano già due ragazzini e una bambina. Quando Mia li ebbe raggiunti, saltarono insieme nell'erba e poi corsero verso lo scivolo ridendo e schiamazzando.

Dei piccoli selvaggi, pensò Laura augurando a Mia di non perdere nemmeno da grande quella spensierata allegria. Diversamente da ciò che era successo a lei.

Un pallone rotolò ai suoi piedi e la distolse dalle proprie riflessioni.

«Scusi» esclamò un ragazzino con un berretto verde, che recuperò il pallone e corse a raggiungere i suoi amici.

«Mi sa che dovrò comprarle dei pantaloni nuovi» disse Su guardando Mia che scendeva a razzo da una pertica. «Cresce così in fretta che sembra quasi di vedere mentre succede.»

«Dalle mie parti ha aperto una nuova boutique per bambini» disse Laura. «Potremmo approfittare delle vacanze autunnali per andare a dare un'occhiata. Sono sicura che Mia si divertirebbe a fare un po' di shopping.»

«Questo è sicuro» disse Su, «ma sarebbe uno shopping piuttosto costoso. Anche nel mio quartiere c'è un negozio di vestiti per bambini. Niente di speciale, ma per Mia basta anche roba qualunque. Tra sei mesi al massimo le diventerà di nuovo piccola.»

«Veramente mi piacerebbe comprare qualcosa...»

«No, sorellina cara. Ne abbiamo già parlato più volte. Apprezzo tantissimo ciò che fai per Mia, ma me la cavo benissimo anche da sola. Patrick sarà anche uno stronzo, ma si prende cura di sua figlia. E ora che posso di nuovo lasciare Mia da sola la notte, ho ricominciato a lavorare sui turni. Così guadagno di più e mi risparmio pure gli incontri con il nostro amato *primario.*»

«Ti fa sempre la corte?»

Su annuì e alzò gli occhi al cielo. «La settimana scorsa abbiamo festeggiato una specie di giubileo. Il suo decimo invito a pranzo. Be', se non altro non lo si può accusare di non essere intraprendente. Tutte le volte cambia ristorante.»

«Tu hai rifiutato?»

«Naturale.»

Laura aggrottò le sopracciglia. «Come, naturale? Perché non gli dai almeno una possibilità? Se è davvero così piacente, come dici, non c'è niente di male. Non te lo devi mica sposare.»

«Laura!» Su scrollò la testa ridendo. Era la stessa risata che Laura associava a sua madre. Indulgente e un po' superba. «Tu forse lo faresti, ma io non cerco un'avventura. Non è mai stato nella mia natura e lo sai anche tu. Inoltre è fuori discussione, ora che Mia e io siamo da sole. Devo esserci per lei.»

«Questo lo capisco, d'altro canto Mia non è più una bambina piccola. Al contrario, trovo che sia molto indipendente per la sua età. E di sicuro è intelligente. Sono certa che capirebbe che anche sua madre ogni tanto ha bisogno di svagarsi un po'.»

Su finì di bere il mocaccino e gettò il bicchiere nel cestino accanto alla panchina. Poi guardò Laura con espressione seria. Anche questa posa l'aveva ereditata dalla madre, proprio come il suo aspetto esteriore e tanto altro.

«Non mi interessa quel genere di svago, Laura. Dovresti saperlo.»

Laura si scostò leggermente da lei e fece un gesto conciliante con le mani. «Non intendevo dire questo. Volevo solo dire che...»

«Lo so che cosa volevi dire» la interruppe di nuovo Su. «È proprio questa la differenza tra di noi. Abbiamo punti di vista diversi riguardo al concetto di vita appagante. A me non interessano i soldi e la carriera, mi basta avere un introito. E per ciò che riguarda l'universo maschile, la lezione con Patrick mi è bastata. Per il momento non ho alcun bisogno. Per me conta solo che Mia stia bene.»

«Ma l'una cosa non esclude l'altra.»

«Forse per te sarà così perché non hai figli.»

Laura sentì una fitta al petto. Era convinta che Su non avesse voluto ferirla di proposito, esprimendo quel tacito rimprovero che le avrebbe rivolto anche sua madre, ma faceva male lo stesso.

«Se avessi un figlio che dipende da te e ha bisogno di te, vedresti le cose in maniera diversa» aggiunse Su, e quando guardò Laura tornò a sorridere. Questa volta era un sorriso dolce e affettuoso. «Non vorrei essere fraintesa» spiegò. «Non ti sto rimproverando. Ognuno deve vivere come si sente più felice. Ma quando ci si assume la responsabilità di un figlio, bisogna essere pronti a mettere da parte i propri desideri e i propri bisogni. Almeno io la vedo così.»

«Per questo sei anche un'ottima madre» disse Laura sforzandosi di parlare in tono scherzoso. Che fosse stato voluto o meno, quel piccolo colpo basso era andato a segno.

«Spiegalo a mia figlia, quando la mando a letto la sera» commentò Su ridendo, come se non fosse successo niente. «Vedrai che ti direbbe che sua madre non è per niente...»

Lasciò la frase a metà e diventò improvvisamente seria.

«Che cosa c'è?» domandò a Laura.

«Laggiù.» Indicò con il mento verso sinistra. «Lo vedi quel tipo? Quel vecchio con il giornale.»

Laura si sporse oltre la sorella per vedere meglio. Scorse allora l'uomo seduto da solo su una panchina dove fino a poco prima c'erano state due donne che chiacchieravano.

«Lo vedi come fissa i bambini?» domandò Su sottovoce.

In quello stesso momento uno stormo di uccelli si alzò dagli alberi al margine del parco. Per un istante si dispersero disordinatamente, prima di riunirsi in una nuvola scura e volare via. Laura e Su non se ne accorsero, e neppure le altre persone presenti nel parco sembrarono rendersi conto di ciò che avveniva sopra le loro teste.

Soltanto il ragazzino con il berretto verde li vide. Si domandò che cosa potesse aver spaventato gli uccelli e si meravigliò che non cinguettassero. Nessun trillo o fischio esaltato, solo il fruscio di centinaia di ali che risuonava come uno scroscio impetuoso. Strano, pensò il ragazzino. Di solito gli uccelli migratori erano molto chiassosi.

Seguì con lo sguardo la nuvola nera che diventava sempre più piccola e alla fine scomparve in lontananza. Poi tornò a giocare con i suoi amici.

L'uomo doveva essere vicino all'ottantina, calcolò Laura. Con i capelli bianchi pettinati all'indietro e l'abito elegante sopra il quale portava un cappotto di cachemire, somigliava a un attempato gigolò. Una reliquia di epoche passate.

Se ne stava seduto immobile e osservava i bambini sopra il bordo del giornale. Poi sembrò accorgersi delle occhiate delle due sorelle, perché girò il viso rugoso e inespressivo verso di loro e chinò la testa in un cenno di saluto.

Su si voltò subito verso Laura.

«Chissà se quel tipo è un *tu-sai-chi*?»

Laura si strinse nelle spalle. «Anche se lo fosse, è un *tu-sai-chi* molto vecchio.»

Su fece una smorfia contrariata. «Maledizione! Non ne posso più di certe storie, credimi! Sarebbe la terza volta nel giro di un anno e mezzo che dobbiamo cambiare parco giochi.»

«Come mai?» domandò Laura sorpresa.

«Il primo parco giochi, proprio dietro l'angolo di casa nostra, è stato smantellato dal Comune» raccontò Su sbuffando stizzita. «Ci devono costruire non so che discount. Allora abbiamo trovato un altro parco giochi, ma poi ho saputo che godeva di una pessima fama. Si dice che di notte sia frequentato da spacciatori e tossici. Una signora del nostro condominio mi ha raccontato che non permette più ai suoi figli di andarci a giocare. Dicono che abbiano dovuto togliere la buca della sabbia perché era piena di siringhe e profilattici usati.»

Laura arricciò il naso. «Che schifo!»

«A chi lo dici» concordò Su. «Perciò abbiamo lasciato anche quello. Mia era triste, ma come abbiamo constatato ben presto, è stata la cosa giusta da fare. Pochi giorni dopo sul giornale c'era scritto che un vecchio pazzo aveva molestato delle bambine mostrando loro dei giornaletti porno!» Su scrollò il capo indignata, e i capelli le finirono davanti al viso. Si scostò le ciocche bionde con un gesto impetuoso e alzò gli occhi al cielo.

«Siccome nel nostro quartiere è vietato giocare in tutte le altre zone verdi, da allora veniamo qui» proseguì. «Impieghiamo quasi mezz'ora con la metropolitana, ma a Mia piace molto. E se adesso un vecchio balordo crede di poter...»

Un fruscio alle loro spalle la interruppe. Laura alzò la testa stupita. Non si era accorta che l'uomo si era avvicinato e adesso era a pochi passi da loro. Teneva in alto tra le mani il giornale aperto. I titoli in grassetto balzarono letteralmente davanti ai loro occhi.

85 VITTIME PER UN ATTACCO TERRORISTICO

SCOPERTO IL CADAVERE DI UN NEONATO
IN UN CASSONETTO

ULTERIORI TEST NUCLEARI
NELLA COREA DEL NORD

OSPEDALE SIRIANO BOMBARDATO

Su balzò in piedi di scatto e fronteggiò minacciosa il vecchio.

«Come si permette!» esclamò. «Se ne vada subito, altrimenti chiamo la polizia!»

Alla vista della sorella infuriata, Laura pensò istintivamente a una leonessa che difendeva i cuccioli. Non l'aveva mai vista così. In preda a quella collera improvvisa, Su sarebbe stata pronta a scagliarsi su quel vegliardo, se lo avesse ritenuto necessario.

L'uomo abbassò leggermente il giornale e guardò le due donne con i suoi occhi acquosi.

«È pazzesco» disse con voce roca facendo una smorfia truce. «Il mondo è impazzito. È un unico grande manicomio.»

Solo in questo momento Laura si rese conto di essersi sbagliata. Da lontano il completo dell'uomo le era sembrato costoso ed elegante, ma visto da vicino era logoro e unto. La camicia e la cravatta annodata con cura erano macchiate e il fazzoletto piegato con precisione spuntava dal taschino come un pezzo di carta ingiallito. Anche il cappotto di cachemire sbottonato aveva visto tempi migliori: era spelato e aveva il bordo delle maniche sfrangiato.

«Sparisca» gli ordinò Su. «Ci lasci in pace e non si azzardi più ad avvicinarsi ai bambini!»

L'uomo abbassò completamente il giornale, guardò Su imperturbabile e ripiegò più volte le pagine. Quindi le infilò nel cestino accanto alla panchina e rivolse un sorriso privo di allegria a Su.

«Mi creda, carissima, sono l'ultimo di cui lei o i bambini dovreste preoccuparvi» mormorò. «È il mondo che dovrebbe farvi paura. Questo mondo impazzito.»

Poi si allontanò a passo incerto, guardandosi intorno come se avesse perso l'orientamento. Un'apparizione triste, che sembrava alla ricerca della via verso un luogo che non esisteva più o forse non era mai esistito.

«Che cos'hai, nonna?»

La bambina guardò preoccupata la nonna. Si era fermata di colpo e aveva lasciato di scatto la mano della bambina, come se si fosse scottata. Poi si tastò l'orecchio destro, quasi ci fosse qualcosa che non andava. Si guardò in giro perplessa aggrottando la fronte e questo la fece sembrare ancora più vecchia.

«Nonna?»

La nonna la guardò.

«Non è niente, tesoro» rispose, toccandosi di nuovo l'orecchio. «Il mio apparecchio acustico fa i capricci.»

«È rotto?»

«No, ma fa dei suoni strani» disse la nonna prendendola di nuovo per mano. «Ora però è passato. Vieni, principessa, vediamo se da qualche parte c'è ancora una panchina libera per noi.»

«Una panchina per *te*» disse la bambina tirandola per la mano. «Io voglio andare a giocare.»

«Ma certo, siamo venute per questo.»

La nonna sorrise. Era un sorriso distratto, perché mentre camminavano lasciò ripetutamente la mano della nipote per toccarsi l'orecchio. Di nuovo quel rumore. Sembrava una voce che sussurrava. Un mormorio alle sue spalle.

Si guardò intorno, ma non c'era nessuno, almeno non vicino a lei. Meravigliata si tolse l'apparecchio acustico e ascoltò con l'orecchio sinistro, che non era stato così rovinato dalla vecchiaia.

Niente.

È evidente, pensò. La nipote intanto si era allontanata da lei ed era corsa verso lo scivolo.

Rimise al suo posto l'apparecchio e la voce tornò immediatamente. Anzi, erano diverse voci. Un brusio indistinto.

Scosse la testa e sospirò. Che seccatura. L'apparecchio era quasi nuovo, e sarebbe stata costretta a farlo riparare.

Su guardò imbarazzata il giornale ripiegato nel cestino. «Non avrei dovuto trattarlo così» disse un po' mortificata.

«È solo... tutta colpa delle brutte esperienze. E poi si sentono dire tante cose. In continuazione. È naturale che si diventi sospettosi. Anche nei confronti di un vecchio.»

Seguirono con lo sguardo l'anziano uomo con il logoro cappotto di cachemire che si dirigeva a passo incerto verso l'uscita.

«Forse ha ragione lui» proseguì Su. «Credo che il nostro mondo sia davvero impazzito.»

Laura fece un gesto spazientito con la mano. «Non è più pazzo di quanto sia sempre stato.»

«Può darsi» ribatté Su. «Ma questa non è una consolazione. Forse la generazione di Mia lo trasformerà in un luogo migliore. Mi piacerebbe tanto crederlo. Dopotutto il futuro spetta a loro.»

Si girarono nuovamente a guardare i bambini che giocavano sereni. Una bimba dalla pelle scura faceva a gara sull'altalena con una dai lineamenti asiatici. Altre due, una forse turca e l'altra di origini italiane, parlavano gesticolando per decidere a chi toccasse andare su un dondolo a forma di animale che si era liberato. Un paio di metri più in là tre bambini guardavano con interesse un quarto che mostrava loro la sua ruspa di plastica giallo acceso. E poi c'era il bambino con il berretto verde che giocava a pallone con i suoi amici un po' in disparte.

Per loro il colore della pelle o le differenze di lingua e di cultura non hanno nessuna importanza, pensò Laura affascinata. Sono solo bambini che si divertono insieme. Eh sì, forse un giorno renderanno questo mondo un luogo migliore.

Rivolse lo sguardo altrove e vide due uomini, a poca distanza dai bambini, che portavano a spasso i loro cani. Laura calcolò che avessero più o meno la sua età. Fermi uno di fronte all'altro, tenevano lo sguardo fisso sul proprio cellulare. Dopo che i cani si furono annusati a vicenda, i due uomini ripresero il loro cammino senza nemmeno salutarsi.

Laura si domandò spontaneamente quale delle due razze fosse la più intelligente. Mentre concludeva che in questo caso il punteggio era a favore dei cani, si accorse dell'espressione stupita di Su.

«Che cosa succede?» mormorò, mentre il suo viso passava dalla sorpresa alla preoccupazione.

Laura si girò a guardare i bambini e si spaventò a sua volta.

«Mia!»

Su partì di corsa e Laura la seguì, senza riuscire a raggiungerla.

Mentre correva, Su chiamò ripetutamente la figlia, ma Mia non l'ascoltava. Gli altri bambini si erano radunati intorno a lei e la fissavano perplessi mentre lei guardava il cielo con una smorfia sofferta. I pugni stretti al petto, tremava da capo a piedi in preda a violenti spasmi. Contemporaneamente batteva il piede destro per terra, ritmicamente, come a spiaccicare qualcosa. All'improvviso le braccia le ricaddero lungo i fianchi e un suono monotono e prolungato sgorgò dalla sua gola. Un penetrante: «Uaaaaa!» che fece trasalire tutti i presenti.

Su la raggiunse e la strinse a sé e subito la bambina ammutolì.

«Tesoro, che cosa succede?» le domandò trafelata. «Cos'è successo? Sei caduta? Qualcuno ti ha fatto del male?»

Mia non rispose e si liberò dalle braccia della madre continuando a tremare. Alzò di nuovo lo sguardo al cielo, piegò la testa di lato e socchiuse gli occhi concentrata, come se ascoltasse un suono che nessun altro riusciva a sentire.

In quello stesso momento una bambina accanto a lei si mise a singhiozzare. Gettò le braccia in aria e poi si tappò le orecchie. Le lacrime le rigavano il viso gocciolando sulla maglietta gialla con la scritta *Princess* a grandi lettere rosa.

«Fateli smettere» gridò loro la bambina come se Su e Laura sapessero a chi si riferisse. «Ditegli di smettere!»

Nel frattempo anche altri adulti erano arrivati di corsa e guardavano perplessi Mia, Su e Laura tenendo per mano i propri bambini o togliendoli dallo scivolo, come se sentissero il bisogno di proteggerli.

«È successo qualcosa?» domandò una donna corpulenta tenendo le mani sulle spalle del bambino con il berretto verde.

«Non saprei» rispose Su disperata. «Non parla. Mia, che cosa c'è? Che cos'hai?»

«A un certo punto si è messa a tremare tutta» spiegò una delle bambine con cui fino a poco prima Mia aveva giocato ad arrampicarsi. Intanto fissava Mia con i grandi occhi castani, quasi avesse paura di lei. «Non so perché lo fa, ma non voglio più sentirlo.»

«Sentire *che cosa*?» chiesero Su e Laura quasi in coro.

«Che cosa vuoi dire?» aggiunse Laura.

La bambina però non rispose. Si strinse alla madre e poi si allontanarono insieme frettolosamente.

«Voglio andare a casa» disse all'improvviso Mia e Su la strinse sollevata.

«Ma certo, tesoro. Santo cielo, che spavento mi hai fatto prendere. Ti senti bene per davvero?»

Mia annuì distratta, come se avesse la testa altrove. Si staccò bruscamente da sua madre e fece per correre verso l'uscita. Su però la trattenne e la prese per mano.

Laura le seguì. Gettò un'ultima occhiata agli altri bambini che venivano allontanati dal parco giochi dai genitori preoccupati.

La bambina con la maglietta gialla piangeva sempre. La

madre si era inginocchiata davanti a lei e cercava invano di consolarla.

E poi Laura vide il bambino con il berretto verde. Camminava tenendo per mano sua madre e le sorrise. Laura rabbrividì. Non aveva mai visto prima di allora un bambino sorridere con tanta malvagità.

Il tragitto sulla metropolitana strapiena sembrava non finire mai. Laura era schiacciata tra un muscoloso uomo in giacca e cravatta, diverse signore con le buste degli acquisti e un ragazzo che muoveva la testa al ritmo della musica che ascoltava in un paio di enormi cuffie.

Stare in mezzo alla calca la turbava. Soprattutto gli odori erano insopportabili e le causavano l'emicrania. Cercò di dominare la nausea sempre più forte. Le sembrava di stare in mezzo a una nuvola di esalazioni umane, mescolate a profumo e all'odore di birra stantia e calzini vecchi.

Negli ultimi tempi era diventata terribilmente sensibile agli odori, e oggi in particolare era una tortura.

Era come se il suo cervello avesse eliminato il filtro che normalmente la isolava da un eccesso di impulsi olfattivi. Aveva lo stomaco sottosopra. Qualcuno vicino a lei doveva aver mangiato un panino al pesce con molte cipolle crude. Probabilmente il tizio con la giacca che le fissava spudoratamente la scollatura, come se la fede che portava al dito grassoccio non avesse alcun significato.

Soffocò un conato di vomito e gli voltò le spalle, stringendo ancora più convulsamente la mano al sostegno. Non vedeva l'ora di arrivare!

Se fosse stata sola, avrebbe preso un taxi. Non usava mai la metropolitana, se poteva evitarlo. Ma con il traffico del tardo pomeriggio, avrebbero impiegato decisamente più tempo e Mia non sembrava stare meglio.

La bambina era seduta a poca distanza da Laura in grembo alla madre. Teneva la fronte aggrottata e fissava il pavimento davanti a sé, come se cercasse di risolvere un complicato calcolo che stava scritto per terra, visibile a lei soltanto.

Su le accarezzava la testa e le parlava sottovoce. Mia non reagiva e Laura colse l'espressione disperata della sorella. Qualunque cosa fosse accaduta al parco, Mia non sembrava volerne parlare.

Laura si domandò che cosa avesse spinto la nipote, di solito allegra e vivace, ad avere un comportamento così bizzarro. La stessa bambina che fino a poco prima giocava spensierata e che qualche giorno addietro aveva tranquillizzato la madre e un autista di camion che aveva rischiato di investirla.

Un bisbiglio improvviso la riscosse dai propri pensieri. Laura sussultò e si guardò intorno per cercare l'origine di quella voce. Quando si trovò davanti la faccia grassoccia dell'uomo con la giacca, distolse spaventata gli occhi. Quel tipo rivoltante le era vicino come se avesse voluto baciarle l'orecchio.

Oppure leccarglielo.

Questo pensiero le provocò un altro conato.

«Come ha detto?» chiese. La sua voce era più brusca di quanto avrebbe voluto.

Lui alzò le spalle massicce e le rivolse un ghigno ambiguo. «Niente. Avrei dovuto dire qualcosa?»

«Mi lasci in pace.»

Lui sogghignò ancora di più. «Ma certo.»

Lei gli voltò le spalle disgustata.

No. La voce era diversa. Quella del ciccione era profonda, mentre il mormorio che sentiva era più argentino. Inoltre aveva continuato a sentirlo anche mentre lui le parlava.

C'era ancora. Così flebile da poter essere preso per un'illusione. Per una corrente d'aria lontana.

Però io sento le parole, giusto?

Si mise ad ascoltare concentrata, cercando di eliminare gli altri rumori. Lo sferragliare del vagone. Lo sfregare delle guarnizioni delle porte. Le voci delle donne che parlavano di un certo Mario che aveva comprato una Porsche e che non si meritava una certa Sonja. Il fruscio che usciva dalle cuffie del ragazzo. Il respiro affannoso del ciccione con la giacca.

No, questo mormorio non è una corrente d'aria.

Non era un'illusione. Qualcuno vicino a lei mormorava qualcosa. Una voce acuta, lieve, anche se non riusciva a capire che cosa dicesse, era convinta che parlasse con lei.

Si guardò intorno un'altra volta, ma non c'era nessuno che potesse essere l'autore di tale bisbiglio. A parte il ciccione, nessuno degli altri passeggeri sembrava badare a lei.

All'improvviso sentì salirle un groppo in gola mentre gli occhi le si riempivano di lacrime. Una tristezza inspiegabile calò su di lei. Avrebbe voluto scoppiare a piangere.

Che cosa le stava succedendo? Un esaurimento nervoso? Stava perdendo il senno?

Facendo un enorme sforzo riuscì a mantenere il controllo. Si asciugò le lacrime con la manica della giacca e si accorse che Mia stava facendo lo stesso gesto in quel momento. Anche lei aveva le lacrime agli occhi e sembrava triste come se avesse appena appreso della morte di una persona cara.

La metropolitana si fermò con uno scossone e le porte si aprirono cigolando.

Erano arrivate, e il bisbiglio si interruppe improvvisamente come era iniziato.

Avanzarono verso l'uscita insieme alla folla. Anche sul marciapiede della stazione c'era un odore penetrante, una miscela di fogna e catrame a cui si aggiungeva l'aroma delle salsicce arrosto proveniente da un chiosco che si trovava in cima alle scale mobili. Laura però non ne era più disturbata come prima e anche il mal di testa era diminuito.

Si voltò ancora una volta a guardare il ciccione in giacca e cravatta. Camminava a una certa distanza da loro, ansimava con la faccia paonazza, quasi stesse correndo una maratona.

Adesso non sogghigni più come un ebete, pensò malignamente, poi si sorprese della propria reazione.

Che cosa le importava di quel tipo? Se ne incontravano a ogni angolo di strada. Molto probabilmente era un impiegato qualunque. Tuttavia aveva provato una collera sfrenata nei suoi confronti. E anche adesso lo guardava piena di disprezzo. Come se le avesse fatto ben altro che essere sfacciato con lei. Come se fosse *l'essere più ripugnante che...*

Basta, ordinò a se stessa, e il pensiero si bloccò. Sono stressata, e non è una sorpresa.

«Ti senti meglio, tesoro?» chiese Su accanto a lei guardando la figlia.

Mia era in mezzo a loro e camminavano tenendosi per mano. La bambina non rispose, continuando ad avanzare con espressione assente.

Laura si domandò se la piccola avesse avuto una ricaduta. Da qualche tempo stava meglio, aveva detto Su, ma forse era accaduto qualcosa, prima, al parco giochi. Qualcosa che aveva azzerato i progressi fatti negli ultimi mesi.

Si poteva essere sonnambuli anche di giorno e da svegli? Non aveva mai sentito niente del genere e non conosceva bene l'argomento, ma forse era possibile.

Un giovane venne loro incontro di corsa all'uscita della scala mobile. Teneva in una mano un sacchetto unto di McDonald's e nell'altra un bicchiere pieno e aveva occhi solo per il treno della metropolitana che stava richiudendo le porte.

Proruppe in un: «Merda!» e partì di corsa travolgendo

Su e rischiando di farla cadere. Su lanciò un grido sorpreso e riuscì a mantenere l'equilibrio solo per un soffio.

Mia si staccò da Laura e da sua madre. Girò su se stessa e raggiunse il ragazzo che guardava contrariato il treno appena partito.

«Ehi» gli gridò. «Ehi, tu! Vedi di stare attento! Stronzo!»

Il ragazzo la fissò allibito almeno quanto Laura e Su, ma Mia si era già girata e guardò la madre con gli occhi sgranati tenendosi una mano sulla pancia.

«Mamma, ho fame. Andiamo da Tonio?»

Su era troppo perplessa e sollevata per rimproverare la figlia di quel comportamento maleducato. Sentirla parlare di nuovo fece sbocciare un sorriso sulle sue labbra.

«S-sì, certo. Certo che possiamo andare da Tonio, se vuoi, tesoro.»

«Eccome se voglio!» Mia annuì e ricambiò il sorriso. «Vieni anche tu, zia Laura? Ti prego! Ci divideremo una pizza enorme, come l'ultima volta.»

«La pizza è proprio quello che ci vuole adesso» rispose Laura gettando un'occhiata a Su che alzò le spalle raggiante e stupefatta. Qualunque cosa fosse stata che aveva tormentato Mia fino a quel momento, sembrava passata senza lasciare tracce.

Mia prese per mano Laura e si incamminò. «Zia Laura, che cos'è che sta nel prato e fa bau-bau?»

«Direi che deve essere proprio un cane» rispose Laura ammiccando alla sorella che guardava la figlia con l'espressione rapita, come se avesse appena assistito a un piccolo miracolo. Forse era davvero tale, pensò.

«Sbagliato» ridacchiò Mia. «È un cavallo che studia le lingue» esclamò scoppiando a ridere. Poi prese anche la mano della madre e la tirò a sé. «Dai, vieni. Ho fame!»

Le trascinò verso la scala mobile e, siccome non erano abbastanza veloci, le precedette di corsa. Le due sorelle la guardavano stupite.

Per il resto della serata Mia fu di ottimo umore. Come se non fosse accaduto niente.

Erano sedute al ristorante Da Tonio, che si trovava poco distante da casa di Su. Mia aveva molto appetito e divorò da sola quasi tutta la pizza margherita. Intanto continuava a ridacchiare e a sfoderare un indovinello dopo l'altro. Che cos'era verde e volava sul prato. Che cos'era nero e stava accucciato in un angolo. Che cos'era giallo e saltellava per il bosco.

Raccontò di aver imparato tutti quegli indovinelli da una bambina al parco giochi. Non disse altro del pomeriggio, e né Su né Laura le fecero domande.

«Le lascerò del tempo. Quando sarà pronta, me lo racconterà spontaneamente» disse Su, quando Mia si alzò dal tavolo per andare a scegliere un dolce al carrello dei dessert.

A Laura tornò in mente la bambina con la maglietta gialla. La rivide con le mani premute sulle orecchie e lo sguardo implorante.

Fateli smettere! Ditegli di smettere!

A chi si riferiva la piccola? Fu assalita dall'inquietante presentimento che in qualche modo c'entrasse l'improvviso cambiamento di Mia. E forse anche l'improvviso bisbiglio che aveva sentito lei stessa. L'inspiegabile tristezza che questo bisbiglio aveva scatenato in lei e le lacrime di Mia.

Tenne per sé questi pensieri. Non voleva assolutamente inquietare Su con qualcosa per la quale neppure lei aveva una spiegazione. Inoltre la nipote sembrava stare di nuovo bene. Era tornata quella di sempre, vivace e allegra, e niente lasciava supporre che qualcuno le avesse fatto qualcosa.

Forse avevano semplicemente ingigantito gli avvenimenti

del pomeriggio? In fondo era normale che anche dei bambini avessero sbalzi d'umore, non era una prerogativa degli adulti.

Dopo mangiato Laura le accompagnò a casa. Mia aveva insistito che voleva essere messa a letto dalla zia.

«Mi leggi ancora una storia?» domandò uscendo dal bagno con il suo pigiama rosa e infilandosi sotto le lenzuola.

«Volentieri» rispose Laura rimboccandole le coperte. Colse così il profumo di Mia. Era un insieme di pelle spalmata di crema e aroma floreale delle lenzuola appena lavate che fece riaffiorare in lei un piacevole ricordo della propria infanzia.

Mia scelse la favola di Hänsel e Gretel e Laura si sforzò di essere una brava lettrice come un tempo lo era stata sua madre. Anche questo era uno dei bei ricordi che custodiva della propria infanzia.

Mia l'ascoltava attentamente, come se sentisse la storia per la prima volta. Quando Laura giunse al punto in cui i bambini superano con astuzia la strega cattiva e la chiudono nel forno, Mia si rannicchiò soddisfatta nel suo lettino profumato.

«Puoi fermarti qui a leggere» disse strofinandosi gli occhi. «Ora è tornato tutto a posto.»

Laura posò il libro, diede il bacio della buonanotte alla nipote che si strinse a sé Bob, il Minion di peluche. Guardò Laura e sorrise assonnata.

«Sono sicura che si sbagliano» disse sbadigliando. «Tu non sei cattiva. Sei la zia migliore del mondo.»

«A chi ti riferisci?» chiese Laura, ottenendo per tutta risposta una alzata di spalle.

«Be', *loro*.»

Mia sbadigliò di nuovo, si girò su un fianco e chiuse gli occhi.

Loro, pensò Laura e poi, *fateli smettere! Ditegli di smettere!*

Ci fu un istante di silenzio nella saletta dei colloqui. Solo l'impianto di condizionamento ronzava in maniera impercettibile.

Mentre prendeva appunti sul bloc-notes, Robert vide con la coda dell'occhio che Laura si stringeva le braccia al corpo, come se avesse freddo. La stanza era ben riscaldata, tuttavia lei sembrava scossa dai brividi.

«Desidera una coperta?»

La donna scrollò il capo distrattamente.

«È stata l'ultima volta che ho visto Mia così spensierata» disse fissando il bicchiere di plastica sul tavolo davanti a sé. «Poi è cambiata di nuovo.»

«C'è stato un altro episodio?»

«Oh, sì, eccome!»

Il tono brusco della sua voce allarmò Robert che alzò gli occhi dal blocco.

Laura Schrader si massaggiava le spalle. Era combattuta. I suoi occhi erano due fessure e le labbra premute insieme fremevano.

Non aveva più un'aria abbattuta, bensì rabbiosa e Robert si preparò interiormente a un accesso di collera. Non era inconsueto che l'umore di una persona psichicamente labile mutasse nel corso di un colloquio e, come terapeuti, bisognava essere sempre preparati. Soprattutto in un caso come quello.

Come aveva detto poco prima Bennell? *È probabile che Laura Schrader non sia una semplice testimone.*

«Maledizione, non avrei dovuto tenere la cosa per me!» Si strinse convulsamente le spalle, fino a farsi sbiancare le nocche delle mani. «Forse le cose sarebbero andate diversamente, se ne avessi parlato con Su. Ma da quell'idiota che sono, ho sottovalutato la situazione! Non conoscevo ancora i collegamenti. Come facevo a sapere!»

Gli rivolse uno sguardo implorante. «Mi deve credere!»

«Quali collegamenti?» domandò Robert mantenendo un tono di voce pacato.

«Tutto!» esclamò lei in preda all'agitazione. «Quello che era successo al parco. Le voci! I titoli sul giornale. Sì, persino la fiaba. Soprattutto la fiaba! E la reazione di Mia. Me ne sarei dovuta rendere conto almeno allora! Mi capisce?»

Robert annuì. Non aveva idea di che cosa parlasse la donna, ma doveva farla calmare a tutti i costi. Il tempo stringeva. Se gli abitanti del villaggio erano in pericolo, doveva scoprire il più presto possibile che cosa fosse accaduto.

Tuttavia non poteva incalzare Laura Schrader. Doveva riportarla sulla via giusta. Se continuava a raccontare gli avvenimenti in ordine cronologico, il suo stato d'animo sarebbe rimasto stabile. Anche se non tutto ciò che raccontava aveva un senso, era sicuramente più utile delle farneticazioni di una donna in preda a una crisi psicotica.

Robert cominciava a sospettare che Laura Schrader mostrasse i primi segni di una schizofrenia paranoica. Sembravano dimostrarlo i disturbi percettivi, in particolare le voci che sentiva di cui aveva parlato. E anche la dichiarazione resa a Bennell, di sentirsi perseguitata da *mostri*.

«Vorrei tornare a quello a cui ha accennato prima... mi riferisco ai mormorii e all'eccessiva sensibilità agli odori» disse cauto. «Ha avuto problemi del genere già in passato?»

«Mi è capitato qualche settimana prima dell'episodio al parco» rispose Laura. Poi abbassò lo sguardo e sbuffò sarcastica. «E ne conosco anche la ragione.»

«La vuole dire anche a me?»

«Lo stesso motivo per cui quella sera ho lasciato Su da sola» disse. Scosse la testa, come se stentasse ancora a crederci. «È stato un errore. Dentro di me sapevo che Mia da tempo aveva qualcosa che non andava. E lo sapeva anche mia sorella, ne sono certa. Ma ci sentivamo troppo sollevate per parlarne. Su mi aveva chiesto se volevo fermarmi per la notte, ma quando io ho risposto di no, lei non ha insistito. Solo più tardi ho saputo da lei quanto fosse preoccupata per Mia e che quella sera avrebbe avuto bisogno di me. Io non me ne ero resa conto. Stavo pensando ad altro. Era una cosa che mi era diventata ancora più chiara quando avevo portato Mia a dormire e le avevo letto la storia. Quella sera avevo deciso di sistemare le cose.»

Un sorriso eloquente le curvò le labbra mentre guardava Robert direttamente negli occhi.

«Vede, non è necessario essere malati di mente per avvertire all'improvviso con maggiore intensità odori e sensazioni.»

Robert comprese all'istante. Sgranò gli occhi.

Laura Schrader annuì.

«Esatto, era proprio *quello* il mio problema. E continua a esserlo.»

IV.

La verità. Visite notturne

Victor Schwartz aveva voltato le spalle a Laura e guardava fuori dalla grande vetrata del suo appartamento. Laura lo trovava somigliante a una moderna versione del *Viandante sul mare di nebbia* di Caspar David Friedrich. Era altrettanto assorto e taciturno. L'uomo del dipinto, tuttavia, non indossava un completo di Armani e non guardava il mare di luci della città sotto di lui, mentre Victor al posto del bastone da passeggio teneva in mano un bicchiere di whisky in cui tintinnavano i cubetti di ghiaccio.

Scotch costoso, abiti costosi, attico costoso. Questo era il Victor che conosceva. Un uomo di successo, in grado di affrontare rapidamente e con efficienza ogni situazione e di decidere in maniera pragmatica e lungimirante.

Ora invece esitava, e l'attesa della sua risposta era per lei insostenibile. Era in preda a un marasma di agitazione, aspettativa e terrore. Si era immaginata una reazione spontanea. Uno sguardo, una parola, qualcosa. Invece lui si era versato un bicchiere di quel suo maledetto whisky, le aveva voltato le spalle ed era andato alla finestra.

Lei se ne sarebbe voluta andare. Si sentiva impotente e fragile – anche arrabbiata, certo, terribilmente arrabbiata di essere lasciata nell'incertezza –, ma fuggire non era una soluzione. Avrebbe solo rimandato la discussione e non voleva più farlo per nessun motivo.

«Ne sei sicura?»

Quella domanda le sembrò così assurda che le venne da ridere. «Hai mai sentito di una donna incinta che non sia sicura di esserlo?»

«Ma come...»

Lasciò la frase a metà. Invece si voltò a guardarla. Nei suoi occhi c'era un'espressione di rimprovero così evidente che fece aumentare ancora di più la sua collera.

«Non guardarmi come se fosse solo colpa mia. Per farlo ci vogliono due persone.» Aveva la voce stridula, quasi isterica.

«Laura, per favore!» Lui alzò le mani in un gesto difensivo, sottolineato dal tintinnio dei cubetti di ghiaccio nel bicchiere. «Sai benissimo che cosa voglio dire.»

«Nemmeno io mi spiego come sia potuto succedere» ribatté. «Non credere che non mi sia arrovellata per questo. Forse ho dimenticato di prendere la pillola? Oppure è stato lo stress a bloccarne temporaneamente l'effetto? Oppure era una pillola difettosa. O forse il tuo sperma è diventato resistente. Come diavolo faccio a sapere perché sono rimasta incinta dopo tutti questi anni?»

Anche adesso che lo diceva a voce alta, continuava a sembrarle inconcepibile. Per settimane aveva sofferto di nausee, sbalzi d'umore e quella terribile ipersensibilità agli odori. Ma non si sarebbe mai neppure lontanamente sognata di fare un test di gravidanza. Aveva attribuito i disturbi alla mancanza di sonno e al lavoro frenetico degli ultimi mesi, così pure come l'assenza del ciclo mestruale, cosa che le era già capitata spesso in passato. Quando alla fine si era decisa a comperare un test al supermercato, era comunque convinta che le avrebbe confermato che non era quella l'origine del problema. Tanto più grande era stato lo sgomento, quando il risultato era stato positivo. Laura aveva ripetuto il test altre tre volte, usando marche diverse, sempre con lo stesso esito.

Victor la fissò con aria assorta, svuotò il bicchiere e lo posò sul bancone lucido della cucina.

Resterà lì fino a domattina, pensò Laura. Fino all'arrivo della donna delle pulizie che lo metterà nella lavastoviglie. Perché il grande Victor Schwartz ha sempre qualcuno che fa le cose per lui. L'unico gesto che ha compiuto personalmente è stato ingravidare la sua compagna – e adesso non sa come comportarsi.

Se almeno l'avesse abbracciata! Un piccolo gesto di comprensione dall'uomo che predicava con tanta prosopopea ai clienti che l'empatia era la chiave per il successo.

Lui invece le stava davanti e la guardava come un ragazzino che, giocando con i fiammiferi, ha dato fuoco a un fienile.

Forse era questo il vero motivo per cui lei non si era mai decisa ad avere una relazione stabile con lui. Non solo perché anche lui rifuggiva dall'idea e perché entrambi erano convinti di non essere fatti per una convivenza seria, ma soprattutto perché lui non la *sosteneva*.

Certo, era il suo capo da molti anni e l'aveva guidata professionalmente come mentore, facendola avanzare nella carriera, ma in privato non erano mai andati oltre a cene, visite a gallerie e concerti. Si piacevano, si trovavano attraenti (già, lui era *maledettamente attraente*) e ogni tanto finivano a letto insieme. Ma a parte questo conducevano due vite separate. La parola amore era sconosciuta a Victor Schwartz. Laura non era neppure sicura di essere stata per lui l'unica negli anni precedenti.

E per lei come stavano le cose? Se doveva essere sincera con se stessa, aveva paura di innamorarsi. Non solo di Victor, bensì in generale. Che cosa può succedere quando si ama troppo una persona lo aveva visto in sua madre. E non voleva assolutamente finire come lei.

«A che punto sei?» le chiese, strappandola ai suoi pensieri.

«Come dici?»

«A quale settimana sei?»

«Il medico dice alla decima.»

Victor annuì. «Vieni, siediti vicino a me.»

Andò verso i divani dai quali si godeva una vista spettacolare sulla città. Forse il bambino era stato addirittura concepito su quei divani di design mostruosamente costosi, pensò Laura accomodandosi accanto a lui.

«Scusa la mia reazione scomposta» disse Victor, e poi, finalmente, la cinse con un braccio. «Devo ancora elaborare la cosa. Tu in fondo hai avuto più tempo di me per farlo.»

Lei annuì. «Mi spiace di essere stata così nervosa. Colpa della tensione.»

«Me ne rendo conto» disse lui. «Immagino come ti devi sentire, ma insieme supereremo la cosa.»

Lei lo guardò incredula. «Dici sul serio?»

«Ma certo. Ce la faremo. Pensi che scherzerei su un argomento del genere?»

Le sorrise e lei lo ricambiò. Poi si appoggiò a lui e chiuse gli occhi.

«Grazie, Victor. Non sai quanto mi sono sentita sola negli ultimi giorni. Volevo dirtelo già una settimana fa, appena ne ho avuto la certezza, ma per qualche motivo non ho trovato il coraggio di farlo. Siamo tutti e due così occupati e abbiamo così poco tempo per stare insieme... per stare insieme *veramente*, intendo... ma adesso mi sento già molto meglio.»

«Mi fa piacere» disse lui, accarezzandole teneramente la spalla. «Ora non pensarci più. Domattina chiamerò un mio amico. È un chirurgo. Potrà consigliarci sicuramente qualcuno.»

«Come dici?»

Laura si staccò dal suo abbraccio e balzò in piedi.

«Di che cosa parli? Dovrei... abortire?»

Lui la guardò con sincero stupore. «Ma certo, eravamo d'accordo su questo.»

«Non è vero! Non eravamo affatto d'accordo.»

«Non vorrai tenerlo?»

«Non lo so ancora» disse lei con assoluta onestà. «Ma un aborto...»

Anche Victor si alzò. Voleva abbracciarla, ma Laura si sottrasse.

«Laura, ascoltami. Tutti quei discorsi etici, sul diritto alla vita e tutto il resto...» Fece un gesto spazientito con le mani vedendo che lei voleva protestare. «Sono cose molto belle e buone, ma tu non vuoi il bambino. Se sei sincera con te stessa, sai di non volerlo.»

«Non è così» ribatté lei con enfasi. «Il fatto è che non lo so! Ora però so che *tu* non lo vuoi.»

«Perché non c'è posto per lui nella tua vita» rispose lui severo. «Soprattutto non ora che vuoi diventare socia. Che ne sarà del tuo grande progetto, eh? Vuoi rinunciare a tutto, rimanere a casa e fare la mamma?»

Laura lo guardò quasi con disprezzo. «Nel caso tu non te ne fossi accorto, viviamo nel ventunesimo secolo. Professione e figli possono essere conciliati benissimo.»

«È quello che vogliono farti credere i politici» rispose lui per niente impressionato. «Sai bene però come funzionano le cose nel nostro campo. Se non si dà sempre il cento per cento, si resta inesorabilmente indietro.»

«Forse è soltanto quello che vogliono credere certe persone. Ritengono di essere indispensabili e pensano che senza di loro non funzioni niente. Ma le cose possono andare anche in maniera diversa, Victor.»

«Il fatto è che un bambino è una grande responsabilità.» Assunse un tono pacato e composto. «Vuoi mandarlo fin da subito in un asilo nido? Sei sicura di riuscire a presentarti a una riunione senza sensi di colpa?»

Laura sapeva che erano solo domande retoriche, alle quali lui non aspettava una risposta. Tuttavia fece trascorrere i due secondi canonici come nelle sue consuete presentazioni ai clienti, per lasciare che le sue parole facessero effetto, prima di proseguire.

«Dovrai trascorrere molto tempo con il bambino, che tu ora lo voglia ammettere oppure no. Tempo che non potrai investire nella tua professione, che finora per te è stata al primo posto. Sei veramente disposta a farlo?»

«Non ho mai detto di non volerlo» lo interruppe lei. «Finora conosciamo solo il tuo punto di vista, che evidentemente è quello di un egoista egocentrico.»

«Ah, davvero?» Victor alzò un sopracciglio. «Che cosa c'è di egoista nel non voler mettere al mondo dei figli su questo pianeta già sovraffollato? Quando andavo a scuola, avevo imparato che sulla Terra vivevano cinque miliardi e mezzo di persone. Ora ce ne sono due miliardi di più e tra quarant'anni saranno raddoppiati. Persone che hanno bisogno di nutrimento e spazio vitale. E allora non sarà più semplicemente questione di spingere la gente a comprare auto costose e raffinati orologi. No, Laura, non sono egoista, sono semplicemente realista.»

«Credi pure quello che ti pare» disse lei prendendo il cappotto. «Una cosa la sei di certo: il padre di questo bambino. E una parte della responsabilità è tua.»

Lui annuì comprensivo e si infilò le mani nelle tasche dei

calzoni. Era un gesto colpevole, e Laura ripensò di nuovo a un bambino sorpreso a combinare una marachella.

«È vero» disse lui sottovoce. «Naturalmente ti sosterrò. Il lato finanziario non ha nessun peso, lo sai bene.»

Lei lo guardò con aria di sfida.

«Anche se decidessi di tenerlo?»

«Non lo farai, Laura. Ti conosco troppo bene.»

Lei non rispose, si voltò e andò verso la porta.

Victor la seguì.

«Aspetta, ti chiamo un taxi.»

Lei scrollò il capo, senza guardarlo. «Posso farlo da sola.»

«Laura, ti prego!» disse lui in tono conciliante. «So che non è facile, ma adesso devi agire con serenità e buonsenso. Torna a casa e rilassati. Vai a dormire. Domani devi essere al top per la presentazione.» Le sorrise teneramente. «Poi parleremo di nuovo. Va bene? Sistemeremo tutto quanto.»

«È questo che ti interessa allora? Il grande affare di domani?»

«Sarà il *tuo* grande affare, non dimenticarlo» disse lui. «Quando sarai tornata con la testa libera, potremo parlare con tutta calma del tuo... del *nostro* piccolo problema. Sono sicuro che capirai il mio punto di vista. Dopotutto siamo molto simili, non è vero?»

«A questo proposito non direi.»

Il sorriso gli morì sulle labbra e la sua voce assunse una sfumatura più tagliente. «Per quanto mi riguarda puoi fare benissimo come ti pare, ma sappi che il ruolo di moralista non ti si addice, tesoro. Non è la Laura che conosco.»

Laura strinse il pomello della porta. Si era già voltata per uscire, poi si girò un'ultima volta a guardarlo. «Può essere» disse. La sua voce era stanca e sfinita. Di colpo si sentiva terribilmente vuota. «Può essere che non mi conosci affatto.»

*

Seduta più tardi in taxi, non riusciva a pensare lucidamente. Aveva sperato che dopo il colloquio con Victor tutto avrebbe assunto contorni più nitidi. Invece era più confusa di prima. Voleva davvero questo bambino? Possibile che Victor avesse ragione e lei si facesse delle illusioni? Che cos'era più importante per lei, la carriera o una famiglia, di qualunque tipo essa fosse?

Pensò al suo appartamento. Naturalmente poteva ristrutturarlo. Le sarebbe bastato aggiungere una parete divisoria ed ecco fatto. Di spazio per un'altra camera ce n'era abbastanza.

Oppure avrebbe potuto venderlo e trovarne un altro. Dopotutto il suo quartiere non era così adatto ai bambini. Nessuno dei suoi vicini sarebbe stato particolarmente entusiasta di essere tenuto sveglio di notte dal pianto di un neonato.

«È il primo?» chiese la tassista guardandola dallo specchietto.

Laura la guardò a sua volta. Era una donna grassa sulla cinquantina con lineamenti meridionali e occhi scuri e benevoli.

«Si vede?»

La tassista rise. «Sicuro. Almeno per chi ha occhio. Si vede nel suo modo di stare. E poi da come si accarezza l'addome.»

Laura chinò lo sguardo perplessa e si bloccò sorpresa. Non se n'era neppure accorta.

«Continui pure ad accarezzarlo» disse la tassista con un'altra risata. «Fa bene a entrambi. I bambini si accorgono molto presto se la mamma li ama oppure no. Mi creda, è così.»

Laura si guardò la mano. Di colpo si sentì inondare di un

calore che le fece salire le lacrime agli occhi. Girò la testa di lato e chiuse gli occhi, lasciando la mano posata sul grembo. Lì dove stava crescendo qualcosa che ben presto sarebbe diventato una creatura indipendente, con pensieri ed emozioni proprie.

Sì, probabilmente la donna aveva ragione. Se ciò che Laura aveva letto era vero, il feto era già completamente formato a partire dalla decima settimana. Sentiva quello che avveniva intorno a lui e quello che provava la madre.

Stando con gli occhi chiusi, le parve addirittura di vedere ciò che vedeva lui. Un'oscurità calda, onnipresente, riempita dal battito del suo cuore. Un suono regolare, che gli trasmetteva sicurezza e conforto. Tu-tum, tu-tum, tu-tum.

È un chirurgo. Ci potrà consigliare sicuramente qualcuno.

Un aborto...

Tu non vuoi il bambino. Se sei sincera con te stessa, sai di non volerlo.

Tu-tum, tu-tum, tu-tum.

Il fatto è che non lo so.

Rimetteremo tutto a posto.

Tu-tum, tu-tum, tu-tum.

«Si sente bene?»

Aprì gli occhi e vide che la tassista la osservava dallo specchietto. «Sì, grazie. Sto bene.»

«Allora quelle che vedo sono lacrime di gioia?»

Laura sorrise impacciata e si asciugò gli occhi.

«Non si preoccupi, ce la farà» disse la tassista. «Guardi me. La vecchia Rosalia ha cresciuto sei marmocchi e ciascuno di loro è diventato qualcosa. La più grande mi regalerà addirittura un nipotino tra poco. Ha cominciato presto, la mia Chiara, come sua mamma. Anche lei avrà il suo, e ce la farà, tesoro. Tutte le donne finora ce l'hanno fatta. Le nostre madri, le nostre nonne e le loro madri.»

Laura annuì e sospirò. «Può darsi, ma all'epoca gli uomini erano diversi. Oggigiorno sembra che contino solo carriera e successo.»

«Ah, ho capito il tipo» disse Rosalia. «Be', allora spero per lei che abbia almeno un bel conto in banca. Io ho sempre trovato gente che è passata senza interruzioni dal biberon alla bottiglia. E mia sorella se ne è trovato uno che avrebbe fatto meglio a sposarsi con la madre.»

Rise di gusto e Laura la imitò. Ridere le faceva bene e le dava quel senso di calore che le era così dolorosamente mancato con Victor.

«Temo che i matrimoni come quelli dei nostri genitori siano ormai merce rara» disse.

«Non creda che fosse meglio allora, mia cara» ribatté cupa Rosalia superando una Mercedes il cui guidatore non sembrava essersi accorto che il semaforo era diventato verde. «Tra i miei non era certo meglio. La mia mamma, che Dio l'abbia in gloria, non aveva il coraggio di prendere a calci in culo il marito ubriacone. Se non altro oggi le cose sono migliorate da questo punto di vista. Forse alcuni matrimoni finiscono troppo presto, ma è meglio che doversi svegliare tutte le mattine della propria vita accanto a un buono a nulla.»

Laura non disse niente. Forse Rosalia aveva raccolto esperienze negative con i suoi genitori, ma per quanto riguardava lei, i suoi avevano avuto un matrimonio felice, come avrebbe desiderato. Almeno nell'immaginario romantico della sua adolescenza, prima di avere lei stessa relazioni sentimentali.

Relazioni con uomini come Victor, che erano il genere di persona con la quale finiva sempre. Con ognuno di loro aveva segretamente sperato che prima o poi venisse fuori qualcosa rimasto fino ad allora nascosto. Ma quella sera aveva definitivamente capito con sicurezza che avrebbe avuto più possibilità di vittoria se avesse puntato al lotto.

«Siamo arrivate» disse Rosalia fermandosi davanti al portone del condominio di Laura. «Non si abbatta. Andrà tutto bene. Può darsi che noi donne dobbiamo continuare a mettere al mondo dei figli esattamente come nell'età della pietra. Ma al contrario dei nostri contemporanei maschi, ci siamo evolute parecchio. E in caso di necessità, ce la caviamo anche da sole a tirare su i nostri marmocchi. Non dimentichi le parole di una madre di sei figli, mia cara.»

Laura decise di prendere a cuore questo consiglio. Tuttavia aveva paura. Perché doveva dare ragione a Victor e anche a sua sorella su un punto: avere un bambino significava assumersi delle responsabilità. Non sapeva ancora se fosse davvero pronta a farlo.

Aveva ancora davanti agli occhi lo sguardo implorante di Su quando aveva portato Mia via dal parco giochi.

Quando ti senti sopraffatta dalle cose, rifugiati nel lavoro. Era una massima che Laura aveva sempre seguito. Un'attività mirata non solo offriva la desiderata distrazione dalle preoccupazioni quotidiane e da problemi di ogni tipo, era anche remunerativa.

Fin da bambina Laura aveva usato questa tattica. Quando aveva problemi con i compagni di scuola oppure a casa, si isolava e studiava.

In tal senso doveva l'ottimo voto del diploma anche a Tom Krüger, che le aveva spezzato il cuore l'ultimo anno di superiori. Dopo che lo aveva sorpreso a pomiciare con una ragazza della classe vicina durante una festa, i suoi voti avevano avuto un'impennata vertiginosa. A un certo punto Tom era diventato storia passata – Laura non era più nemmeno sicura che si chiamasse proprio Krüger di cognome – ma il voto di maturità lo aveva sfruttato ancora a lungo.

L'impegno ripagava sempre, le relazioni no. E quando

tutto andava a rotoli, la sua ambizione aumentava proporzionalmente. Forse non serviva a risolvere il problema, ma era utile per raggiungere un successo di altro genere. Era utile per ritemprare l'autostima calpestata, e questo a sua volta portava ad affrontare di petto il vero problema.

Subito dopo essere tornata a casa, Laura si mise seduta al tavolo della cucina con una tazza di tè e il suo MacBook e passò l'ora successiva a lavorare alla presentazione.

Si rese conto soddisfatta di essere preparatissima. Avrebbe convinto facilmente il cliente che l'idea pubblicitaria che gli offriva fosse l'unica vincente per la sua impresa. Il contratto, che avrebbe avuto un budget a sei cifre, era la dote che lei portava per entrare come socia nella Schwartz Marketing. In futuro, Schwartz e Schrader Marketing, pensò compiaciuta.

Victor poteva essere eccentrico e assetato di carriera, ma c'era una cosa su cui aveva sicuramente ragione: questo sarebbe stato l'affare decisivo *per lei*, e lo avrebbe gestito abilmente. Come sempre.

Chiuse soddisfatta il MacBook e aprì il frigorifero. Prese tre peperoni rossi e alcune carote e li lavò. Era un periodo che aveva sempre fame, ma piuttosto che aprire un pacchetto di patatine o divorare qualcosa di dolce, preferiva cucinare. Era convinta che il suo bambino lo avrebbe apprezzato.

Il suo bambino.

Posò le verdure sul tagliere e si bloccò un istante.

Il suo bambino.

Era un pensiero così astruso, come se non provenisse da lei. Forse era questa la ragione della collera che aveva provato nei confronti di Victor, perché lui non l'aveva assecondata, bensì aveva espresso tutto ciò che lei non osava dire. Perché era più sincero di lei.

Guardò il MacBook sul tavolo della cucina.

La sua presentazione.

Il suo grande affare.

La sua partecipazione societaria.

Il suo bambino.

Un bambino significa responsabilità. Vuoi stare a casa a giocare a fare la mamma?

A chi apparteneva quella voce? A Su oppure a Victor – forse a entrambi? No, erano i suoi stessi pensieri.

Dovrei abortire?

Victor aveva liquidato la cosa come semplici chiacchiere, e se lei era sincera con se stessa, *veramente sincera*, fino a poco tempo prima avrebbe condiviso la sua opinione. Prima che si riferisse al *suo* bambino. Un bambino che per il momento non aveva ancora né un nome né un sesso.

Però era il *suo bambino*.

I bambini le piacevano, certo. Le piaceva guardarli scatenarsi al parco giochi, come Mia quel pomeriggio. Voleva bene alla nipote. Era affezionata anche alla figlia della sua segretaria, con quella faccia furba piena di lentiggini, che di tanto in tanto passava in agenzia dopo la scuola. Le piaceva guardarla fare i compiti in un angolo della sala riunioni. Ed era stata veramente contenta quando le aveva fatto un disegno. Lo aveva persino attaccato in ufficio sotto lo sguardo orgoglioso dell'artista in erba.

Ma questa era solo una Laura. L'altra Laura aveva tolto il disegno poco dopo. Non aveva mai sopportato quelli che tengono appesi in ufficio disegni di bambini. Per lei l'immagine di una professionista era diversa. E quante volte si era spazientita al ristorante, quando i bambini non si comportavano bene, oppure correvano tra i tavoli, quando i neonati accanto a lei piangevano, quando la segretaria aveva bisogno dell'ennesima giornata libera perché la figlia era malata.

E poi l'episodio di Mia oggi pomeriggio. Sii sincera, in fon-

do sei stata contenta che dovesse occuparsene Su. Che Mia fosse sua *figlia e non la tua.*

Questa era decisamente la sua voce. Eh sì, era stato proprio così. Era facile essere *la zia migliore del mondo*, che leggeva storie a voce alta, oppure offriva pizze e gelati, di sicuro molto più facile che assumersi la responsabilità di una madre. *Mettere se stessi e i propri interessi al secondo posto*, come aveva detto Su.

Il suo bambino.

Il mio bambino.

È dentro di me. Si sente sicuro e coccolato. Ascolta il battito del mio cuore.

Prese il coltello e tagliò a striscioline i peperoni.

Che cosa devo fare?

Sistemare le cose.

Sente il battito del mio cuore.

Prova ciò che provo io.

E di colpo il mormorio tornò. Più nitido che in metropolitana, ma ancora troppo lieve per essere comprensibile.

L'unica cosa che riconobbe era che si trattava del bisbiglio di un bambino.

«Un libro è come un buon amico. Ti rimane accanto, nel bene e nel male, ti schiude nuovi mondi. Apri la copertina e poi apri la mente.»

Questa dedica era stata scritta a Su da sua madre sul libro di fiabe. La lettura era stata la grande passione dei suoi genitori e nel corso della vita gli Schrader avevano realizzato il sogno di avere una propria biblioteca. A un certo punto la casa era stata piena di libri. Romanzi, biografie, volumi di poesie, saggi – avevano interessi molteplici. E Anna Schrader era stata felicissima quando si era accorta che la figlia maggiore condivideva con lei l'entusiasmo per la lettura.

Nel corso degli anni quella dedica aveva assunto un significato ancora più grande per Su. Aveva accumulato molte esperienze, era stata delusa da diverse persone, ma lungo il cammino i libri erano sempre rimasti amici fedeli e guide infallibili.

Quella sera leggeva un volume di racconti di Daphne du Maurier, preso dal lascito di sua madre. Su avrebbe voluto tenere tutti i suoi libri, ma l'abitazione in cui lei viveva era troppo piccola. E dopo il divorzio, quando si era trasferita in un appartamentino in un palazzone, aveva dovuto separarsi da numerosi dei suoi amici di gioventù.

Questo libro, però, era particolarmente prezioso per lei. Occupava un posto d'onore nella libreria. Aveva letto per la prima volta i racconti di du Maurier quando era ancora troppo giovane per comprendere appieno la profondità delle storie. Tuttavia era rimasta affascinata dalle oscure fantasie dell'autrice, anche se le avevano provocato notti di insonnia. Soprattutto la storia del vecchio e dei cigni, oppure quella della coppia che viene perseguitata dal fantasma della figlia annegata per le calli buie di Venezia. E poi naturalmente *Gli uccelli.* Il racconto aveva una trama completamente diversa dal film e Su lo trovava persino più inquietante.

Ricordava ancora bene la sera in cui aveva parlato di quella storia con sua madre. Perché gli uccelli erano tanto arrabbiati con gli esseri umani?, aveva chiesto. E l'autrice si riferiva veramente a degli uccelli, oppure aveva inteso qualcosa di diverso?

«Forse sono solo un parallelo?» aveva chiesto.

«Il termine esatto è parabola» l'aveva corretta sua madre, con il tono sicuro di una professoressa. «Sono domande molto profonde per una bambina di dieci anni.»

«Dici? Mi interessa parecchio.»

La madre l'aveva guardata per un po' pensierosa, poi aveva annuito. «Hai ragione, tesoro. Perché non dovresti poter fare certe domande? Credo che noi adulti commettiamo spesso il grande errore di sottovalutare voi bambini. In realtà dovremmo sapere come stanno le cose. Dopotutto siamo stati anche noi bambini. Avevamo domande, avevamo risposte. Alcune di queste risposte erano semplici e ingenue, e non sempre giuste. Ma è proprio questo il lato meraviglioso della vita. Ogni giorno si può imparare qualcosa di nuovo, basta volerlo. Mi fa piacere vedere che tu lo desideri.»

Era stato un momento particolarmente felice per Su, e adesso che sfogliava nuovamente quel libro, il vecchio amico di gioventù le offriva conforto con questo ricordo.

Quel pomeriggio non lo aveva detto a Laura, e si era trattenuta anche con Mia, ma adesso che era sola, confessò a se stessa le proprie paure.

Era preoccupata per la figlia.

Fino a quel pomeriggio aveva creduto che Mia avesse superato le conseguenze del divorzio e fosse sulla via della guarigione. In realtà era stato come con un incendio che si crede spento finché i focolari non riprendono vigore.

Fino a sei mesi prima non aveva avuto una sola notte tranquilla. Mia era diventata sonnambula subito dopo la separazione da Patrick. Tutte le notti. Nel corso del tempo gli episodi di sonnambulismo si erano diradati, tuttavia Su non era riuscita a dormire un'intera notte. Non dopo che Mia, nel corso di una delle sue crisi, aveva aperto la porta di casa ed era uscita in strada.

Tutte le volte, Mia rimaneva terribilmente turbata dopo quell'esperienza, piangeva e mormorava parole senza senso. Come quel pomeriggio al parco.

E così adesso Su era di nuovo terrorizzata. Non era ancora finita. Forse non sarebbe *mai* finita. E la colpa era sua, di Susann Landers, nata Schrader. Colpevole, vostro onore.

Colpevole di tutte le accuse. La punizione era l'ansia per sua figlia e la paura di aver fallito come madre.

Si rannicchiò con un sospiro sul divano, si tirò il plaid fin sotto il mento e aprì il libro. Sfogliò le pagine e annusò l'odore familiare di carta vecchia.

«Apri la copertina e poi apri la mente. Un libro ti schiude nuovi mondi.»

Oppure vecchi mondi familiari, aggiunse tra sé. Cominciò a leggere a pagina 122. Era il punto in cui Nat, il contadino, da solo e armato di una coperta di lana, lotta contro lo stormo di uccelli per proteggere i figli.

Pur essendo una persona semplice, che sicuramente non avrebbe mai vinto il premio come protagonista più amato, Su lo ammirava per il suo gesto. Era coraggioso, altruista, impegnato a proteggere la famiglia con dedizione assoluta.

Devo essere come lui, pensò. Devo proteggere la mia bambina. Devo far capire a Mia quanto sia importante essere forti e ribellarsi alle ingiustizie. Suo padre è stato ingiusto con me e anche se non glielo rinfaccerò in perpetuo, è comunque la verità. Io non ho fatto niente di sbagliato. Ho sempre agito con la coscienza pulita. Se ho sbagliato in qualche punto, sarà possibile stabilirlo solo con il senno di poi. Nessuno commette errori volontariamente. Nessuno danneggia se stesso consapevolmente. Solo quando riconosciamo l'errore, possiamo trarne un insegnamento.

Per questo d'ora in avanti sarebbe stata più che mai presente per Mia. L'avrebbe aiutata a diventare forte. Tutte le cose del mondo hanno due facce, e dietro il bene si nasconde sempre il male. Su però avrebbe protetto sua figlia da tutto ciò.

Ora più che mai.

Con questo pensiero rivolse nuovamente la propria attenzione a Nat che, a oltre vent'anni di distanza dal loro primo incontro, era diventato il suo modello. Solo che lei, al contrario di lui, avrebbe vinto la battaglia.

Eccome se l'avrebbe vinta! A qualunque costo.

Quando si svegliò, Su non sapeva quanto tempo fosse passato. Fuori dalla finestra era ancora notte e il vento premeva sui vetri come una possente mano invisibile.

Doveva essersi appisolata leggendo e le faceva male la nuca. Era scivolata nell'incavo della vecchia imbottitura lasciato da numerose ore passate lì a leggere e a guardare la tivù, e adesso era tutta rattrappita.

Abbiamo assolutamente bisogno di un nuovo divano, pensò, rimettendosi seduta con un gemito.

Sbadigliò, si strofinò le braccia anchilosate, raccolse da terra il libro che le era scivolato dalle mani nel sonno e finalmente tornò abbastanza in sé da percepire la corrente d'aria fredda. Si guardò intorno con un brivido e vide che la porta finestra del balcone era spalancata.

Mia!, pensò subito, e poi il panico si impossessò di lei.

Balzò in piedi dal divano, gettò via il plaid e corse verso la finestra.

Con gli occhi della mente vedeva già il corpo della figlia maciullato sul marciapiede otto piani più sotto. La pozza di sangue che si allargava intorno alla testa delicata. L'occhiata compassionevole del medico del pronto soccorso, che poteva solo constatare la morte di sua figlia. E lei, che urlava di dolore e di disperazione nello spiazzo tra i blocchi di cemento.

È stata colpa mia! È stata tutta colpa mia!

Mia però non era caduta dal balcone. Come avrebbe potuto? La ringhiera era troppo alta, si sarebbe dovuta arrampicare per scavalcarla. E se, vivendo con una sonnambula Su aveva imparato una cosa, era che i sonnambuli non riuscivano ad arrampicarsi. Sapevano aprire le porte, tirare fuori cartocci di latte dal frigorifero – e rovesciarli per goffaggine – e a volte potevano addirittura aprire un rubinetto nel bagno, ma non avevano l'abilità di arrampicarsi.

Per fortuna!

Sì, Mia aveva aperto la finestra sul balcone e sì, era uscita. Ma Su la trovò inginocchiata accanto all'inferriata laterale e vide che non aveva nessuna intenzione di scavalcarla. Al contrario, stava immobile e sembrava aver scoperto qualcosa di particolarmente interessante sul balcone accanto. Qualcosa che soltanto lei poteva vedere in sogno, perché nel mondo reale era notte ed era tutto buio.

Su le si avvicinò cauta, tirando un sospiro di sollievo. Si inginocchiò accanto a lei e la chiamò per nome sottovoce. Poi le prese delicatamente le braccia, gelate. Se la giornata aveva risvegliato ricordi dell'estate, le notti erano già fresche e lassù tirava un implacabile vento dell'Est.

Su si domandava da quanto tempo Mia fosse lì fuori e decise che in ogni caso la risposta era *da troppo tempo*. Se non si fosse addormentata sul divano, Mia non sarebbe...

Scacciò quel pensiero, quando si accorse che Mia aveva gli occhi aperti e che vedeva davvero qualcosa.

No, non qualcosa, *qualcuno.*

Era il bambino di colore che abitava lì accanto e aveva grosso modo l'età di Mia. Era inginocchiato nella stessa identica posizione accanto all'inferriata, stringeva le sbarre e fissava Mia. In mezzo al suo viso scuro, che tra l'altro si trovava nel punto più in ombra del balcone, i suoi occhi sembravano ancora più bianchi.

Che cosa stava succedendo, in nome del cielo?

Perché qualcosa stava accadendo tra i due, Su ne era convinta. Per quanto potesse suonare strambo, e per quanto non sapesse da dove le derivava questa convinzione, era sicura che sua figlia e il ragazzino si stessero *guardando*. Anzi, aveva l'impressione che... comunicassero in maniera del tutto speciale. Senza parole.

«Mia, tesoro, riesci a sentirmi?»

Aveva la voce arrochita e se la schiarì prima di ripetere la domanda.

Mia annuì lentamente. «Vattene, mamma» disse piano, senza girarsi. «Lasciaci in pace.»

Sembrava così seria e determinata che Su fu percorsa da un brivido. Aveva proprio detto: «Lasciaci!»; Su non si era sbagliata!

«No, tesoro! Finirai per ammalarti restando qua fuori. Adesso torniamo dentro.»

Strinse più forte le braccia di Mia e la fece alzare. La bambina non si oppose, ma il suo sguardo era sempre fisso sul ragazzino che si alzò a sua volta. Era alto quanto Mia e anche lui indossava solo il pigiama che gli svolazzava intorno al corpo agitato dal vento.

Su avrebbe voluto dirgli di lasciare in pace sua figlia, ma non lo fece. Il modo in cui la guardava la impaurì.

Riportò Mia in salotto con delicatezza e determinazione e poi, senza lasciare la figlia, richiuse la porta finestra con una mano. Quindi rimise a letto Mia e la coprì.

«Tesoro, ma che cosa combini?» le domandò. «Che cosa ci facevi... ci facevate lì fuori?»

Mia la fissò senza parlare. Aveva lo sguardo vitreo e un velo di sudore le copriva il viso. Su le toccò la fronte e tolse di scatto la mano, sgomenta.

Mia aveva la febbre. La febbre alta.

Mezz'ora più tardi Su era accanto al telefono. Mia intanto si era riaddormentata. Su le aveva fatto degli impacchi freddi sulla fronte, le aveva sciolto un antipiretico in acqua tiepida e glielo aveva fatto bere. Poi si era seduta accanto alla figlia, tamponandole il sudore dalla fronte arrossata e aveva aspettato che il medicinale facesse effetto.

Dopo essersi addormentata, Mia aveva mormorato qualcosa. Una parola sola, ripetuta.

«Basta. Basta. Basta.»

Su dovette fare uno sforzo su se stessa per staccare la cornetta, ma alla fine si decise. Le sembrava di essere Nat, che lottava contro gli uccelli con la sua coperta di lana.

Basta, pensò.

Basta che cosa?

Poi compose il numero di Patrick.

Voci, così lontane, da sembrare solo un fruscio.

Il lupo è morto, il lupo è morto. Hurrà, hurrà, il lupo è morto!

Ci siamo liberati di lui.

Sì, e degli altri.

Nessuno ci farà più del male.

Mai più! Mai più!

Laura si svegliò di soprassalto. Teneva il pugno premuto contro la bocca per soffocare il grido lacerante che aveva lanciato in sogno.

Era solo un sogno, pensò, mentre la sua coscienza tornava alla realtà. Solo un sogno.

Tuttavia vedeva sempre quel viso.

Il suo viso!

Si alzò di scatto e si precipitò in bagno. Rischiò di inciampare sul tappetino. Si appoggiò al bordo della vasca e fece appena in tempo ad alzare la tavoletta del gabinetto prima che il contenuto dello stomaco le fuoriuscisse in un fiotto acre e maleodorante. Aveva il viso imperlato di sudore, era scossa da brividi in tutto il corpo.

Solo un sogno, pensò di nuovo. È stato solo un sogno.

Ma per quanto se lo ripetesse, non riusciva a tranquillizzarsi e le immagini agghiaccianti non sbiadivano. Al contrario, diventavano sempre più reali, come il ricordo di qualcosa vissuto per davvero. E c'erano sempre, sia che chiudesse gli occhi sia che li tenesse aperti.

Come se quelle immagini si fossero impresse a fuoco nella sua testa.

«Mi era sembrato di vedere per davvero quel viso. Quell'uomo che... oddio, aveva la testa...»

Laura Schrader non riuscì a terminare la frase. Si nascose il viso tra le mani e appoggiò i gomiti al piano del tavolo.

Robert vide le sue spalle sussultare mentre singhiozzava in silenzio.

È come se vivesse nuovamente il sogno, pensò. Oppure la sua allucinazione, nel caso soffra davvero di una forma paranoica di schizofrenia. Sembrano confermarlo i fruscii di cui ha parlato prima, che potrebbero essere lo stadio precedente alle voci che spesso si legano a un disturbo psicotico.

Si domandò per l'ennesima volta se ciò che le stava raccontando non fosse in realtà un resoconto del suo inesorabile scivolare nella psicosi. Era possibile, ma lui non ne era del tutto sicuro.

Mise da parte il blocco e si sporse verso di lei.

«Vuole fare una pausa?» le chiese e ottenne un brusco cenno di assenso come risposta.

«Devo andare in bagno» disse, e quando scoprì il viso, lui si accorse che era molto pallida.

Robert rivolse un cenno di assenso alla telecamera, mentre la serratura della porta scattava automaticamente e l'infermiera entrava di corsa. Evidentemente era seduta di là con Bennell e aveva seguito tutto il colloquio.

Robert si accorse che l'infermiera aveva un altro atteggiamento, era più energica, più sicura di sé. Sembrava sinceramente preoccupata per Laura. Forse questo cambiamento era dovuto alla notizia della gravidanza di Laura Schrader. Quello zelo improvviso era una specie di manifestazione di solidarietà tra donne incinte.

Era successa la stessa cosa anche a sua moglie, tutte le volte che incontrava un'altra donna in attesa. Anche se non si conoscevano tra di loro, si creava sempre un legame particolare. Come tra due *complici*.

C'era solo una cosa piuttosto strana. Una minuzia, che un osservatore meno esperto forse non avrebbe notato. Ma Robert, la cui professione in gran parte consisteva nell'osservare e interpretare le anomalie comportamentali, la registrò. Fu questione di uno o due secondi, ma bastò per lasciarlo confuso.

Quando Laura Schrader si alzò e si diresse verso la porta, l'infermiera le si avvicinò. La paziente aveva il passo insicuro e l'infermiera voleva sorreggerla, ma Laura Schrader la schivò. L'infermiera le prese lo stesso il braccio, ma si staccò bruscamente un attimo dopo. Come se avesse ricevuto una scarica elettrica.

Era stata una reazione istintiva, della quale nemmeno l'infermiera sembrava essersi accorta. In ogni caso sul suo viso non c'era scritto niente quando richiuse la porta dietro Laura Schrader e lasciò da solo Robert nel silenzio della saletta dei colloqui.

I bagni si trovavano all'estremità opposta del corridoio. Laura Schrader camminava svelta accanto all'infermiera. Sotto le luci al neon il suo viso era più pallido che mai e i suoi occhi cerchiati da ombre scure.

L'infermiera si affrettò ad aprire la porta, poi aspettò accanto al lavandino mentre la paziente si chiudeva in tutta fretta nel cubicolo centrale. Il rumore della tavoletta che veniva sollevata di scatto risuonò dalle piastrelle. Poi si udirono gli inconfondibili spasmi convulsi del vomito.

L'infermiera si tappò il naso con la mano, quando un odore acre riempì la stanza. Conosceva fin troppo bene quella fase. All'inizio della gravidanza anche lei era stata malissimo. Non appena deglutiva qualcosa, fosse anche un sorso d'acqua, la rimetteva subito. Era stato tremendo. Le era sembrato che il suo corpo respingesse con tutti i mezzi ciò che cresceva dentro di lui. Gli ormoni erano impazziti, come succedeva ora a questa paziente.

La crisi sembrava passata. I conati erano cessati e nel gabinetto regnava il silenzio.

«Tutto a posto?» domandò l'infermiera.

Non ottenne risposta. A parte lo stillicidio di un rubinetto che perdeva e il ronzio dei tubi al neon sopra di lei, non si sentiva niente.

«Frau Schrader?»

Niente. Che fosse svenuta? L'infermiera si avvicinò con un sospiro al cubicolo.

«Frau Schrader, è tutto a posto?»

Un flebile gemito, quindi un colpetto di tosse. «Sì, abbastanza.»

L'infermiera si allontanò sollevata. L'odore acre le stringeva la gola.

Si portò di nuovo una mano davanti al naso e si avvicinò ai lavandini. Lì l'odore era meno penetrante. Ormai era passato del tempo dalle sue nausee, ma non voleva provocarle inutilmente. Quel giorno inoltre il suo bambino era particolarmente irrequieto e lei lo sentiva premerle contro lo stomaco.

È come se qualcosa lo rendesse nervoso pensò, appoggiandosi contro uno dei lavandini.

Mentre continuava ad aspettare la paziente, si accarezzò l'addome. Eccolo! Il bambino si mosse di nuovo. Sentiva nitidamente i calci dei suoi piedini.

Che cosa avrà? Forse un brutto sogno?

Ma prima che avesse tempo di decidere se i nascituri potessero già sognare o avessero solo riflessi istintivi, colse un lieve fruscio. Un sibilo strano, quasi impercettibile. Evitando di fare rumore avanzò cauta verso il cubicolo.

Proprio così. Laura Schrader stava bisbigliando. Come se parlasse con qualcuno.

Ospedale delle suore di carità

Ucraina

Una luce accecante penetrò nella camera della malata quando si aprì la porta. La donna con il saio che entrò era una sagoma indistinta. La luce la circondava come un'aureola.

Come la santa madre di Dio, pensò Svetlana sbattendo le palpebre accecata.

Quando la porta si richiuse, riconobbe i lineamenti della madre superiora. Suor Giacinta era una donna alta con il viso scarno e rugoso e occhi di un azzurro chiarissimo. La suora era già anziana, di certo aveva superato la settantina. Grazie alla sua educazione cattolica, Svetlana sapeva che la madre superiora aveva preso il nome di santa Giacinta Marescotti, una monaca che dopo una grave malattia aveva rinunciato a tutto per abbracciare una vita di penitenza e reclusione. Per il resto dei suoi giorni la santa era vissuta in povertà cibandosi di erbe amare e pregando inginocchiata sulle ortiche, sulla cera calda o sulla neve ghiacciata. Aveva vissuto in umiltà e purezza, sebbene avesse conosciuto profondamente le cose del mondo.

Il nome era una scelta perfetta per una suora dagli occhi puri come la giovinezza e insieme carichi dell'esperienza dell'età, pensò Svetlana.

« Posso vederlo? » domandò, quando la superiora si fu seduta sulla seggiola di legno accanto al letto.

« No, figliola. L'abbiamo già seppellito. »

« E la sua tomba? Posso almeno... »

« Non c'è nessuna tomba » rispose la suora. « In ogni caso non c'è una lapide. Dopotutto non era ancora battezzato. »

Svetlana si mise seduta sul letto. Le doleva l'addome, ma ancora più intenso era il dolore nel petto, la fitta al cuore quando si rese conto di ciò che la badessa aveva voluto comunicarle.

« Lo avete semplicemente... » Stava per dire *gettato via*, ma optò per un più rispettoso « sotterrato ». Doveva questo rispetto al suo bambino, che meno di due ore prima era uscito dal suo corpo, senza respirare né piangere neppure una volta.

Ora non saprò mai come sarebbe stata la sua voce, pensò, provando un'altra fitta al petto.

« Calmati » disse la madre superiora con lo sguardo compassionevole di chi ritiene che sia stata fatta una domanda sciocca. « La sua luce si è spenta prima ancora che nascesse. La sua anima non ha mai lasciato il suo posto accanto a nostro Signore. Il corpo uscito dal tuo grembo era solo un guscio vuoto. Per questo non c'era bisogno di una vera tomba. »

Svetlana lottò contro le lacrime. Non aveva avuto neppure un nome. E per una lapide c'era bisogno di un nome, giusto? I futuri genitori le avevano detto di volerla chiamare Emma, se fosse stata una femmina. Quando si era scoperto che Svetlana aspettava un maschio, avevano scelto il nome Jonas.

Quei nomi erano piaciuti a Svetlana. Ma Jonas, il cui santo patrono era sopravvissuto persino nella pancia di una balena, non era uscito vivo dal *suo* grembo.

Ora era sepolto chissà dove. Probabilmente nel giardino

del monastero dietro l'ospedale. C'era uno spiazzo, dove non cresceva niente, né erba né cespugli, niente. Svetlana l'aveva visto spesso dalla finestra dell'ambulatorio domandandosi a che cosa servisse.

« Loro lo sanno già? »

La badessa annuì. « Sì, gliel'ho detto prima. Sono addolorati e pregheranno per te. »

Svetlana si sforzò di sorridere. « Dica loro che li ringrazio molto e che la prossima volta nascerà sicuramente un bambino bello e sano. Mi riprenderò presto e avrò ancora più cura di me, lo prometto. »

« Glielo riferirò » rispose la badessa facendo un profondo sospiro. « Ma per te non ci sarà nessuna prossima volta. »

« Come? » Svetlana la guardò atterrita. « Ma perché no? Guardi. Sono giovane e sana e forte. L'ha detto lei stessa che sembro fatta apposta per procreare bambini e che il Signore mi ha dato buoni geni. »

« Questo è vero, hai ottimi geni e anche una fibra forte, tuttavia il rischio è troppo grande. Il tuo bambino potrebbe nascere con qualche difetto fisico e il nostro istituto è già pieno di queste povere creature. Sarebbe ancora peggio se anche il prossimo bambino nascesse morto. Non vorrai provocare nuovamente un simile dolore a quelle brave persone, vero? »

« Ma io... »

« Qui non si tratta di te » la interruppe la madre superiora con voce severa. « Pensa a come sarebbe gravoso per quella giovane coppia che non desidera altro che avere un bambino per diventare una famiglia come Dio comanda. Un bambino bello e *sano* che un giorno potrà donare al Signore altri figli belli e sani. »

Per un po' la madre superiora la osservò intensamente,

quindi tirò fuori una busta e la posò sul comodino accanto al bicchiere con l'acqua.

« Naturalmente il tuo impegno verrà ricompensato » disse con un sorriso benevolo. « Soprattutto la giovane signora ti augura ogni bene possibile e che la tua vita, dopo questo dolore, sia di nuovo piena di gioia. »

Svetlana prese la busta e guardò il contenuto.

Una vita piena di gioia? Che cosa ne sapeva quella donna della sua vita? Non conosceva il villaggio dove era cresciuta Svetlana. Non aveva mai lavorato in una fattoria, non aveva mai dato da mangiare a dei maiali e non aveva mai dovuto pulire una stalla. Non aveva mai dovuto sopportare gli approcci volgari di un contadino voglioso. Questa giovane donna, di pochi anni più grande di Svetlana, viveva in un grande appartamento di città con pareti bianche e pavimenti puliti. La sua preoccupazione maggiore sarebbe stata decidere a quale scuola iscrivere suo figlio e dove mandarlo a lezione di pianoforte.

« Apparteniamo a una famiglia di musicisti » aveva raccontato a Svetlana durante il loro primo incontro. « Nella sua famiglia ci sono persone dotate musicalmente? Per caso lei suona qualche strumento? In caso contrario, naturalmente non sarebbe un criterio di esclusione. I suoi occhi così belli bastano a convincerci. Spero che nostro figlio li erediti da lei. Non è così, Bruno? »

Aveva guardato verso il marito, che aveva scrutato con attenzione Svetlana e aveva annuito, quindi era tornata a sorridere a sua volta a Svetlana.

« Se provenisse da una famiglia musicale, per noi sarebbe semplicemente perfetta. »

Svetlana allora aveva attribuito doti musicali al nonno. Aveva detto che era l'organista della loro comunità e che gli piaceva molto cantare. Quest'ultima parte era abbastanza vera: il nonno cantava volentieri, soprattutto quando era ubriaco. Capitava spesso che lo fosse.

Con questa bugia poteva convivere. Dopotutto l'aveva fatto per necessità, e non era un peccato grave.

Quei soldi le servivano. Nella sua regione le donne non trovavano più lavoro. La guerra aveva devastato la terra e del nuovo benessere propagandato dal governo non c'era traccia.

« È solo una parte di ciò che mi avevano promesso » disse mostrando la busta aperta alla badessa. « Guardi, non è nemmeno la metà! »

« Lo so, tesoro. Ma non dimenticare che non hai potuto dare loro ciò che volevano da te. Devi essere grata che si siano mostrati tanto generosi. »

Svetlana provò un'altra fitta al petto.

« Per favore » disse in un tono implorante che lei stessa trovava detestabile, « mi dia un'altra possibilità. Ho solo ventiquattro anni. Posso partorire ancora tanti bambini sani. »

La madre superiora si alzò. « Mi spiace. »

« Che cosa farò adesso? » le gridò dietro. « Non posso tornare al mio villaggio. Li pensano tutti che io sia una... una... »

Non riusciva a pronunciare quella parola. L'avrebbe sentita abbastanza spesso nella sua vita, di questo era più che sicura. Aveva accolto dentro di sé il seme di uno sconosciuto, aveva concepito un figlio da lui. Per la gente non aveva nessuna importanza come fosse entrato in lei questo seme né che il bambino non fosse sopravvissuto. In un modo o nell'altro lei aveva venduto il proprio corpo per denaro. Questa era la pura e semplice verità.

Arrivata alla porta, suor Giacinta si era fermata un istante. Svetlana l'aveva sentita sospirare piano prima che si voltasse verso di lei.

« Puoi rimanere in questa camera fino a domattina » le disse la badessa. « Mangia a sazietà e riposati. Domani questa stanza servirà a un'altra. Quindi non andare via troppo tardi. »

« Ma dove vado? » Svetlana era prossima alla disperazione. « Dove posso andare? »

« Il Signore ti guiderà » disse la badessa facendo un segno della croce in aria. « Benedirà il tuo cammino e sarà con te. Nel nome del Padre, del Figlio e dello Spirito Santo. »

« Amen » mormorò Svetlana con la voce rotta dal pianto. Riuscì a trattenersi finché la porta si fu richiusa alle spalle della madre superiora, quindi scoppiò in un pianto irrefrenabile.

V.

Farfalle. Decisioni. Lo senti anche tu

Quando Laura Schrader tornò dal bagno, Robert le versò un bicchiere d'acqua. Osservò le sue mani tremanti mentre beveva a piccoli sorsi e si domandò se, in tutta coscienza, potesse continuare con quell'interrogatorio.

«Come si sente? Vuole fare una pausa?»

«No, sto bene» disse lei con voce arrochita. «È stato solo... prima, il ricordo di quel sogno... di colpo è tornato tutto così vivido.»

«Che cosa c'era nel sogno?»

«Mi trovo in una camera d'albergo» disse, grattandosi la benda. Il suo viso assunse un'espressione tormentata e disgustata. «Ricordo ancora l'odore... credo fosse olio di sandalo. Come i bastoncini di incenso, ma meno affumicato, più fresco. Forse è un profumo, oppure un bagnoschiuma. Vedo anche chiaramente il letto. Con una coperta molto colorata. A motivi floreali. Non stampata, è ricamata. Forse è solo il copriletto... sì... sì, credo che sia il copriletto...»

Evitò di indicare il motivo che l'aveva tanto spaventata.

Robert allora le chiese: «Prima ha accennato a un uomo. Era successo qualcosa alla sua faccia».

Lei annuì e fissò il piano del tavolo davanti a sé, come se lì sopra ci fosse una foto con l'immagine del suo sogno.

«Sì, adesso ne ho la certezza. È un copriletto ricamato. Tra le maglie vedo un lenzuolo bianco. Però non è più tutto bianco... non più. C'è... del sangue. Tanto sangue!»

Si nascose il viso tra le mani, come per scacciare dalla mente quell'immagine.

L'immagine che in realtà ha visto solo in sogno, pensò Robert.

«Conosceva l'uomo del sogno?»

Lei abbassò le mani e lo guardò con gli occhi lucidi di lacrime.

«No, all'epoca non sapevo ancora chi fosse. Ma l'ho scoperto poco dopo.»

«Che cosa vorrebbe dirmi? Quest'uomo esisteva realmente?»

Lei annuì. «So che lei non mi crederà, ma non era soltanto un sogno.»

«Come le ho già detto, mi piacerebbe crederle» replicò Robert. «Deve solo darmene la possibilità. Che cosa le dà la sicurezza che non si sia trattato di un sogno?»

«Ho rivisto quell'uomo» rispose lei. «Nella vita reale. Era morto. E sa qual è stata la cosa peggiore? Non il sangue che ho visto, e nemmeno la testa fracassata. No, la cosa peggiore è stata che ho provato *gioia* per la sua morte. Che ho gridato di sgomento mentre in realtà avrei voluto ridere di contentezza.»

Era mattino presto e nello studio del dottor Patrick Landers regnava ancora un piacevole silenzio. Mentre Mia era nell'ambulatorio con Patrick, Su era in piedi in anticamera, a sorseggiare un caffè che Patrick le aveva offerto alla macchinetta, e osservava i numerosi disegni che il suo ex marito aveva ricevuto dai giovani pazienti. Su molti dei fogli, colorati a matita o a pastello, era raffigurato Patrick. Era sempre un uomo alto dai capelli scuri insieme a bambini e adulti sorridenti. Su quasi tutti i disegni c'era anche un sole sorridente, sempre nell'angolo in alto a destra, come se rispondesse a una regola non scritta. Su alcuni fogli c'erano anche figure di fantasia, clown, fate, unicorni, dinosauri. Comunque gli animali non potevano mancare. Cani, gatti, su un disegno addirittura un elefante con le zampe troppo lunghe. Anche gli animali avevano musi allegri e sorridenti.

Spensieratezza e allegria sono gli attributi dell'infanzia, pensò Su. Da bambini le cose e le persone vengono viste senza pregiudizi e a tutti è data una possibilità. Crescendo, quando impariamo la vera natura della vita, smettiamo di disegnare soli sorridenti su ogni immagine. Allora usiamo anche i colori scuri della scatola delle matite.

Il fatto che su quei disegni ci fosse solamente Patrick e non lei, dipendeva dal suo errore di giudizio rispetto al marito diversi anni prima: ne aveva visto il lato oscuro solo troppo tardi.

Aveva rinunciato al sogno di un ambulatorio condiviso quando era rimasta incinta di Mia. Aveva interrotto gli studi di medicina, non solo per Mia, ma anche per Patrick. Sapeva che un giorno lui sarebbe diventato un fantastico pediatra e lo aveva sostenuto, in tutti i modi possibili.

Fino alla nascita di Mia aveva lavorato in un istituto di cura e quando Mia aveva cominciato a frequentare la scuola materna, aveva preso il diploma di infermiera. Grazie ai rimborsi del tirocinio e agli straordinari per i turni di notte aveva risparmiato un po'. Non era una fortuna, ma era servito per pagare l'arredamento dello studio di Patrick. Si erano sposati e l'ambulatorio era stato aperto con successo. Su aiutava il marito mezza giornata ed era soddisfatta. Aveva tempo sufficiente per stare con la figlia e con l'uomo che amava.

Non si era sbagliata nel valutare le capacità professionali di Patrick. Era un bravo medico, molto benvoluto, e i piccoli pazienti si fidavano di lui. Anche i genitori si fidavano di lui. Una delle madri persino troppo.

La storia andava avanti già da sei mesi, quando Su lo scoprì per caso. Attraverso un semplice ma eloquente sms. Era stata un'esperienza umiliante e dolorosa. A Su era sembrato di essere la protagonista di una soap opera. Ancora oggi non sapeva dire se l'avesse ferita di più il fatto che Patrick l'avesse tradita, oppure la durata di questo tradimento. Probabilmente entrambe le cose. A ciò si aggiungeva la rabbia verso se stessa per essersi *lasciata* tradire. Questa rabbia li aveva condotti all'unica conseguenza ragionevole dal suo punto di vista, ovvero il divorzio.

La separazione aveva cambiato molte cose, soprattutto nei confronti della figlia. Mia non aveva più disegnato soli sorridenti. Era diventata più seria, più introversa, e a un certo punto aveva cominciato a essere sonnambula. Nella fase peggiore aveva addirittura bagnato il letto di notte.

Su non voleva che la situazione peggiorasse. L'ironia della cosa era che per la seconda volta aveva dovuto chiedere aiuto all'uomo che in realtà riteneva responsabile dei problemi di Mia. Aveva anche pensato di rivolgersi a un altro pediatra, ma Mia si fidava di suo padre molto più che di qualunque altro estraneo, per quanto simpatico fosse. Su sperava che Mia si sarebbe confidata di più con Patrick. Ci sperava così tanto che questo non aveva neppure ferito la sua vanità materna. Non voleva lottare contro uno stormo di uccelli con una coperta, se poteva ricorrere a un aiuto più incisivo.

Inoltre non riusciva a scrollarsi di dosso l'opprimente sensazione di non potercela fare da sola, anche se avesse lottato con tutti i mezzi. C'era questa parola, che Mia aveva pronunciato la notte precedente e che continuava a risuonarle in testa.

Basta.

Quando Patrick tornò in anticamera dopo una buona mezz'ora, era solo.

«È di là in sala d'aspetto, in modo che possiamo parlare a quattrocchi» spiegò di fronte allo sguardo interrogativo di Su. «Le ho fatto vedere i nuovi acquisti. Le avventure del draghetto piacciono molto ai bambini e a quanto pare sono state apprezzate anche dal nostro piccolo topo di biblioteca.»

Aveva l'aria stanca. Dall'ultima volta che si erano visti, più di tre mesi prima in occasione del compleanno di Mia, si era fatto crescere la barba. Gli stava bene, corta e curata, ma insieme agli occhi stanchi lo faceva sembrare decisamente più vecchio.

«Vuoi un altro caffè?»

Lei scosse la testa.

«Io ne ho assolutamente bisogno» sbadigliò lui. «Dio, che stanchezza.»

«Mi spiace averti svegliato così presto...»

«No, no, figurati, non c'è problema.» Andò alla macchinetta e se ne preparò una tazza. «È stata una nottataccia perché un padre collerico ha pensato di buttare giù da una scala la figlia di sette anni. A quanto pare per legittima difesa, perché lei aveva cercato di aggredirlo con un paio di forbici.»

Prese la tazza e si mise a sedere di fronte a lei. «Già, e poi dici che sarei io il padre snaturato.»

Lei alzò gli occhi al cielo. «Per una volta possiamo evitare di parlarne e concentrarci su nostra figlia?»

«Ma certo.» Lui annuì e distolse lo sguardo.

«Allora, che cosa le succede?»

«La buona notizia è che non ho riscontrato niente di insolito in lei. L'ho visitata a fondo. Temperatura normale, battito normale, pressione e riflessi nella norma. I campioni di sangue e di urina li manderò oggi stesso al laboratorio. Ma in tutta sincerità non credo che ne uscirà fuori qualcosa. A me Mia è parsa perfettamente sana. Sembra un po' affaticata, ma dopo tutto quello che mi hai raccontato, non mi meraviglia.»

«Quindi pensi che non sia come la volta scorsa?»

Lui sorseggiò il caffè e annuì. «Esatto. All'epoca aveva sempre la febbre ed era piuttosto apatica.»

«Anche la notte scorsa.»

«Stamattina però no. Secondo me è un buon segno. Negli ultimi tempi si è comportata in maniera strana? Intendo prima di ieri.»

Lei guardò la tazza che teneva tra le mani. Era ancora mezzo piena e il caffè si era raffreddato. La teneva solo per avere qualcosa a cui aggrapparsi.

«No. Fino a ieri ho avuto l'impressione che stesse di nuovo bene.»

«Nessun altro episodio di sonnambulismo?»

«No.»

«Enuresi? Inappetenza?»

Su scrollò la testa. «Ieri si è mangiata una pizza enorme e dopo anche un gelato.»

Patrick annuì e si massaggiò le tempie. Su lo vide trattenere uno sbadiglio.

Lanciare dalle scale una bambina di sette anni, pensò.

«Ho parlato con lei dell'episodio di stanotte» disse Patrick, alzando brevemente gli occhi quando gli giunsero delle voci ovattate dalla stanza vicina: i primi pazienti si erano accomodati in sala d'aspetto.

«Ecco, non credo che sia stato sonnambulismo» concluse lui. «Anche perché ricorda tutto perfettamente.»

«Te ne ha parlato?»

Su avvertì un lieve impeto di gelosia. Padre e figlia, le venne da pensare. Ma anche per me e Laura era sempre stata la stessa cosa.

«Veramente no» rispose Patrick, come se intuisse ciò che stava pensando la ex moglie. «Me ne ha solo accennato.»

«Che cosa ti ha detto?»

Lui sorseggiò ancora il caffè e fece un gesto vago con la mano. «È stata piuttosto misteriosa. Dice di aver provato un'improvvisa tristezza mentre era al parco giochi. *Una tristezza brutta*, l'ha chiamata. E che è stato come se all'improvviso avesse visto tante cose brutte.»

«Di che tipo?»

Lui si strinse nelle spalle. «Non mi ha detto niente di più concreto. Mi ha solo spiegato che non vedeva l'ora di lasciare il parco giochi e che si è sentita meglio quando siete andate a mangiare.»

«E poi?»

Lui scosse la testa e fece un respiro profondo. «Nient'altro. Non ha parlato dell'episodio sul balcone.»

«Allora lo ha fatto da sonnambula?»

«Non credo, no. L'ho osservata attentamente mentre glielo chiedevo e lei ha subito cambiato argomento. Mi ha chiesto come stava la gatta dei vicini e se continuava a lasciarmi dei topi davanti alla porta della terrazza.» Abbozzò un sorriso, come di fronte a un pensiero nostalgico, poi riprese a parlare serio. «Le ho visto nello sguardo che mi nascondeva qualcosa. Non aveva l'espressione meravigliata di un bambino che non ricorda niente. Sembrava piuttosto... ecco, *colpevole*, direi. Come se l'avessi sorpresa a mentire. I bambini non sono attori consumati, ma questo non devo certo spiegarlo a te.»

«Quindi pensi che sappia perfettamente che cosa è successo, ma non voglia parlarne?»

Patrick annuì.

«Perché? Perché dovrebbe nasconderci qualcosa?»

«Il bambino della casa accanto. Si conoscono bene?»

Su ci pensò un istante, quindi scrollò il capo. «Non credo. In ogni caso finora non mi è sembrato. Ci si incontra occasionalmente sulle scale, ma nient'altro. A quanto ne so, non frequentano nemmeno la stessa scuola.»

«Quindi non può essere una cotta preadolescenziale?»

«Al contrario di suo padre, riesce a controllarsi.»

Patrick evitò di nuovo il suo sguardo, ma questa volta Su ebbe l'impressione di cogliere un lampo di stizza nei suoi occhi. Forse la storia con l'altra era da tempo finita, pensò. Forse adesso era solo anche lui.

Ben gli sta!

«Come medico» concluse lui, «posso garantirti che fisicamente è in perfette condizioni. Nessuna manifestazione somatica. Propendo per un problema psichico. Ultimamente è molto stressata?»

«Non che io sappia. Non me ne ha parlato.»

«Come va a scuola?»

Se passassi più tempo con tua figlia, lo sapresti, avrebbe voluto dirgli, ma ricacciò in gola quel commento. Litigare era l'ultima cosa che desiderava adesso. Non sarebbe servito ad aiutare Mia.

«Ha molto da fare» rispose invece. «Per essere una scuola elementare, non lesinano certo i compiti a casa. Ma non mi è sembrato che sia particolarmente difficile per Mia. Ogni tanto si lamenta, come tutti i bambini, del resto. Inoltre fa sempre tutto da sola. All'ultimo colloquio l'insegnante mi ha parlato solo bene di lei. Mia è concentrata, partecipa alle lezioni e ha un buon rapporto con i compagni.»

Patrick bevve un altro sorso di caffè, quindi posò la tazza sul tavolo, poi aggrottò la fronte.

«Forse le serve soltanto una pausa» disse. «Un cambiamento potrebbe farle bene. Ci sono le vacanze ora. Perché non andate da qualche parte insieme? Se dovesse essere un problema economicamente...»

«Non lo è» lo interruppe brusca Su. Poi ci ripensò. In tono più conciliante aggiunse: «Forse hai ragione. Cambiare ambiente sarebbe la cosa giusta per lei».

Posò la tazza di caffè accanto alla sua, si alzò e si avviò verso la porta. Anche Patrick la imitò e la seguì.

«Tienimi informato, d'accordo?»

«Lo farò» promise Su. Afferrò la maniglia, quindi si bloccò e si girò a guardarlo. «Quell'uomo ha davvero buttato la figlia giù dalle scale?»

Lui si infilò le mani nelle tasche del camice e fece una smorfia abbattuta. «Sì. Frattura cranica. È piuttosto grave.»

«È vero che lei lo ha aggredito con un paio di forbici?»

«L'orsetto Pu era un predatore?»

Per un attimo Su rivide davanti a sé il ragazzo di cui si era perdutamente innamorata.

«Ti ricordi, quando andavamo all'università» disse lui, «quando pensavamo che un pediatra combattesse sostanzialmente varicella, morbillo e rosolia? La realtà è che i bambini possono essere vaccinati contro ogni genere di malattia, ma certi genitori rappresentano il pericolo maggiore per loro. Quello di ieri notte non è stato un caso isolato. Al contrario, ho la netta sensazione che succeda sempre più spesso. È uno schifo!»

*

Nella moquette in sala d'aspetto una schiera di nani con i berretti colorati scorrazzavano per un prato fiorito. Cavalcavano lumache, volavano su maggiolini o saltellavano sul dorso di rane sorridenti.

Era stata Su a scegliere la moquette a suo tempo. «È carina ed è adatta per i tuoi pazienti scatenati» aveva detto a Patrick.

Quel mattino però le figure dei nani erano l'unico tocco di animazione nella stanza. Le sedie erano quasi tutte occupate, tuttavia regnava una strana quiete. I genitori sfogliavano le riviste, oppure guardavano gli smartphone, mentre i bambini giocavano in silenzio con le costruzioni, i puzzle, o le automobiline, oppure sognavano a occhi aperti.

Mia era seduta su una poltroncina di stoffa in un angolo accanto allo scaffale con i libri illustrati e teneva tra le mani uno dei volumi del piccolo drago. Non lo stava leggendo, però. Lo teneva aperto davanti a sé, quasi come uno scudo difensivo, pensò Su, e ogni tanto scambiava qualche occhiata con gli altri bambini.

Su le andò vicino e la prese per mano. Voleva dirle qualcosa, ma all'improvviso si sentì la bocca secca e le parve di avere un groppo in gola.

La sensazione passò solo quando lasciarono l'ambulatorio.

Lipinski uscì dalla saletta controllo per andare a prendere da bere. Bennell lo seguì brevemente con lo sguardo, quindi si massaggiò gli occhi che gli bruciavano e mosse la testa avanti e indietro, provocando un sinistro scricchiolio alla base della spina dorsale.

Guardò l'ora. Erano già le nove. Era stanco morto e l'incertezza lo consumava. Sarebbe voluto uscire anche lui, per andare a fumare un paio di sigarette in cortile. Sì, ne avrebbe avuto proprio voglia, ma non voleva perdersi nemmeno un minuto del colloquio che stava avvenendo nella stanza accanto. Si sgranchì un'ultima volta, fece un profondo respiro e si concentrò nuovamente sul monitor e sulle voci che provenivano dai due altoparlanti.

In quel momento Laura Schrader stava parlando della sorella e di quanto avvenuto nello studio del pediatra ora scomparso.

Si domandò che cosa avesse spinto Patrick Landers a raggiungere la ex moglie la notte precedente. Perché aveva lasciato Laura Schrader incastrata nell'auto, forse rubata? Nell'auto il cui bagagliaio conteneva il cadavere della figlia uccisa da un colpo di fucile.

E dove erano scomparsi lui e tutti gli abitanti del paese?

Domande su domande, e niente di ciò che aveva appreso finora da Laura Schrader contribuiva a creare un quadro ragionevole, men che meno a dare un senso alle cose. Per questo il suo bloc-notes era pieno di ghirigori e arabeschi più o meno riusciti accanto a poche parole chiave.

Prese in mano la penna con aria assorta e circondò una delle osservazioni di Laura Schrader.

L'ho avvertito.

Si riferiva a Patrick Landers.

Ma perché e di che cosa lo aveva avvertito?

Ormai raccontava la sua storia da diverse ore, e da quasi altrettanto tempo i pensieri del poliziotto ruotavano intorno a quella domanda. La risposta era sempre che fino a quel momento non avevano fatto neppure un passo avanti.

Un mormorio basso alle sue spalle lo riscosse dai pensieri. Bennell si girò a guardare l'infermiera, seduta al tavolino accostato alla parete, che fissava il monitor assorta quanto lui.

«Come ha detto?»

Lei sussultò. Evidentemente non si era resa conto di aver parlato a voce alta.

«Io? Niente, era solo un pensiero.»

«Quale sarebbe questo pensiero?»

Lei si strinse nelle spalle e indicò lo schermo. «Trovo che sia una persona strana.»

Solo che tu non hai appena detto «strana», pensò Bennell. Forse non ci sentiva più come una volta, ma era abbastanza sicuro che la donna avesse usato un altro aggettivo. *Inquietante.*

«Strana?» la incalzò. «In che senso?»

«Ecco, forse non è la parola esatta» spiegò la donna. «Si comporta in maniera... bizzarra. Ho la sensazione che in lei ci sia qualcosa che non va.»

Di questo era convinto anche Bennell. Nel corso della sua lunga carriera aveva incontrato molti pazzi che gli avevano raccontato le storie più incredibili. Ma Laura Schrader era diversa. La sua storia poteva apparire folle in alcuni punti, ma lei non lo era affatto. Ormai era quasi convinto che offrisse a Robert Winter, e anche a lui, particolari insignificanti per coprire quanto veramente accaduto nel villaggio. Non aveva infatti ancora detto una parola in proposito.

«Vorrebbe essere così gentile da spiegare meglio la sua sensazione?»

Guardò l'infermiera con sincero interesse. Da quando era tornata dopo aver assistito Laura Schrader in bagno, gli sembrava pallida e agitata. Come se fosse successo qualcosa di cui non aveva ancora voluto parlare.

«Ecco, a parte quello che sta raccontando ora...» Aggrottò la fronte, come se cercasse le parole giuste. «Insomma, è già abbastanza bizzarro, non trova?»

Bennell annuì.

La giovane si toccò la collanina con attaccata una piccola croce d'argento.

«Prima» disse incerta, «quando l'ho accompagnata in

bagno... ho aspettato davanti alla porta e... insomma, l'ho sentita parlare con qualcuno lì dentro. Di sicuro bisbigliava tra sé, naturalmente non c'era nessuno. Nessuno oltre me, voglio dire.»

«Per caso ha sentito che cosa diceva Frau Schrader?»

«In parte sì, e non era un monologo come succede a volte quando si pensa ad alta voce.»

«Che cos'era allora?»

L'infermiera lo guardò impacciata. Sembrava che temesse di non essere creduta e Bennell le rivolse un cenno d'incoraggiamento.

«Sembrava più un dialogo» disse alla fine. «Come quando si ascolta qualcuno che parla al telefono nel gabinetto vicino. So che non aveva con sé il cellulare, ma sembrava così. Come se discutesse con qualcuno.»

«Come se discutesse?» Bennell alzò le sopracciglia.

«Sì, be', diceva cose come: 'No, non puoi'. Oppure: 'Staremo a vedere'. Cose del genere. Sembrava che avesse paura. E poi ha detto che non si sarebbe fatta fermare. Quindi ha vomitato di nuovo. Ho dovuto bussare un paio di volte alla porta prima che mi aprisse. Non aveva un bell'aspetto.»

Tornò a guardare lo schermo.

«Non posso fare a meno di pensare al suo bambino» disse sottovoce. «Se è davvero malata di mente e ha fatto ciò che credete voi, sarebbe molto grave per il bambino.»

«Per ora non sappiamo...» disse Bennell, ma fu interrotto da Lipinski che tornò con le bevande.

«Mi sono perso qualcosa?» chiese appoggiando accanto al monitor tre bottiglie di Coca-Cola.

In quello stesso istante suonò il telefono. Lipinski alzò la cornetta dell'apparecchio a muro piuttosto antiquato.

«Sì, è qui» disse, quindi passò a Bennell la telefonata. «È Holt.»

Bennell annuì. Se il responsabile delle indagini sulla scena lo contattava, poteva significare soltanto che la squadra aveva finalmente trovato qualcosa.

«Sono Bennell. Novità?»

«Negativo» fu la risposta. «Qui continua a piovere a catinelle, e questo non facilita le cose. Abbiamo perlustrato la zona circostante, ma senza trovare traccia degli abitanti. Ora passeremo a cercare nei cunicoli. In ogni caso le cartine sono tutt'altro che precise, perché ci sono anche molti pozzi illegali. A questo si aggiungono i tunnel scavati prima che venissero realizzate le piante. Potrebbe volerci diverso tempo, temo. Ma non la chiamo per questo.»

Holt fece una breve pausa e a Bennell parve di sentirlo fare un profondo respiro. «Abbiamo un altro problema.» Un'altra pausa impacciata. «Una delle mie collaboratrici è scomparsa.»

«Come dice?»

Bennell si appoggiò al muro. Davanti ai suoi occhi comparve un numero: 165.

«Non abbiamo idea di dove si trovi» proseguì Holt. «Fa parte della squadra che si occupa di raccogliere tracce nelle case. Due dei suoi colleghi l'hanno vista entrare nel negozio di alimentari del paese. Da allora è scomparsa. Tutto ciò che abbiamo trovato di lei è la ricetrasmittente. Era sulla scala che porta all'appartamento sopra il negozio.»

«Quanto tempo è passato?» chiese Bennell massaggiandosi il viso.

«All'incirca mezz'ora.» Holt sembrava abbattuto, e Bennell per un attimo se lo immaginò davanti a sé. Era un uomo moro, con le spalle larghe, i lineamenti marcati, difficilmente impressionabile.

«Deve essere accaduto qualcosa» proseguì Holt. «Non si

sarebbe separata dalla ricetrasmittente. Maledizione, Bennell, che cosa sta succedendo qui?»

A Bennell sarebbe piaciuto avere una risposta.

Il suo sguardo si posò di nuovo sulla parola che aveva circondato sul bloc-notes.

Avvertito.

E poi tornò a sentire la voce di Laura Schrader che usciva dagli altoparlanti.

Su era sull'orlo della disperazione. Non riusciva più a entrare in contatto con Mia. Se solo avesse saputo che cosa era accaduto! Che cosa era accaduto al parco giochi e successivamente sul balcone? Che cosa aveva visto, sentito o pensato Mia, che l'aveva spinta a chiudersi in se stessa?

A Su sembrava una chiocciola che non solo si fosse rifugiata dentro il suo guscio, ma lo avesse anche sigillato. Eppure lei era sempre stata presente per Mia, le aveva sempre dimostrato che poteva fidarsi di lei e che non c'era niente di cui non potesse parlare con lei.

Sono sua madre, per Dio!

Dopo essere uscite dall'ambulatorio di Patrick, Su aveva portato Mia a fare colazione da Pinky's. A Mia piaceva il piccolo locale un po' kitsch, che vantava *la scelta di dolci più variopinta della città.* Dalla prima volta che erano state in questo paradiso di zucchero, era diventata una consuetudine festeggiare qui il suo compleanno, e Mia voleva sempre la leggendaria torta di Hello Kitty.

Anche quella mattina Su aveva ordinato due fette di quella bomba calorica ricoperta di glassa rosa, insieme a un Pinky-Vanilla-shake che di solito faceva impazzire Mia.

Lei però non aveva quasi toccato cibo. Era rimasta in silenzio, l'espressione serissima, infilzando con la forchetta la fetta di torta. Continuava a gettare occhiate verso la strada, dove un tiepido sole autunnale rischiarava la vivace vita cittadina.

Sembrava che riflettesse sulle persone che vedeva passare davanti alla vetrina, si disse Su. Oppure sul traffico che si snodava lungo le strade, fitto e chiassoso. Oppure, chissà, su qualcosa che non era visibile là fuori.

Su avrebbe dato qualunque cosa per scoprire che cosa passasse per la testa di Mia. La bambina però non voleva parlarne, per quanto lei cercasse di spronarla con tatto. Mia non aveva proprio nessuna voglia di parlare.

Su allora si aggrappò tenacemente alla convinzione che sarebbe stata «una bellissima giornata» per entrambe.

«In fondo siamo in vacanza. Quindi cerchiamo di godercela.»

Per cercare di realizzare quella disperata promessa, sfoderò dal proprio repertorio di madre di una bambina di otto anni un altro pezzo forte: lo zoo.

Fosse stato per Mia, da tempo avrebbero avuto un animale domestico. Lei avrebbe desiderato un cane oppure un gatto – o entrambi, se possibile – ma il contratto d'affitto di Su non le permetteva di tenere neppure un porcellino d'India. Per questo almeno una volta al mese andavano allo zoo, e per Mia era sempre una festa.

Mentre giravano tra i recinti, tuttavia, Mia era molto distratta. Su cercava coraggiosamente di continuare a sorridere come se niente fosse, anche se avrebbe avuto voglia di piangere. Fece notare a Mia i fenicotteri e le giraffe e applaudì per entrambe dopo che avevano visto dar da mangiare alle foche. Le sembrava di essere un'attrice di infima categoria, che pubblicizzava con artefatto entusiasmo le televendite di accessori da cucina, gioielli o aspirapolvere.

«Guarda i fenicotteri! Sono dello stesso colore del tuo milk-shake, non ti sembra?» E: «Guarda i suricati! Non sono teneri?» E ancora: «Ecco i canguri! Qui c'è scritto che i loro cuccioli sono piccoli come un orsetto gommoso. Non è incredibile?»

Alla fine ammutolì anche lei. Avrebbe voluto gridare alla figlia: *Per la miseria, perché non mi dici che cosa ti è preso? Ti ho fatto qualcosa? Non ce la faccio più! Parla, una buona volta!* Ma avrebbe solo peggiorato le cose.

Quel mattino oltre a loro c'erano pochi visitatori allo zoo. Sebbene le scuole fossero chiuse, Su non vide altri bambini, a parte un neonato tenuto in braccio dalla madre. Probabilmente molte famiglie avevano approfittato del tempo splendido per prendersi una breve vacanza.

Dovremmo partire anche noi, si disse. Patrick ha ragione, forse Mia ha davvero bisogno di uno stacco. Ma adesso erano allo zoo e lei aveva promesso alla figlia di passare una bella giornata.

Notò il cartello che pubblicizzava l'inaugurazione del nuovo padiglione delle farfalle: *Immergetevi in un mondo tropicale con fiori e farfalle variopinte.* Forse avrebbe rallegrato Mia.

Prese per mano la figlia e seguì le indicazioni, fino a raggiungere l'edificio che aveva la forma di una farfalla con le ali spalancate. Quando superarono la tenda di plastica all'ingresso, fu come entrare in un mondo tropicale sconosciuto. Un'aria calda e umida le avvolse, permeata dai profumi intensi di piante esotiche.

Davanti a loro si apriva un mare di fiori colorati tra palme e felci. Sul soffitto, alcune bocchette mascherate da fiori sprigionavano una lieve nebbiolina.

A poca distanza da loro una donna corpulenta con una salopette verde riempiva di bucce di frutta una delle mangiatoie. Quando le vide arrivare, sorrise.

«Ma guarda, ecco le nostre prime visitatrici della giornata. Non è previsto un premio, ma potete ammirare in tutta calma le nostre bellezze.»

Si avvicinò loro e diede un'occhiata amichevole a Mia.

«Io sono Hanna» si presentò. «Tu come ti chiami?»

Senza badare a lei, Mia si mise a guardare le farfalle che si posavano sulle bucce di banana.

«Lei è Mia» disse Su. «Mia figlia ha una vera passione per le farfalle.»

Naturalmente era un'esagerazione, ma servì a superare il momento di imbarazzo. E poi in Mia stava avvenendo davvero una trasformazione. Aveva lo sguardo raggiante e un sorriso sulle labbra.

La donna con la salopette verde, che con i capelli corti e rossi somigliava un po' a un elfo, rivolse un'occhiata complice a Su, quindi tornò a parlare con Mia.

«Che ne diresti di aiutarmi a distribuire il mangime?»

Mia annuì. Era un buon segno e Hanna lo commentò alzando il pollice.

«Allora vieni con me» disse prendendola per mano. La portò a una delle mangiatoie e gliela fece riempire di bucce di banana e pezzettini di arancia. Alcune farfalle accorsero immediatamente.

«Osserva la loro minuscola proboscide» disse Hanna. «La usano per succhiare il succo della frutta. Alle farfalle piace il dolce. Anche a te, scommetto.»

Poi descrisse a Mia le diverse specie di farfalla che si posavano sulla frutta. Quasi tutte avevano nomi latini. In quel padiglione c'erano più di centoventi tipi di farfalle, spiegò Hanna, e quasi tutte provenivano dall'Asia, dall'Africa e dall'America Centrale e Meridionale.

«Abbiamo anche delle farfalle notturne, che a quest'ora purtroppo non si possono vedere. In certi casi diventano molto grandi. Ce n'è una specie con un'apertura alare di quasi trenta centimetri. Sai quanti sono trenta centimetri? Come un righello. Di sicuro ce l'hai un righello a scuola, vero?»

Mia non rispose alle sue domande. Guardava rapita le farfalle e le falene mentre alcune di esse si posavano su di lei. Dapprima sui capelli, simili a vibranti fermagli, quindi sulle spalle e sulle braccia.

Mia allargò le braccia ridendo, sollevò leggermente il capo e rimase immobile, finché una farfalla colorata le si posò sulla punta del naso.

Su e Hanna risero, l'una sollevata, l'altra contenta, mentre un numero sempre maggiore di farfalle si avvicinava.

Nessuna di loro sembrava interessata alle bucce di frutta, volavano tutte da Mia. Era come se la bambina emanasse una forza magnetica che attirava gli insetti. Persino alcune delle grandi farfalle notturne di cui aveva parlato poco prima Hanna, si posarono sulla testa e sulle spalle di Mia e ben presto lei fu completamente ricoperta di lepidotteri. Sembrava rivestita da un abito coloratissimo e vivo.

«È incredibile» esclamò Hanna, mentre il suo sorriso divertito era sostituito da un'espressione di incredula meraviglia.

«Ora basta, Mia» disse Su, assalita dalla stessa inquietudine di prima. C'era qualcosa che non andava. «Muoviti un po', così volano via.»

Mia invece rimase immobile. Continuava a ridere piano e sembrava divertirsi.

«Probabilmente dipende dalla giacca verde» spiegò Hanna, per niente convinta. Guardò verso Su. «Non si preoccupi, non le faranno niente.»

Su invece era preoccupata.

«Mia! Mi hai sentito? Mandale via!»

«Non avevo mai visto niente del genere» disse Hanna perplessa con un gesto, a metà tra una scrollata di spalle e il tentativo di scacciare le farfalle da Mia. «È davvero incredibile. Non so che cosa sia successo.»

Mia era ormai tutta ricoperta di ali frementi. Quando le farfalle cominciarono a posarsi anche sul viso della bambina, Su perse del tutto la pazienza. Corse dalla figlia, agitò le mani per disperdere quella nuvola colorata e afferrò Mia per un braccio. Le farfalle si staccarono all'istante e andarono a formare una nuvola sopra di lei. Mia le osservò con rammarico, piegò leggermente la testa e annuì. Poi guardò la madre.

«Sarebbe meglio andare, mamma.» Aveva la voce determinata e quasi minacciosa. «Subito!»

Su non se lo fece ripetere. Sempre tenendo Mia per un braccio, uscì di corsa dal padiglione delle farfalle, seguita dalle scuse della responsabile.

«Non so proprio spiegarmelo» gridò loro dietro la donna. «Non era mai accaduto prima.»

Su non faticava a crederlo. In fondo stavano susseguendosi molte cose che né lei né nessun altro sapeva spiegarsi.

L'unica in grado di capire che cosa stesse succedendo era Mia. Dopo aver pronunciato quell'avvertimento, non disse più una parola.

Su avrebbe sentito di nuovo la sua voce una volta soltanto, il giorno in cui tutto sarebbe cambiato per sempre.

Uno dei professori di Laura all'università una volta aveva colto nel segno: *non esiste una seconda possibilità per una prima impressione.* Secondo numerosi studi, occorre un intervallo di tempo di cento millisecondi al massimo per decidere inconsciamente se qualcuno è simpatico, attraente, competente o affidabile... oppure il contrario.

Per la presentazione aveva scelto un tailleur classico blu scuro con la gonna al ginocchio. L'aveva abbinato a una camicia color crema. Si era inoltre truccata più del solito per nascondere il pallore del viso.

Dopo l'incubo quella mattina aveva vomitato altre due volte e, quando infine si era guardata allo specchio, era rimasta sgomenta. Sperava di essere riuscita a nascondere il tutto.

Come faceva sempre per gli appuntamenti importanti, aveva prenotato il taxi in anticipo e raggiunse la sede della società Lorenz un quarto d'ora prima dell'ora fissata. Victor arrivò poco dopo. Anche lui aveva optato per un completo blu scuro. Un vestito di taglio aderente con camicia bianca e una cravatta grigio perla che gli dava un'aria seriosa e affidabile. In fondo così è, pensò Laura mentre lo guardava avvicinarsi. Serioso e affidabile. A patto che non si tratti di stare dalla parte di suo figlio.

Preferì tenere per sé questa battuta acida e lo salutò con un semplice: «Buongiorno».

«Come stai?»

Il suo interesse sembrava sincero. Ma non era chiaro se fosse rivolto alla collega o alla potenziale madre del suo bambino.

«Bene» fu la laconica risposta di Laura.

Lui annuì e nei suoi occhi si accese un lampo familiare: il campione era pronto a scendere nell'arena.

«Pronta per la grande battaglia?»

Lei annuì. «Tra mezz'ora al massimo avremo un nuovo cliente.»

«Allora, partiamo!»

Quando entrarono nell'edificio dalla grande porta di vetro girevole, Laura ebbe l'impressione di tornare indietro nel tempo. All'epoca in cui erano semplici colleghi, a quando andavano a letto insieme sporadicamente e superavano magistralmente tutti gli ostacoli lungo il cammino verso il successo.

Si domandò perché le cose non fossero rimaste così. La risposta gliela diede il battito che le risuonò di nuovo nelle orecchie.

Tu-tum, tu-tum, tu-tum.

E una voce interiore che le bisbigliava: *Perché ora io appartengo a te.*

«Impressionante» commentò Michael Lorenz alzandosi dal suo posto a capotavola del grande tavolo da conferenza di legno levigato.

«Davvero impressionante» ripeté, girandosi verso lo schermo dove si vedeva l'ultima immagine della presentazione di Laura.

Nella sua proposta aveva puntato sui valori tradizionali, mescolando consapevolmente nostalgia e modernità. Si era così discostata nettamente dall'attuale spot pubblicitario di Lorenz, che mostrava un giovane hipster sfrecciare a bordo di un'auto sportiva rossa e quindi la sua compagna, hipster, che presentava con orgoglio alla sua amica, hipster, la loro macchina per il caffè Lorenz. Anche quest'ultima era rosso fuoco come l'auto sportiva e aveva lo stesso design aggressivo.

Un gusto vincente – per i veri intenditori recitava lo slogan.

Quando si tratta di caffè pregiati, i consumatori per esperienza preferiscono coltivazioni tradizionali, commercio equo e qualità bio, tutti aspetti difficilmente accomunabili a motori rombanti. Per questo nel progetto di Laura predominavano colori caldi di terra, oltre a un giallo discreto che nella psicologia dei colori simboleggiava l'intelligenza, e naturalmente l'obbligatorio verde-bio. Il cliente doveva avere la sensazione che un felice coltivatore di caffè avesse appena raccolto, tostato e macinato i chicchi migliori e più puri di tutti i tempi per poi sigillarli nell'originale capsula Lorenz-*mega-pad*.

«Per chi vuole sempre il top» lesse Lorenz con un cenno d'assenso soddisfatto.

Aveva quarantun anni, ma sembrava più vecchio. Forse dipendeva dalle guance solcate di capillari, pensò Laura. L'erede dell'azienda leader nella produzione del caffè era amante della bella vita, evidentemente, e la sua pressione arteriosa non ne giovava. Alto all'incirca un metro e novanta, si portava dietro un addome prominente, e la sua testa completamente pelata luccicava come una palla da biliardo levigata.

Ma la cosa che colpì di più Laura furono gli occhi. Restavano seri anche quando rideva.

Occhi da squalo, bisbigliò la voce dentro di lei.

«Sul serio, Frau Schrader, sono entusiasta» disse. «Uno spot focalizzato sul prodotto, efficace e semplice, ma con un qualcosa in più. Ha inserito nello slogan anche il necessario anglicismo. Molto bene, un segnale di apertura che piace al cliente tedesco! Convincerà i nostri consumatori che otterranno, oltre a raffinate macchine per il caffè, anche caffè di ottima qualità a prezzi vantaggiosi. Ed è proprio così. I nostri prodotti sono il top di gamma e convenienti.»

Le sorrise ammiccante. «Inoltre grazie a lei risparmieremo l'onorario stratosferico di una star di Hollywood.»

Sottolineò questa battuta con una risata gutturale; anche Victor sorrise, in maniera più contenuta, ma si vedeva che era soddisfatto.

«Mi fa piacere che abbiamo soddisfatto le sue aspettative» disse Laura in tono modesto, cogliendo in sé la spiacevole sensazione di mentire.

Era strano, ma non riusciva a essere soddisfatta. E pensare che aveva lavorato quasi due mesi per questo momento decisivo. Da qui dipendeva la sua partecipazione come socio all'agenzia. Ora che Lorenz era pronto a firmare e l'agenzia otteneva un contratto estremamente remunerativo, lei avrebbe avuto tutte le ragioni per gioire. E invece, mentre scambiava battute di cortesia, un'altra voce si levò dentro di lei.

È ripugnante. Guardalo. Venderebbe anche sua madre, se potesse guadagnarci qualcosa.

Mi di chi era quella voce? Non potevano essere i suoi pensieri!

«Resta da aggiungere una cosa soltanto» disse Lorenz accomodandosi di nuovo sulla sua poltrona di pelle. «La parola decisiva, che di questi tempi è imprescindibile.»

«E sarebbe?»

«Sostenibilità.»

Laura lo guardò con aria interrogativa. «Sostenibilità?»

Lorenz annuì con l'autocompiacimento di un insegnante che abbia di fronte uno studente particolarmente ottuso. «Mia cara Frau Schrader, non devo certo essere io a spiegarglielo: il consumatore responsabile oggigiorno vuole avere la certezza che il prodotto che sceglie non solo è conveniente e di qualità, ma dà anche un prezioso contributo all'ambiente.»

Laura guardò perplessa lo schermo ripassando mentalmente ogni passaggio. Era sicura di aver proiettato la slide in cui José, il felice coltivatore di caffè colombiano – che nella vita reale era un fotomodello trovato su Shutterstock – guardava l'obiettivo con un sorriso vincente, le mani piene di chicchi di caffè equosolidale e biologico, di un rosso così luminoso che sottolineavano il suo colorito sano e abbronzato.

Non è quello che pensa veramente, le bisbigliò la voce. *Sai benissimo dove vuole arrivare. L'altra diapositiva, quella che hai cancellato ieri. Quella che ritenevi la menzogna pubblicita-*

ria più sfacciata di tutte. L'hai eliminata perché non riuscivi più a conciliarla con la tua coscienza.

L'aveva fatto davvero? Non lo ricordava. Sì, non sapeva nemmeno più che cosa ci fosse su quella diapositiva.

«Questo naturalmente non è un problema» si affrettò a confermare Victor per superare l'incertezza di Laura. «È ovvio che daremo il massimo risalto alla sostenibilità delle sue capsule.»

«La sostenibilità di capsule di alluminio?» chiese Laura, e subito dopo avrebbe voluto mordersi la lingua. Che cosa stava facendo? Era stata proprio *lei* a parlare?

Il breve sorriso che il produttore di caffè aveva rivolto a Victor si spense all'istante. Il suo sguardo si posò su Laura, la donna che aveva osato mettere in dubbio il suo prodotto.

«Come, scusi?» domandò. «Il nostro caffè corrisponde naturalmente a tutti i requisiti di un prodotto biologico...»

«Il vostro caffè, forse» lo interruppe Laura, «ma le vostre capsule di certo no.»

«Che cosa?» Lorenz la guardò come se gli avesse appena dato uno schiaffo.

«Laura, per favore...» cercò di intervenire Victor, ma Laura non gli badò.

«Sappiamo tutti perfettamente che le sue capsule di alluminio sono sostenibili quanto una flotta di navi da crociera.» Laura guardò Lorenz negli occhi. «Si calcola che ogni anno vengano venduti sette miliardi di queste capsule. Tale quantità corrisponde a una montagna di oltre cinquemila tonnellate di alluminio e plastica.»

Lorenz boccheggiò e si infilò un dito nel colletto della camicia. «Che cosa... che cosa sta dicendo?»

La sua testa aveva assunto un colorito rosso preoccupante. Laura pensò: Ce l'hai fatta. Adesso scoppia.

No, non era lei a parlare. Ma allora chi parlava al posto suo?

«Laura!»

Victor balzò in piedi e la incenerì con lo sguardo. Poi si rivolse a Michael Lorenz che si teneva aggrappato ai braccioli della poltrona con gli occhi sgranati.

«La prego di credere, Herr Lorenz, che le affermazioni della mia collega non rappresentano l'opinione dell'agenzia. Sottolineeremo espressamente la sostenibilità delle sue capsule come pure la loro riciclabilità. Un prodotto eccezionale come il suo merita...»

Lorenz lo interruppe con un gesto della mano. Si alzò sbuffando.

«Fuori! Subito! Tutti e due. Non osate più mettere piede nella mia azienda.»

«Mi vuoi spiegare che cosa ti è preso? Hai perso completamente la ragione? Che cos'era quella infantile presa di posizione ecologica?» sbottò Victor quando salirono sull'ascensore che li portò al pianterreno. «Ti vuoi vendicare per ieri sera? Hai intenzione di distruggermi solo perché non ho intenzione di far parte della tua famiglia ideale nel mondo sulle nuvole?»

«Se credi questo, non hai capito niente» replicò lei calma.

«Allora per favore spiegami perché ti sei comportata così! Immagino che tu ti renda conto che cosa ci è costato questo tuo scherzetto!»

Laura annuì e si accarezzò l'addome. Le sembrò nuovamente di sentire battere il cuore, non con le proprie orecchie, bensì con quelle del bambino, e le tornò in mente la chiacchierata con Rosalia. «Non si preoccupi», le aveva detto la tassista. «Ce la farà. Tutte le donne finora ce l'hanno fatta.»

La porta dell'ascensore si aprì e Laura uscì nell'atrio. Si diresse decisa verso la porta seguita da Victor.

«Tutto qui?» le rinfacciò lui. «Solo un sorriso? È questa la tua risposta? È inconcepibile!»

«Non voglio più farlo, Victor» dichiarò lei quando furono davanti alla porta girevole. «Non voglio più mentire. Sono stufa.»

«Che cosa significa?»

«Esattamente quello che ho detto. Non ne posso più. Considerale come le mie dimissioni senza preavviso. Nei prossimi giorni ti manderò la versione scritta.»

«Tu... te ne vai?»

La guardò come se gli avesse versato addosso una secchiata di acqua fredda.

«Allora è così» disse lui stringendo i pugni. «Mi vuoi distruggere. Ma se credi di cavartela così, ti sbagli. Non puoi farmi questo!» Aveva la voce strozzata dalla collera. «Ti denuncerò e tu ti pentirai di...»

«Fallo pure, Victor» lo interruppe lei. «Per quanto mi riguarda, mi puoi denunciare o fare quello che preferisci. Non cambierò idea.»

Detto questo entrò nella porta girevole e una volta sul marciapiede, cercò un taxi.

«Ti distruggerò, hai capito? Sei una stronza ingrata!» le gridò dietro Victor che era ancora dentro la porta girevole.

Laura scorse un taxi e gli fece cenno di fermarsi. Quando salì, Victor era appena uscito sul marciapiede.

Diede un indirizzo al tassista e lasciò Victor alla sua collera.

Accra

Ghana

Emmanuel barcollava lungo la strada sabbiosa, con il cuore che gli batteva forte e il viso in fiamme. L'aria era umida e soffocante e il fumo nero che veniva verso di lui dalla discarica gli bruciava negli occhi e nei polmoni.

Quando giunse in vista delle casupole di lamiera ondulata della baraccopoli addossate le une alle altre, si fermò. Appoggiò le mani sulle ginocchia e boccheggiò. Rimase così per un istante, quindi si raddrizzò e si asciugò le lacrime dal viso impolverato.

Doveva darsi un contegno, nonostante il dolore alla gamba e alle costole. Finché era stato solo, si era lasciato andare, ma adesso gli venivano incontro le prime persone e Agbogbloshie non era un posto dove era possibile mostrare segni di debolezza.

Qui non c'era compassione, qui era solo questione di sopravvivenza. Era stata la prima e fondamentale lezione che aveva imparato nei suoi undici anni di vita, come tutti coloro che vi nascevano.

Anche oggi era sopravvissuto, sebbene per un soffio.

«Grazie a Dio», avrebbe detto sua madre, se avesse saputo che cosa gli era capitato. Ma Emmanuel credeva piuttosto che fosse stato solo un colpo di fortuna. Anche se il suo nome significava che Dio era con lui, come gli aveva spiegato una volta il sacerdote, lui non riusciva a crederci. Non credeva neppure che Dio andasse in quella regione. Altrimenti perché la gente non chiamava il luogo con il suo nome vero? Nessuno qui parlava di Accra o Agbogbloshie, invece si diceva Sodoma e Gomorra.

Chi ci doveva vivere sapeva che era la patria degli abbandonati da Dio. Un luogo in cui gli scarti dell'umanità vivevano sugli scarti del resto dell'umanità. Ammesso che riuscissero a sopravvivere. Per questo prima Emmanuel si era difeso con tutte le forze, anche se era stato uno scontro senza speranza. Gli altri ragazzi erano in tre e più grandi di lui. Il loro capo, un ragazzo alto con i denti storti e una cicatrice sulla fronte, doveva avere come minimo sedici anni, se non diciassette o diciotto. Lui e gli altri avevano picchiato a lungo Emmanuel, prendendolo a calci finché era rimasto inerte per terra e aveva lasciato il rotolo di filo.

Era stata quella la cosa peggiore. Non le botte, non la derisione o gli sputi ricevuti quando già si dimenava a terra in preda al dolore, bensì il fatto che gli avessero rubato il rotolo di filo. Erano come minimo dieci metri di filo di rame che gli avrebbe fruttato diversi cedi.

Ma adesso era troppo tardi. Era già sera e ci sarebbero volute ore per trovare un nuovo cavo e poi per bruciare la guaina isolante. Ne aveva già impiegate diverse per raccogliere il bottino quotidiano e aveva rischiato di soffocare in mezzo a quel fumo puzzolente. I camion avevano scaricato anche quel giorno una gran quantità di rifiuti elettronici – monitor, televisori, cellulari e un paio di oggetti rosso acceso che, secondo uno dei camionisti, erano macchine per il caffè – ma estrarre le schede e bruciarle fino a ricavare i preziosi pezzi di metallo avrebbe richiesto dell'altro tempo. Emmanuel sarebbe dovuto restare fino a tarda notte alla discarica e nessuno lo faceva spontaneamente. Tutti sapevano che di notte quel luogo era ancora più pericoloso. Di notte scorrazzavano per Agbogbloshie tutti i generi di ratti, a quattro e a due zampe.

Per questo non poteva fare altro che tornare a casa a mani vuote; l'indomani mattina si sarebbe recato nuovamente alla discarica saltando un giorno di scuola. Di mattina non c'erano in giro tante gang e poteva sperare di portare la merce ricavata al rivenditore in città senza troppi problemi.

Attraversò l'insediamento con tutta la dignità possibile. Rivolse un cenno di saluto a qualche ragazzino che giocava a pallone sulla piazza e lo chiamò per nome, scavalcò l'immondizia che era sparsa per gli stretti vicoli e diede un calcio a un randagio che voleva morderlo. Con un guaito il cane finì a sbattere contro due fusti di plastica vuoti, facendo scappare via dei ratti che andarono a rifugiarsi sotto un pezzo di lamiera ondulata.

Quando entrò nella baracca dove viveva con sua madre e suo fratello maggiore Issifu, fu assalito da un odore acido e penetrante.

Suo fratello era malato. Era stato colpito dalla « maledizione della terra cattiva », come diceva sua madre, e peggiorava di giorno in giorno. Sebbene avesse già sedici anni, Issifu pesava quanto un bambino piccolo. La testa sembrava essergli cresciuta in maniera esagerata per il corpo rattrappito e gli occhi a volte avevano un'espressione davvero inquietante, come se fosse veramente posseduto da uno spirito malvagio. Allora parlava di cose che nessuno all'infuori di lui riusciva a capire, e a volte si metteva a urlare.

La cosa peggiore per Emmanuel, tuttavia, era dover ascoltare il respiro del fratello. Era un rantolo e un sibilo, simile a quello del vento quando passava per l'insediamento nelle notti di tempesta. A questo si aggiungeva una specie di gorgoglio nel petto di Issifu, come se fosse pieno di fango e ghiaia.

Emmanuel amava suo fratello, ma quei rumori erano disgustosi.

« Dove ti eri cacciato? » gli domandò la madre, che stava inginocchiata accanto al materasso e tamponava il sudore dalla fronte e dal petto di Issifu. « Hai recuperato qualcosa? »

Emmanuel deglutì con la bocca asciutta. Non poteva rispondere e si limitò a scuotere la testa pieno di vergogna.

La madre capì e fece un cenno d'assenso, guardandolo con occhi vuoti. Non esprimevano né rabbia né delusione, neppure tristezza o disperazione. Lo guardava come faceva la maggior parte delle persone che Emmanuel conosceva. Con un'espressione che significava niente e tutto.

« Allora non avremo da mangiare oggi » mormorò. Era una constatazione, non un rimprovero. « Tuo fratello ha bisogno di acqua e io non ho più soldi. »

« Domani tornerò a raccogliere » si affrettò a promettere Emmanuel.

« Domani è una bella parola » disse la madre alzandosi. Mentre gli passava accanto gli accarezzò dolcemente la spalla. « Ringrazia però il Signore che ieri è diventato oggi. »

Poi prese la tanica di plastica su cui stava scritta la prima parola che Emmanuel aveva imparato a leggere: *pulivetro*. Significava acqua, gli aveva spiegato la madre, dicendogli che quella tanica era la cosa più importante. Se la baracca fosse andata a fuoco o fosse crollata, dovevano salvare prima di tutto *pulivetro*. Senza quella tanica non c'era acqua e senz'acqua non c'era sopravvivenza.

Dopo che lei fu uscita, Emmanuel si inginocchiò da suo fratello e gli tamponò le grosse gocce di sudore.

Issifu girò lentamente la testa verso di lui e gli sorrise. Era un sorriso di riconoscimento. Quella sera lo spirito malvagio non era in lui.

«Guarirai presto» disse Emmanuel sottovoce. «Allora torneremo di nuovo al campo sportivo. Ieri hanno aggiustato le porte. Potremo allenarci di nuovo. Ormai so dribblare piuttosto bene, quasi come te. E due giorni fa ho mandato in rete tre rigori. Presto diventeremo veri professionisti.»

Il sorriso di Issifu si allargò. Sembrava stanco ed Emmanuel si accorse che il suo viso somigliava sempre di più a un teschio.

«Veri professionisti» ripeté, sforzandosi di non lasciar trapelare il proprio sgomento. «Ben presto torneranno ad Accra quelli in cerca di talenti. Noi dobbiamo esserci, hai capito! Per questo devi guarire in fretta. I talent scout ci tireranno fuori da qui. Diventeremo calciatori professionisti e guadagneremo un sacco di soldi. La mamma potrà venire a vivere con noi e ogni giorno mangeremo così tanto da farci venire il mal di pancia. Ci stai?»

Vide le labbra del fratello muoversi, ma non riuscì a sentire che cosa diceva. La voce di Issifu era lieve come il fruscio della brezza a mezzogiorno.

«Come? Cos'hai detto?»

Si chinò in avanti e avvicinò l'orecchio destro alla bocca di Issifu. Sì, il fratello stava parlando. Piano, ma ora comprendeva le sue parole.

«Li senti... Anche tu?» bisbigliò. Il respiro gli rantolava nel petto magro, dove le costole sporgevano come quelle di un cane moribondo.

«Chi?» domandò Emmanuel, prossimo al pianto. «Chi dovrei sentire?»

Di nuovo quel rantolo, seguito da una tosse grassa, e poi: «Ascolta... loro... ti diranno... che cosa... fare. Lo... dicono... a tutti... noi. Ma... io... io... non ce la... faccio più».

Poi cominciò ad ansimare, spalancando la bocca in preda al panico, come sempre quando gli mancava il respiro.

Emmanuel non sapeva che cosa fare. Non poteva aiutarlo, nessuno poteva, nemmeno la madre. In quei momenti lei correva sempre fuori dalla capanna, perché non lo sopportava. Ma lui non poteva. Non poteva lasciare da solo Issifu, se...

Oddio, ti prego, ti prego, no!

...Se fosse morto.

Durò pochi minuti, ma furono un'interminabile agonia. Poi passò.

Emmanuel non pianse. Avrebbe voluto, ma non poteva. Chi voleva sopravvivere, doveva mostrarsi forte. Sempre. Anche quando gli veniva portata via la persona più importante.

Al suo posto nemmeno Issifu avrebbe pianto.

Uscì dalla capanna, dove il sole tramontava a ovest dietro le imponenti colline della più grande discarica del mondo. E poi, mentre aspettava ancora il ritorno di sua madre, lo sentì all'improvviso. Un mormorio, poco più forte delle ultime parole pronunciate da suo fratello. Chi parlava era invisibile.

Emmanuel piegò la testa di lato e rimase in ascolto.

Sì, ora li sentiva.

E li *capiva.*

Era proprio come aveva detto Issifu.

Appena salita in taxi, Laura spense il cellulare. Pur sapendo che Victor non l'avrebbe chiamata – almeno non prima di aver superato lo shock iniziale – e che in futuro non avrebbe dovuto occuparsi delle richieste di altri clienti, la sensazione di essere irraggiungibile le dava comunque un senso di liberazione.

Aveva bisogno di tranquillità. Tranquillità per riflettere quale strada imboccare.

Ho messo a tacere il dittatore. Il primo importante atto d'ufficio della mia nuova vita da disoccupata.

Con questo pensiero si infilò in tasca il cellulare. Sarebbe rimasto lì per un po'. Lo avrebbe tirato fuori solo quando fosse servito *a lei*, al contrario di ciò che aveva fatto fino a quel momento, in una specie di riflesso pavloviano che la spingeva a reagire a ogni trillo, fischio o notifica. Tutte le chiamate, e-mail e messaggi in futuro potevano restare ignorati. Già questo le dava l'impressione di essersi tolta un grande peso dalle spalle, un peso del quale fino a poco tempo prima non si era resa conto.

Ma il risultato non lo aveva raggiunto da sola, lo comprendeva adesso. Il bambino, il *suo* bambino, che per lei era ancora senza nome e senza sesso, aveva contribuito in misura decisiva al suo nuovo modo di porsi.

Avere un bambino cambia molte cose, più di quanto si possa immaginare. Lo dicevano tutte le donne quando parlavano dei loro primi anni da madri. Evidentemente tali cambiamenti cominciavano fin da prima della nascita.

Ma era proprio decisa ad avere il suo bambino? Di fronte a Victor aveva assunto questa posizione, ma era stata prima di tutto una reazione di sfida. Be', forse anche una prima manifestazione di senso materno, riconobbe con se stessa.

In ogni caso la prima reazione non doveva per forza essere indicativa di qualcosa.

Emozioni e istinto a volte sono utili, ma basarsi solo su quelli può portare a prendere decisioni sbagliate.

In sostanza è un po' come dire «compra ora e paghi dopo», al quale idealmente si aggiunge anche un «fino a esaurimento delle scorte». Sentimento e istinto vogliono a tutti costi il prodotto prima che termini. Ci si immagina già seduti davanti al nuovo televisore, o al volante dell'auto sportiva o sul divano di tendenza «dal prezzo imbattibile», ed è una sensazione semplicemente indescrivibile. Se la ragione non entra in funzione abbastanza in fretta, per valutare se ci si può effettivamente permettere quell'oggetto, qualche mese dopo si sbatte la faccia contro la brutta sorpresa di una sostanziosa fattura nella cassetta delle lettere.

Laura sapeva fin troppo bene che bisognava basarsi soprattutto sulla ragione. Bisognava valutare e raccogliere informazioni, in particolare riguardo a una decisione come quella che avrebbe segnato tutta la sua vita, in un senso o nell'altro.

Nondimeno in quel momento l'istinto superava ogni altra attitudine. Si fece portare alla Shopping-Gallery. Lì facevano i tramezzini al formaggio più buoni della città, che l'avevano già salvata diverse volte a pranzo.

Non aveva mai avuto tanta voglia come adesso di uno di quei panini. Se lo vedeva già davanti agli occhi, farcito con una sottilissima fetta di formaggio, una foglia di insalata, pezzi di cetriolo e una falda di peperone.

Sapeva anche chi era a evocarle *in realtà* quell'immagine. Sembrava che il bambino rovistasse tra i suoi ricordi e i suoi pensieri come sfogliando un album fotografico. Mani minuscole, che avevano scoperto l'immagine del panino e gliela presentavano agli occhi della mente.

Laura si chiese se il bambino le avesse già mostrato altre cose in precedenza. Cose molto più cruciali di questo banale panino al formaggio. Da dove aveva preso i numeri quando aveva parlato delle montagne di capsule d'alluminio di scarto? Non ricordava di aver fatto ricerche in proposito, tuttavia era convinta che fossero dati corretti.

D'altronde, anche solo pensare che il bambino avesse potuto saperlo era pazzesco. Un *embrione* che stava appena assumendo fattezze umane.

Si sorprese un'altra volta ad accarezzarsi inconsapevolmente la pancia. Il punto che ben presto si sarebbe arrotondato, nel caso non avesse preso un'altra decisione.

Stavolta tolse la mano.

La Shopping-Gallery si trovava in centro. Era uno di quegli enormi centri commerciali dove si poteva trovare quasi di tutto. Un'imponente costruzione di vetro, acciaio, cemento e marmo, che portava un nome inglese perché ormai nessuno più va semplicemente *a fare la spesa*.

Laura si spinse in mezzo alla folla, superò boutique, drogherie, profumerie e negozi di elettronica. Poi l'area dedicata alla ristorazione, con una legione di chioschi e fast-food.

Quando finalmente raggiunse la panetteria, si mise in coda e si gustò l'insolita sensazione, del tutto nuova, di non dover correre tra un appuntamento e l'altro. Al contrario delle altre persone in fila che si agitavano, come se in questo modo potessero accelerare le procedure al banco, mentre consultavano lo smartphone o telefonavano.

Laura provava ammirazione per il giovane commesso che nonostante la frenesia generale sorrideva ben disposto a tutti.

Forse tra breve dovrò anch'io trovarmi un lavoro del genere, pensò. Victor non l'avrebbe denunciata, anche se prima aveva minacciato di farlo – dopotutto era stata sua l'idea di lasciare a lei quel progetto – ma sicuramente avrebbe fatto in modo che non potesse mettere più piede in nessun'agenzia da questa parte dell'equatore. Ammesso che lei volesse proseguire la carriera e decidere di non tenere il bambino.

Ammesso.

Si girò a guardare una giovane madre in fila dietro di lei che cercava di calmare con parole affettuose il bambino che piangeva. Il piccolo non reagiva né alla sua voce pacata, né al ciuccio, né al dondolio della carrozzina o alle carezze. Piangeva a gran voce e la madre continuava a gettare occhiate imbarazzate intorno a sé.

In cambio otteneva sguardi tutt'altro che comprensivi. Chi veniva qui nel *paradiso dello shopping e del gusto*, come diceva lo slogan della galleria, non aveva la pazienza di sopportare il pianto di un neonato.

Quando finalmente toccò a Laura, ordinò il tanto sospirato panino che per un momento guardò come se fosse un oggetto sconosciuto. Era identico a tutti i panini che aveva comperato lì in passato. Tuttavia Laura aveva l'inquietante sensazione di vederlo per la primissima volta.

«Qualcosa non va?» domandò il commesso con aria leggermente meno amichevole.

Laura non rispose. Pagò e se ne andò.

Al centro della galleria c'era un'enorme fontana ovale. Laura si mise seduta sul comodo bordo di marmo. Mentre addentava famelica il panino, guardava l'umanità che si muoveva intorno a lei. Dal teenager al pensionato, in sostanza erano tutti cacciatori e raccoglitori dell'età moderna, intenti ad accaparrarsi l'affare reclamizzato su cartelloni, schermi e insegne luminose.

Una di queste informava che in quel tal negozio si potevano acquistare *the good things in life*, ed era così accecante che Laura dovette socchiudere gli occhi leggendola.

Come se le cose belle della vita si potessero davvero comperare, pensò, per poi rammentare a se stessa di aver contribuito a sua volta per lungo tempo a questa menzogna.

Per quanto potesse risultare triste, tutta la sua carriera finora si era basata sull'inganno. Nelle sue campagne e nei suoi slogan aveva alimentato l'illusione che un nuovo paio di scarpe, un energy drink o una certa barretta di cioccolato potessero aiutare contro l'insoddisfazione generale. Un acquisto d'occasione stimolava nel cervello le stesse regioni di una dose di eroina e lei, al pari di un pusher, aveva promesso la via più veloce per dimenticare le preoccupazioni della quotidianità.

La mia vita finora si è basata su questo, pensò. Ho guadagnato, accendendo negli altri il desiderio di cose di cui nessuno ha bisogno. Cose che non rendono né felici né soddisfatti. Quanto meno non in maniera duratura.

Guardò il tovagliolo che teneva tra le mani.

E adesso? Di che cosa ho bisogno *io* nella mia vita? Che cosa farò adesso?, rifletté.

Il pianto del neonato giunse alle sue orecchie oltre l'incessante sottofondo musicale e il brusio delle voci.

Scrutò la folla e individuò la giovane madre con la carrozzina. Non si era allontanata di molto. Era davanti ai bagni pubblici, dove c'erano anche i fasciatoi. Evidentemente il cambio del pannolino non era servito a niente.

Dentini, pensò di punto in bianco, e poi comprese. Il piccolo stava mettendo i dentini.

Scosse la testa. Come faceva a saperlo? A sapere non solo che il pianto di questo bambino era dovuto effettivamente ai primi dentini, ma anche che fosse un maschio? La carrozzina in fondo era di un verde neutro.

Me lo sto immaginando. La mia fantasia è iperattiva perché sono sotto stress, si disse.

Cercò in tutti i modi di ignorare i vagiti che rimbombavano dall'imponente cupola di vetro della galleria commerciale e spostò lo sguardo altrove. Alla fine notò tre ragazzini che camminavano affiancati, molto più placidi del resto dei presenti. Dovevano avere una dozzina d'anni. Non parlavano tra di loro, non si guardavano nemmeno, ma Laura era convinta che fossero amici. Sprigionavano qualcosa che non avrebbe saputo definire. Spinta da una inspiegabile curiosità, rimase a osservarli.

Si erano fermati, come se avessero ricevuto un segnale. La gente li superava senza badare loro. Voltavano le spalle a Laura e guardavano la madre con il bambino. Non facevano altro. Ma improvvisamente Laura si rese conto che il pianto era cessato. Come se qualcuno avesse spento un interruttore.

I tre ripresero a camminare. Lentamente come prima e sempre affiancati, finché furono inghiottiti dalla folla.

Rimase solo la giovane madre, che cullava il suo bambino con un sorriso sollevato e poi lo adagiava nuovamente nella carrozzina.

Laura si alzò e la guardò dirigersi verso l'uscita.

È stato solo un caso, pensò, mentre si incamminava in direzione dell'uscita dalla parte opposta, dove c'era la fermata dei taxi. Una semplice coincidenza, nient'altro.

Tuttavia continuava a provare quella bizzarra sensazione. Una specie di intuizione che non riusciva a descrivere a parole.

Ho bisogno di calma. Subito. Di distanza dagli esseri umani. Di solitudine per riprendermi.

Si fermò davanti a un cartellone pubblicitario. Sotto lo slogan di una banca che dava *il via libera* era ritratto un uomo con un costume da bagno striminzito. Correva a braccia aperte verso un pontile. Davanti a lui si apriva un lago di un blu profondo, e anche se l'uomo le voltava le spalle, Laura era convinta di vedere il sorriso trepidante sul suo volto. Stava per tuffarsi nell'acqua fresca e per immergersi nella quiete del lago solitario.

Si complimentò mentalmente con i colleghi che avevano ideato il cartellone. Erano riusciti a risvegliare in lei un'emozione, a smuoverla, raggiungendo così il loro scopo.

La differenza era che Laura non avrebbe aperto un conto in banca. Avrebbe fatto tutt'altra cosa.

Mia era sdraiata a pancia in giù sul tappeto davanti al televisore. Teneva il mento appoggiato al palmo delle mani, i piedi in alto e sorrideva, mentre sullo schermo Tom inseguiva Jerry. Sembrava tutto come sempre, quando si immergeva completamente nel mondo dei cartoni animati, ma in realtà era un'illusione.

Era tutta la sera che Mia sorrideva in questo modo singolare. Da quando erano state allo zoo non aveva più pronunciato una parola e non aveva quasi toccato la cena.

Nemmeno Su era riuscita a mangiare. Aveva osservato la figlia con crescente disperazione, mentre stava seduta accanto a lei e fissava il piatto con quel sorriso assente. Era stata una tortura.

Dopo che tutti i tentativi di instaurare un dialogo erano falliti, Su le aveva chiesto se volesse vedere un po' di televisione. Non era intenzionata a lasciare Mia da sola in camera sua finché era in quello stato. Se non altro poteva tenerla d'occhio davanti al televisore in salotto.

Mia non aveva reagito e allora Su era andata in salotto e aveva sintonizzato l'apparecchio sul canale per i bambini. Il suo gesto aveva avuto effetto. Mia l'aveva seguita.

Da allora era sdraiata sul tappeto nella sua posizione preferita a guardare la tivù.

Mentre sparecchiava, caricava la lavastoviglie e metteva in frigorifero il pasticcio di maccheroni quasi intatto, Su osservava la figlia.

Il programma era cambiato. Ora sullo schermo c'era Peter Pan. Quando Su tornò in salotto, stava invitando Wendy, John e Michael a volare con lui sulle ali del vento fino all'Isola che non c'è, dove sarebbero rimasti per sempre piccoli e dove si sarebbero divertiti. I bambini del film erano entusiasti e si misero in viaggio con Peter e la gelosa fatina Trilli. Mia invece non li seguì.

Su si accorse che la figlia non guardava più lo schermo, bensì al di là di esso, verso la porta finestra del balcone.

«Che cos'hai?» le chiese, con le lacrime agli occhi. «Perché non mi parli più? Dimmi qualcosa, tesoro! *Qualunque cosa!*»

Mia rimase in silenzio. Non sembrava nemmeno averla sentita. Su avrebbe potuto benissimo rivolgersi a Peter Pan. Lui almeno diceva qualcosa, sebbene non parlasse con lei.

Su si sentiva fremere da capo a piedi. Era consumata dall'impotenza. Non ce la faceva più. Se almeno avesse potuto fare qualcosa di concreto. Doveva starsene lì a osservare la figlia apatica, che con la mente era altrove e non con lei? Doveva mettersi a guardare verso il balcone, dove non c'era niente da vedere se non i fili del bucato vuoti, una pianta di geranio secca e...?

Il balcone. Il bambino dell'appartamento a fianco sul balcone ieri notte.

Poteva essere una possibilità! Se Mia non voleva dirle che cosa era successo lì fuori ieri, lui forse lo avrebbe fatto. E se non lui, magari sua madre. Se anche lei stava vivendo la sua stessa esperienza, Su non sarebbe stata sola con il suo problema. Forse poteva consigliarsi con la vicina.

Andò vicino alla figlia, si accovacciò e la guardò.

«Devo assentarmi per poco, tesoro. Torno subito. Resta qui. Non uscire sul balcone! Hai capito?»

Mia sembrava guardare attraverso di lei. Intanto aveva sempre quel sorriso.

Su la prese per le braccia. «Ti ho chiesto se hai capito» disse. Aveva usato un tono più brusco di quanto volesse.

Finalmente ottenne una reazione. Un cenno d'assenso.

Era già qualcosa, se non altro Mia non era del tutto assente. Era un buon segno.

«Ti voglio bene, tesoro» disse Su, ricevendo in cambio solo quel sorriso. Quello strano sorriso apatico. C'era da impazzire.

Si alzò con un sospiro e andò alla porta.

Quando si girò un'ultima volta, Mia era sempre nella posizione di prima. Il viso appoggiato alle mani e le gambe accavallate in aria. Dovunque fossero i suoi pensieri in quel momento, per Su erano irraggiungibili come l'Isola che non c'è di Peter Pan.

*

Sulla porta della vicina non c'era nessuna targhetta con il nome. Su si sentì vagamente in colpa di non conoscere neppure il cognome dei suoi vicini. E pensare che la donna e il figlio abitavano lì accanto da più di un anno.

Anche la vicina era una mamma single come lei. Il figlio doveva essere coetaneo di Mia. Forse le avrebbe fatto piacere un po' di compagnia. Forse avrebbero potuto organizzare qualcosa insieme o scambiarsi una visita. Non lo avevano mai fatto.

Finora Su non se n'era mai preoccupata. In una grande città era del tutto normale non frequentare i propri vicini di casa. A parte l'occasionale scambio di pochi convenevoli, ciascuno andava per la propria strada.

Dopo un momento di esitazione, suonò il campanello e, non ottenendo risposta, suonò di nuovo. Qualcuno era in casa. Si sentiva della musica che filtrava dalla sottile porta d'ingresso. Al terzo tentativo, la porta si aprì.

Era il ragazzino smilzo, di cui Su non conosceva il nome. Indossava un paio di jeans e una T-shirt blu troppo grande che gli dava un'aria sperduta.

Il bambino guardò Su con aperta diffidenza.

«Ciao, sono Susann» si presentò lei. «Abito qui accanto. Con Mia. Conosci Mia, vero?»

Il bambino non rispose. I suoi lineamenti rimasero immobili e inespressivi come una statuetta di ebano.

«Disturbo?»

In sottofondo udì un rumore di stoviglie dalla cucina. C'era odore di peperoni arrostiti e di una spezia orientale, forse curcuma. La musica che Su aveva sentito attraverso la porta proveniva da un piccolo televisore. Guardando oltre la spalla del ragazzino, si accorse che anche lui stava guardando *Peter Pan*.

«Oh, lo sta guardando pure Mia. Un film divertente. Ti piacciono i cartoni animati?»

Si sforzava di mantenere un tono disinvolto, per rompere il ghiaccio, ma il viso del bambino restava imperscrutabile. Si limitava a guardarla in silenzio.

«Vorresti dirmi come ti chiami?»

Lui non rispose, e Su ebbe l'impressione di trovarsi di fronte a sua figlia. Con la differenza che questo bambino non sorrideva neppure.

Se non altro non le richiuse la porta in faccia. Forse la sua era solo timidezza.

«La tua mamma...» chiese, quando udì dei passi in corridoio. Subito dopo spuntò la sua vicina. Era una donna alta e robusta. Indossava un grembiule colorato teso sull'ampio petto. Il suo atteggiamento era ostile. Nessun sorriso amichevole, nessun saluto. Nei suoi occhi brillava la stessa luce diffidente presente in quelli del figlio.

«Che cosa vuole?» chiese con voce rauca, spostando il bambino dietro di sé, come se dovesse proteggerlo da Su.

«Mi chiamo Susann Landers.» Indicò la porta del proprio appartamento. «Sono la vostra vicina. Ci siamo già incontrate.»

«Lo so» rispose brusca la donna. Intanto gettava occhiate sul pianerottolo come se sospettasse che insieme a Su ci fosse qualcuno che si teneva nascosto. «Che cosa vuole?»

Su decise di affrontare l'argomento senza troppi giri di parole. Altre chiacchiere di cortesia non avrebbero fatto che aumentare la diffidenza della donna.

«Sono venuta per via di mia figlia. Ha... ecco, un problema. Oggi non sta tanto bene e non vuole parlarmene. Suo figlio e lei...»

«Mio figlio non ha fatto niente!» la interruppe la donna. «Non fa niente a nessuno.»

«No, non volevo dire questo» si affrettò a correggersi Su con un gesto conciliante. «Suo figlio non ha fatto niente. È solo che... ieri notte hanno... parlato sul balcone. E ho pensato che se magari potevano incontrarsi...»

«Mio figlio non esce sul balcone di notte» la interruppe di nuovo la donna. La sua voce vibrava di collera manifesta. Come qualcuno costretto troppo spesso a difendersi dalle umiliazioni. «Non ha nessun interesse per sua figlia. Vuole solo essere lasciato in pace.»

«Mi ascolti, è proprio questo il problema» spiegò Su. «Mia figlia...»

La donna fece un passo avanti e scoccò un'occhiata rabbiosa a Su.

«La prego di lasciarci in pace! Non ce ne andremo da qui, può raccogliere tutte le firme che vuole. Siamo arrivati legalmente in questo paese. Io lavoro e pago le tasse. E mio figlio non ha niente, ma proprio niente a che fare con sua figlia!»

Su era troppo confusa per capire che cosa le rinfacciasse la donna.

«Di quali firme parla?»

La donna scoppiò in una risata amara. «Non faccia finta di non saperlo. So perfettamente che in questa casa non volete dei neri. Noi siamo fuggiti dall'apartheid, ma in questo paese le cose non sono migliori.»

Su scosse la testa e alzò le mani in un gesto di resa. «La prego, io non so niente di una raccolta firme, e non ho niente contro di lei. Vorrei solo parlarle, perché ho dei problemi con mia figlia.»

La donna rimase interdetta. Il suo viso si rilassò leggermente. Scrutò Su sprezzante dall'alto in basso. Probabilmente le credeva, ma questo non modificò il suo atteggiamento.

«Tutti abbiamo dei problemi» disse, in tono un po' più conciliante. «Vada a cercare aiuto altrove. Noi vogliamo essere solo lasciati in pace. È chiaro?»

Senza aspettare la risposta di Su, richiuse la porta.

Da fuori Su udì lo scatto della chiave che veniva girata nella serratura e lo scorrere della catenella.

Su rimase ferma un istante davanti alla porta del suo appartamento, per riprendersi. Stentava a credere a ciò che aveva sentito. Una raccolta di firme contro la sua vicina, solo perché aveva la pelle di un altro colore! Su non ne sapeva assolutamente niente.

Entrò in casa assorta nei pensieri. Dal salotto provenivano ancora i dialoghi di Peter Pan. Stava combattendo insieme ai suoi amici contro il Capitano Uncino e la sua banda di pirati.

«Sono tornata, tesoro» chiamò dal corridoio. Non si aspettava una risposta e non la ricevette. Con un sospiro guardò le foto collocate sopra la credenza. Per la maggior parte erano ritratti di Mia. Sempre sorridente e rilassata. Mia come principessa di carnevale. Mia con le compagne di classe. Mia a una gita scolastica. Mia in piscina insieme a lei.

Una delle foto era stata scattata allo zoo quando Mia aveva cinque anni. La ritraeva insieme a un asinello con cui aveva fatto amicizia.

«Lui capisce tutto quello che gli dico» aveva dichiarato la bambina convinta. «Sul serio, mamma, capisce proprio tutto!»

All'epoca parlava persino con un asinello, pensò Su ricacciando indietro le lacrime. Adesso non parla più nemmeno con sua madre.

Si asciugò gli occhi e raddrizzò le spalle. Poi entrò in salotto.

Mia non c'era. Il televisore era sempre acceso. La mamma di Wendy stava entrando in camera da letto della figlia e si spaventava vedendo il letto vuoto.

Anche Su si spaventò, anzi, piombò proprio nel panico. Mentre la mamma del cartone animato tirava un sospiro di sollievo vedendo la figlia addormentata sulla panca sotto la finestra, Su corse verso il balcone con il cuore in gola.

La porta finestra era chiusa.

Grazie a Dio!

Mia non era sul balcone e non poteva nemmeno essere uscita dall'appartamento, altrimenti si sarebbero incontrate per forza sul pianerottolo.

Su fece un profondo respiro poi percorse il corridoio fino alla camera da letto.

Mia era sdraiata sul suo letto. Si era tirata la coperta sotto il mento e aveva gli occhi chiusi. Con un sospiro di sollievo identico a quello di Mrs Darling sullo schermo, Su si accovacciò accanto al letto e accarezzò teneramente la fronte di Mia.

Non scottava, non era ricoperta di sudore freddo. La bambina dormiva, e a giudicare dai movimenti dei suoi occhi, stava sognando.

Speriamo che sia un bel sogno, pensò Su. E speriamo che domani tornerà a essere la bambina che conosco. La bambina affettuosa, che chiacchiera e ride continuamente.

Di colpo fu assalita da una indicibile spossatezza. Lo stress, l'ansia e la tensione di quel giorno l'avevano sopraffatta. Era stanca morta e avrebbe tanto voluto sdraiarsi accanto alla figlia. Si costrinse a restare sveglia ancora per un po'. Per essere sicura che Mia dormisse veramente e non ricominciasse a vagare nel sonno.

Tornò in corridoio, chiuse la porta di casa a chiave e se la infilò nella tasca dei jeans. Quindi prese la chiave della porta del salotto dalla ciotola sul tavolino d'ingresso e chiuse anche quella. Così Mia non sarebbe potuta né uscire di casa né andare sul balcone.

Meglio stare sicuri.

Su avvertì un crescente senso di calma dentro di sé. Forse poteva andare a letto a leggere un po', per distrarsi.

Stava per entrare in bagno quando sentì squillare il telefono. Sussultò sgomenta.

Laura era seduta sul letto e si massaggiava il viso stanca. Stanca ma felice. Accanto a lei la valigia aperta. Aveva preso quella più piccola. Non avrebbe avuto bisogno di molte cose dove era diretta. Un paio di jeans, abbastanza grandi per camuffare il suo «stato», magliette, pullover comodi. Nessun tailleur di Armani, niente gonne o biancheria di seta, e anche l'arsenale di cosmetici poteva essere ridotto al minimo necessario.

Avrebbe rinunciato del tutto al profumo. Le costose boccette che teneva sulla mensola del bagno le ricordavano troppo le riunioni, i ristoranti di lusso e naturalmente Victor. Era acqua passata. Doveva ancora decidere se fosse una condizione temporanea o definitiva, e lo avrebbe fatto nel luogo verso il quale sarebbe partita l'indomani mattina presto.

Prese il cellulare, lo riaccese e ignorò le notifiche di e-mail, chiamate e messaggi in arrivo che la assalirono come uno sciame di fameliche zanzare. Aprì invece la rubrica, selezionò il numero di Su e si lasciò cadere con gli occhi chiusi all'indietro sul letto.

Su rispose al secondo squillo. Sembrava stanca: gettando una rapida occhiata allo schermo, Laura si rese conto che erano le dieci passate. Non si era accorta di come fosse trascorsa velocemente la giornata.

«Scusa se ti chiamo a quest'ora» disse. «Volevo solo sapere se domattina posso passare a prendere la chiave della casa delle vacanze.»

«Vuoi andare lì?» domandò Su. Era chiaramente sorpresa. «Sei in ferie?»

«In un certo senso.»

«E il tuo grande contratto?»

«Ho rovinato tutto, e non ce ne sarà nessun altro.» Laura sospirò, un po' sfinita, un po' sollevata. Poi aggiunse: «Ho dato le dimissioni».

«Che cosa?» Laura immaginava perfettamente l'espressione stupita di Su. «Santo cielo, che cosa è successo?»

«Un sacco di cose. In questo momento è tutto molto confuso.»

«Ma perché hai mollato il lavoro?»

Ottima domanda. I motivi erano tantissimi, come succede in tutte le situazioni complesse, ma naturalmente c'era stata la fatidica goccia che aveva fatto traboccare il vaso.

«È difficile a dirsi. Per il momento quello che so è che avevi ragione tu e che io mi ero sbagliata» rispose dopo un breve silenzio. «Continua a stare lontana dal tuo primario. È un errore madornale frequentare un collega. In particolare un superiore.»

«Victor.»

La voce di Su era pragmatica e comprensiva nello stesso tempo. Laura fissò il soffitto e annuì.

«Tra l'altro, sì. Ma è troppo complicato per spiegartelo al telefono.»

«Vuoi fare un salto qui? Tanto per un po' non andrò a dormire.»

La mia brava e amata Su, pensò Laura sorridendo. La sorella migliore del mondo. Sempre disponibile.

«Grazie dell'invito, tesoro, ma devo ancora finire di fare i bagagli e voglio andare a letto presto. Oggi è stata una giornata pazzesca.»

Un breve momento di silenzio dall'altra parte. «Sì, lo credo.»

L'esitazione di Su e il tono di voce spossato fecero subito suonare un campanello d'allarme nella mente di Laura. Si mise seduta e si spostò sul ciglio del letto.

«Tutto a posto lì da te?»

Un'altra pausa, come se Su dovesse riflettere sulla risposta da dare. «Io sto bene» disse infine. «È stata solo una giornata faticosa.»

Laura conosceva troppo bene la sorella per non capire che stava cercando di minimizzare la situazione.

«Su, che cosa succede? Sento che non stai affatto bene. Forza, dimmelo!»

«Non c'è niente, davvero, non ti preoccupare. Hai già abbastanza problemi di tuo.»

Laura non fece commenti. «È successo qualcosa con Mia?»

Dapprincipio udì solo un fruscio e provò una fitta di dolore immaginandosi la sorella che teneva il telefono premuto contro il petto e lottava per fermare le lacrime. La sua angoscia aumentò quando Su le rispose. Si rese conto che faceva un enorme sforzo per dominarsi.

«Le cose sono peggiorate di nuovo» disse con voce tremante. Poi le raccontò della disastrosa colazione da Pinky's, dell'inspiegabile incidente al padiglione delle farfalle e dello strano sorriso di Mia che quella sera l'aveva portata sull'orlo della pazzia. Alla fine le mancò la voce e singhiozzò.

Laura le lasciò un attimo di tempo, quindi chiese: «L'hai portata da Patrick?»

«Sì.» Su si soffiò un attimo il naso e poi riprese a parlare con un tono più composto. «Secondo lui non ha niente e si tratta solo di un accumulo di tensione. Stress da scuola o cose simili.»

«Nient'altro?»

«Fisicamente è a posto. Secondo lui le farebbe bene uno stacco. Dovremmo andare via per qualche giorno.»

Laura guardò la valigia aperta. «Allora venite con me.»

«A casa?» Su lo chiese stupita come se Laura le avesse appena proposto di seguirla su Marte.

«Sì, qual è il problema?»

«Sai benissimo perché non voglio più andare lì.»

Laura lo sapeva eccome. Era per lo stesso motivo che anche lei aveva evitato di andarci per molto tempo. Ma ormai ne era passato abbastanza per fare un nuovo tentativo. Altrimenti perché avevano deciso di tenere la casa, rifiutando tutte le offerte che erano state fatte loro? Il ricavato della vendita avrebbe sicuramente fatto comodo a Su.

Laura però preferì tenere per sé queste riflessioni. «Prima ci andavate volentieri» osservò invece. «Ti ricordi come si divertiva Mia a nuotare nel lago?»

Un profondo sospiro uscì dalla cornetta. «Lo so. È solo che... ma sì, hai capito. Oggi non è più come in passato.»

«Pensaci in tutta tranquillità» suggerì Laura. «Basta che tu me lo faccia sapere per tempo, così domani noleggerò un'auto più comoda.»

Un'altra pausa di silenzio. A Laura sembrava di sentire letteralmente la sorella che rifletteva.

«Tu non stai bene, vero?» chiese infine Su.

Laura si guardò i piedi nudi sullo scendiletto azzurro. Le tornò in mente quando, da bambina, si sedeva sul molo e restava per ore a guardare l'acqua sotto. Un'immagine serena di un'epoca serena, alla quale ora sarebbe voluta tornare.

«Sono stata meglio» disse. «Spero che qualche giorno al lago mi possa chiarire le idee. Aria fresca, lunghe passeggiate, dedicarmi alla cucina. Ecco quello di cui ho voglia adesso.»

«Ma se tu non sai cucinare.»

Laura sogghignò. Sua sorella era tornata quella di sempre, buon segno. «Pensa a quanto diceva sempre papà: un buon approccio è già un mezzo successo, e non c'è niente che non si possa imparare.»

«Allora dovresti imparare dalle persone giuste.»

«Hai deciso di venire?»

«Solo se ci dividiamo la spesa dell'autonoleggio. Dopotutto, tanto per cambiare in questo momento guadagno più di te. Almeno finché non troverai un altro lavoro.»

«Ci sto» rispose Laura con un sorriso. «Ci divideremo le spese e tu mi insegnerai a cucinare.»

Le sembrò di cogliere un sorriso nella voce di Su. «Be', non è che avremo tutto questo tempo, ma farò del mio meglio.»

Si accordarono per l'indomani e quando Laura tornò a sdraiarsi sul letto provò una gioia che non sentiva da tanto tempo. La compagnia reciproca avrebbe giovato a entrambe e forse questa breve vacanza avrebbe avuto un effetto positivo anche su Mia.

Era come intraprendere insieme un viaggio nella loro infanzia. Un ritorno all'epoca in cui non esistevano né Victor né Patrick. Quando giocavano in riva al lago e potevano essere se stesse, senza dover interpretare un ruolo che le teneva prigioniere nella vita adulta.

Ovviamente non sarebbe stato come allora, ma Laura sperava di ritrovare una parte dello spirito dell'infanzia e di trarne energia.

«È stato l'errore più grande della mia vita coinvolgere anche Su in tutto questo» disse Laura Schrader.

Si guardava le mani che teneva premute sul tavolo con le dita allargate, come se avesse bisogno di sorreggersi per non crollare. Aveva gli occhi arrossati e lucidi, ma non piangeva. Sembrava troppo sfinita per poter manifestare qualsiasi reazione emotiva.

Robert la guardava preoccupato. Emanava un lieve odore asprigno, provocato da un aumento dell'adrenalina. Ogni tanto gli angoli della bocca avevano un guizzo incontrollato, tremava ed era pallidissima.

In altre circostanze avrebbe da tempo interrotto il colloquio rimandandolo a un secondo momento. Se le condizioni della donna fossero peggiorate ulteriormente, lo avrebbe fatto. Ma doveva aspettare, perché il tempo stringeva. Così continuò ad ascoltarla tenendola d'occhio.

«Mi domando se le cose sarebbero andate diversamente, se fossi partita da sola per il lago» disse senza alzare lo sguardo dalle proprie mani. «Oppure che cosa sarebbe successo se fossimo rimaste tutte a casa. Ma credo che sarebbe successo ugualmente. Era destinato ad accadere. Abbiamo lanciato troppi sassi nel lago.»

Fece un profondo sospiro, poi alzò lo sguardo su Robert. «Non è più possibile cambiare il passato. Ma forse abbiamo ancora una possibilità di modificare il futuro. Mi creda, non c'è niente che vorrei più ardentemente. Per tutti noi.»

Poi riprese il proprio racconto e l'occhio muto della telecamera trasferì ogni sua parola nella stanza accanto dove Frank Bennell ascoltava con la massima attenzione.

Trenta chilometri a est di Mossul

Iraq

Ce l'avevano fatta. La lunga marcia era terminata finalmente. Solo i più forti resistevano, si diceva, e sì, lui era tra i sopravvissuti. Ayham però non provava alcun sollievo quando raggiunsero l'accampamento. Sapeva che non era ancora finita per quel giorno, il pomeriggio era appena cominciato.

Il sole era ancora troppo alto nel cielo e ardeva implacabile sul piccolo drappello. Quella mattina erano partiti in quattordici. Ora erano in dodici. Dodici ragazzini, il più giovane di dieci anni, il più grande di quattordici.

Ayham aveva undici anni e non si era mai sentito tanto sfinito in vita sua come quel giorno. Era stanchissimo, non aveva più la forza di camminare, ma non lo faceva vedere agli altri. L'istruttore Najim aveva mostrato loro quel mattino che cosa sarebbe successo altrimenti, prendendo a caso due di loro, che poi gli altri avevano sotterrato nella sabbia.

I due morti sembravano addormentati. Ad Ayham era addirittura parso di vedere l'ombra di un sorriso su uno dei due visi emaciati. Si era sorpreso a desiderare in segreto di potersi sdraiare anche lui a dormire nella buca. Un colpo in testa e tutto sarebbe finito.

L'unica cosa che lo aveva trattenuto era stato lo sguardo

di ammonimento di suo fratello. Tariq aveva due anni più di lui e sembrava in grado di leggere nella mente di Ayham come in un libro aperto.

Non ci vai di mezzo soltanto tu, avevano detto gli occhi di Tariq. *Se molli, uccideranno anche me.*

Proprio come l'istruttore aveva fatto con gli altri due ragazzi. Ragazzi di cui non sapevano nemmeno il nome. Perché lì fuori i nomi non avevano alcuna importanza. I nomi istigavano alla vanità, aveva inculcato loro Najim, e questo era indegno per un servitore dell'unica vera fede.

Così Ayham aveva accettato il proprio destino. Non per se stesso, ma per Tariq. Non voleva perdere altri fratelli.

Marciarono oltre le tende che tremolavano nel calore come un miraggio. Ayham aveva una sete tremenda. La bocca secca e polverosa, il viso in fiamme, l'addome dolorante per i calci che gli aveva dato Najim. L'istruttore definiva questo stato «diventare forti attraverso le privazioni». Era importante per l'addestramento nel corpo a corpo. I suoi calci avrebbero trasformato i muscoli in acciaio e loro, una volta fatti d'acciaio, non avrebbero più avvertito alcun dolore.

Peggio ancora della sete, della stanchezza e del dolore, era il pensiero del luogo verso cui erano diretti. Ancor prima che il vento caldo portasse fino a loro il puzzo, Ayham ebbe un crampo allo stomaco. Oggi doveva affrontare la *sua* lezione, gli altri avevano già compiuto il proprio dovere. Oltrepassarono la collina che separava il campo dal luogo che chiamavano Valle della purificazione. Ayham abbassò gli occhi. Marciava guardandosi gli stivali, per non dover vedere ciò che avevano davanti. Ciononostante, l'immagine era impressa a fuoco nella sua testa. I ricordi di quello che aveva vissuto lì erano troppo intensi, intensi come il puzzo e il ronzio che provenivano dall'avvallamento.

Se il diavolo era davvero il signore delle mosche, come

sostenevano gli infedeli, allora quel luogo era l'inferno. In ogni caso la vita lì era effimera come la sabbia del deserto.

Quando Najim diede ordine al gruppo di fermarsi e di allinearsi, Ayham alzò la testa. Vide altri due istruttori con il viso coperto. E vide Kazem.

Sei tu, allora, pensò mentre un brivido di ghiaccio lo attraversava.

Kazem Iwas era come uno di famiglia. Sua madre faceva la spesa da lui, suo padre beveva il tè con lui. A volte Kazem regalava dei datteri ad Ayham, a Tariq e alle sorelline che ora erano al cospetto dell'Onnipotente, perché di nessuna utilità per il grande scopo.

Najim aveva posto Ayham e suo fratello di fronte alla scelta. Dovevano dimostrare di essere degni di diventare mujaheddin, altrimenti sarebbero stati decapitati. Proprio come gli uomini di Najim avevano fatto con i loro genitori, perché non erano puri di fede.

E allora lui e Tariq lo avevano fatto. Avevano preso le due bambine, avevano sollevato loro le camicie sopra la testa e le avevano appese all'inferriata del municipio. Poi Ayham aveva infilzato la testa del sindaco mozzata a pochi metri di distanza su una delle sbarre. La vista di quella testa era più sopportabile che guardare le sorelle che piangevano e scalciavano mentre venivano lentamente strangolate dal colletto delle loro stesse camicie.

Se si vuole sopravvivere, si fanno tante cose che prima sembravano inimmaginabili. E la vita era l'unica cosa che rimaneva. Non solo la sua vita, ma anche quella di suo fratello era in gioco. Le loro sorelle non avrebbero potuto salvarle comunque. Erano troppo giovani per combattere e anche per dare dei figli ai guerrieri dell'Onnipotente.

Tuttavia Ayham non si sarebbe mai perdonato quel gesto.

Così come Tariq, che a volte nel sonno pronunciava gemendo il loro nome.

Ninive.

Uarwin.

E adesso toccava a Kazem. Il mercante era inginocchiato sulla sabbia di fronte agli uomini e piangeva. Gli avevano legato le mani dietro la schiena. Aveva la barba e la faccia impiastricciate di sangue e di sabbia, ma quando vide i ragazzi, sorrise. Era un sorriso di riconoscimento, un sorriso che implorava pietà.

Kazem mosse le labbra ma riuscì a pronunciare solo pochi suoni incomprensibili. La sua lingua era sulla sabbia davanti a lui. I difensori dell'unica vera fede gliel'avevano strappata, come facevano con tutti i blasfemi.

Meglio così, pensò Ayham. Il mercante parlava sempre tanto. E se lo avesse fatto adesso, per lui sarebbe stato molto più difficile. Non era più possibile salvare Kazem, come non era stato possibile salvare le sorelle. O i genitori. O gli altri abitanti del suo villaggio che avevano osato opporsi ai veri fedeli.

Najim si tolse il panno che gli proteggeva il viso, alzò la testa e spalancò le braccia.

« Così sta scritto: 'Non si addice a un profeta prendere prigionieri, finché non avrà completamente soggiogato la Terra' » pronunciò con voce squillante. « E poi sta scritto: 'Se Allah avesse voluto, li avrebbe sconfitti, ma ha voluto mettervi alla prova, gli uni contro gli altri'. »

Fece una pausa, in modo che le parole dell'Onnipotente avessero il giusto effetto, quindi abbassò le braccia e guardò i ragazzi.

« In verità, o indegni, questo è il momento della prova. Ogni singolo giorno che Lui ci concede la Sua grazia. Questa volta sarai tu ad avere l'onore di compiere la Sua vendetta.»

Con queste parole si avvicinò ad Ayham e tirò fuori il pugnale dalla cintura. Ayham conosceva fin troppo bene la lama ricurva. Il metallo era arrugginito dal sangue di tutti coloro che aveva giustiziato finora. Adesso ne avrebbe ricevuto ancora.

«Fallo, in nome dell'Onnipotente» disse Najim porgendogli l'arma.

Ayham guardò la lama. Si sentiva paralizzato, eppure tremava in tutto il corpo. Pensò ai datteri, al tè dolce e alle camicette delle sue sorelle, che sua madre aveva comprato da Kazem: ripensò a come avessero contrattato sul prezzo e come alla fine si fossero messi d'accordo. Ripensò a quando Najim non era ancora un capo, bensì soltanto il figlio maggiore del maestro del villaggio, che di pomeriggio andava a curare le capre. Capre che davano il latte con cui veniva fatto il formaggio che a volte Ayham e la sua famiglia mangiavano, quando...

«In nome dell'Onnipotente e Giusto, *fallo*!» gli ordinò Najim. Poi rivolse un cenno agli altri due uomini con la faccia coperta che si avvicinarono a Tariq e gli puntarono alla testa i loro fucili.

Ayham voleva deglutire, voleva ingoiare l'orribile sensazione che aveva in gola, ma aveva la bocca più secca del deserto. L'unica cosa positiva era che non riusciva nemmeno a piangere. Le sue lacrime ormai si erano prosciugate.

Fece un lungo respiro profondo per nascondere il tremore quando finalmente alzò le mani e prese il pugnale.

«Bene» commentò Najim con un cenno d'assenso. Poi indicò Kazem con un gesto sprezzante. «Questo indegno ha infangato il nome dell'Onnipotente. Voleva passare dalla parte degli infedeli che ci combattono. Così ha commesso tradimento verso l'unica vera fede e i traditori non meritano di vivere. È un animale, perciò deve morire come un animale. Vai e abbattilo! »

Ayham fece un altro profondo respiro. L'aria rovente e polverosa gli bruciava nel petto.

Questo è l'inferno, pensò. E tutto ciò che posso fare è non mettere in pericolo Tariq. È l'unico che posso ancora salvare. Non i nostri genitori, né le nostre sorelle, e nemmeno Kazem. Solo Tariq.

Aveva le gambe molli e deboli. Era come se le ossa gli si fossero sciolte per il calore. Mise faticosamente un piede davanti all'altro.

Quando si fermò davanti a Kazem e lo guardò lì inginocchiato, gli sembrò che il bambino fosse il mercante, non lui.

« L'arma ti rende uomo », aveva detto Najim, e in quel momento era così.

Najim si mise alle spalle di Kazem, lo afferrò per i capelli e gli strattonò la testa all'indietro.

Ayham guardò la gola esposta, i peli della barba incarniti in alcuni punti, come suo padre. Anche lui aveva avuto quelle macchie rosse sul collo. Gli prudevano e lui si grattava spesso.

« Che cosa aspetti? » domandò Najim. « Hai forse dei dubbi? »

Anche le labbra di Ayham cominciarono a tremare e lui si sentiva sull'orlo dello svenimento. Ma se fosse successo, la vita sua e di suo fratello sarebbero finite. Quella di Kazem lo era già, e dubitarne sarebbe stato un errore.

Ayham alzò la mano e afferrò la fronte di Kazem. Meno la vittima si muoveva, più era veloce la cosa. Lo aveva visto spesso.

Kazem piangeva e si dibatteva cercando di guardarlo, ma Ayham evitò il suo sguardo implorante.

Cercò veramente di pensare che stava uccidendo un animale. Una capra da macellare. Glielo aveva consigliato Tariq. Lui così ci era riuscito.

Alzò la mano destra con il pugnale, prese lo slancio e poi colpì. Come gli era stato mostrato. La punta ricurva affondò nel collo di Kazem e Najim fece un passo indietro.

« Ora lacera! » ordinò ad Ayham e lui ubbidì.

Kazem cominciò a sussultare con violenza quando la lama recise la carotide e il suo sangue spruzzò come una fontana verso il cielo. Poi ricadde come una pioggia calda su di lui e Najim, ma Ayham non si fermò. Continuò a tagliare, il più in fretta possibile, cercando di tenere ferma la fronte di Kazem.

Ma aveva solo undici anni e non era abbastanza forte. Soprattutto non dopo aver digiunato e aver marciato a lungo sotto il sole. A un certo punto la lama rimase incastrata. Non andava né avanti né indietro. A questo si aggiungevano i sussulti disperati di Kazem, accompagnati da un gemito indicibilmente spaventoso. Era una specie di grido continuo e gorgogliante, che proveniva in parte dalla bocca, in parte dalla gola lacerata di Kazem.

« Continua a tagliare » lo esortò Najim. « In nome dell'Onnipotente, continua a tagliare! »

Non c'era niente da fare. Per quanto Ayham si sforzasse di completare il lavoro, il pugnale era incastrato nel collo di Kazem.

« Spostati! » ordinò Najim che lasciò il mercante e con un calcio lo fece cadere in avanti sulla sabbia. Poi gli salì sulla schiena e afferrò l'impugnatura del pugnale che spuntava di lato dal collo del moribondo e la tirò con tutta la forza. Anche lui fece fatica, la lama era troppo spuntata. Ma alla fine ci riuscì e la testa di Kazem rotolò davanti ai piedi di Ayham.

Quando Najim si rialzò, aveva i vestiti grondanti di sangue. Respirava con fatica e guardò Ayham. I suoi occhi ardevano di collera.

« Sei un fifone incapace! Se sbaglierai anche la prossima volta, taglierò la testa a te! Hai capito? »

Ayham chinò lo sguardo e annuì.

« E adesso prendila e portala agli altri! »

Ayham annuì di nuovo. Raccolse la testa di Kazem tenendola per i capelli senza guardarla e passò davanti ai ragazzi diretto alla collina dei teschi. Tariq e gli altri lo guardarono in silenzio a testa bassa.

Ayham camminava lentamente. Si sentiva malissimo e aveva paura di inciampare. Teneva le dita tremanti affondate nei capelli di Kazem. Com'era leggera la testa di un uomo. Una testa che aveva pensieri ed emozioni avrebbe dovuto essere molto più pesante. Dopotutto pensieri ed emozioni potevano cambiare il mondo, come gli aveva insegnato una volta il padre. Perché allora una cosa tanto importante era così leggera?

Il ronzio delle mosche aumentò più lui si avvicinava alla collina. Era composta da centinaia, forse migliaia di teste, tra le quali anche quelle dei suoi genitori, di suo zio Munir e di sua cugina Lya. Ayham non sapeva se anche alle sue sorelle fosse stata mozzata la testa e portata qui. Sarebbe stato lo spettacolo più difficile da sopportare.

Senza guardare, posò la testa di Kazem sopra le altre, facendo attenzione a che non rotolasse. Si affidò all'istinto, sebbene le mani continuassero a tremargli.

Il ronzio si era trasformato in un unico grande frastuono, ma Ayham si accorse che, ad ascoltare bene, era un mare di voci. All'inizio pensò di sbagliarsi, che fosse uno scherzo della sua mente stanca e tormentata. Ma piegando la testa leggermente di lato, le voci si fecero più nitide. Centinaia di voci, che parlavano tutte insieme. Tuttavia le capiva una a una e così chiaramente che sul suo viso affiorò un sorriso. Il suo primo sorriso dopo tanto, tantissimo tempo.

Udì il grido di Najim alle proprie spalle, ma stavolta non era un grido di rabbia, bensì di dolore e di sgomento, e proprio mentre Ayham si girava, risuonò uno sparo.

Najim si contorceva accanto al cadavere decapitato di Kazem. Si teneva le mani tra le gambe e aveva le dita insanguinate. Su di lui c'era Tariq, con in mano il pugnale ricurvo, pronto a colpire una seconda volta. A dare il colpo mortale. Stava facendo esattamente ciò che gli aveva insegnato Najim.

Gli altri ragazzi circondarono uno degli uomini con la faccia coperta che era riverso immobile sulla sabbia. Aveva il petto squarciato da uno sparo. Lo presero a calci, mentre il secondo sorvegliante cercava di scappare. Uno dei ragazzini più grandi, tuttavia, gli stava già puntando addosso un fucile. Lo prese in pieno al primo colpo.

Ayham annuì soddisfatto e si unì agli altri. Voleva chiedere al ragazzo che aveva sparato come si chiamava. Aveva un'ottima mira e voleva dirglielo, prima di tornare al campo.

Dagli altri istruttori.

Quella notte Laura fece un sogno spaventosamente intenso e reale. Si trovava in mezzo a una enorme discarica, sentiva l'odore di gomma bruciata, plastica e metallo e un fumo nero le bruciava gli occhi, il naso e i polmoni.

Boccheggiando mezzo soffocata si rigirò nel letto, mentre il suo io onirico cercava di fuggire da quella discarica.

Ma non esisteva via di fuga da lì. A quanto poteva giudicare guardando oltre le nuvole nere, le montagne di monitor, televisori, cucine elettriche, computer, matasse di cavi, tubi e altri rifiuti elettronici si estendevano in tutte le direzioni fino all'orizzonte.

Piena di raccapriccio guardò i ratti che scorrazzavano dappertutto. Erano giganteschi, avevano occhietti malvagi e denti gialli affilati. Ciuffi di pelo grigio arruffato ricoprivano i corpi magri.

A un certo punto si bloccarono, si voltarono verso Laura e le andarono vicino. Laura vide il lampo di avidità nei loro occhi neri. Avevano annusato la preda.

Laura scappò di corsa, inciampando, rimase impigliata con un piede in una matassa di cavi e cadde lunga distesa. A poca distanza da lei intere schiere di ratti le correvano incontro dalle montagne di rifiuti. Lanciò un grido, nella vita reale e in sogno, e poi la scena cambiò. La discarica e i ratti erano scomparsi, ma il puzzo era rimasto. A questo si era aggiunto un altro odore nauseabondo. Nella catapecchia di lamiera ondulata dove si trovava adesso c'era il pesante odore dolciastro della decomposizione. Davanti a lei vide un ragazzino inginocchiato a piangere accanto a ùn materasso logoro. Teneva le mani del cadavere sdraiato lì sopra. Il morto era poco più grande di lui. Il corpo magro era ricoperto di mosche. Camminavano sul viso che sembrava un teschio ricoperto da pergamena grigia.

Ce ne andremo lontano da qui, sentì singhiozzare il ragazzino. Andremo dove tutti gli uomini sono ricchi. E dove non ci sono rifiuti, da nessuna parte.

Poi il bambino sembrò avvertire la presenza di Laura. Alzò la testa e la guardò. La sua espressione sgomentò Laura ancora più dei ratti e persino del cadavere. Lo sguardo di quel bambino era una denuncia personificata.

Vedi che cosa ci fai? le gridò. Poi balzò in piedi, superò con un salto il morto e si lanciò su di lei.

Laura gridò di nuovo, si girò e cercò di sfuggire alla micidiale presa del bambino. Alla fine si svegliò stringendo convulsamente il cuscino madido di sudore.

Il sogno... era stato così reale. Lo aveva vissuto con tutti i sensi, sì, aveva sentito persino la profonda sofferenza del bambino. E il suo odio, la sua rabbia sconfinata per lei e per tutti quelli che lo avevano condannato a soffrire così. Era un patimento complesso, ingarbugliato come una delle tante matasse di cavi che si trovavano in quella sconfinata discarica.

Il cuore le batteva forte ed era tormentata da un feroce mal di testa. Ma ancora peggio era continuare a sentire il puzzo di rifiuti bruciati e decomposizione che le era rimasto nel naso.

Come se fosse stata veramente lì.

*

Il mattino dopo si concesse un lungo bagno. Non voleva che Su si accorgesse di quanto aveva dormito male. Quando fu abbastanza soddisfatta della propria immagine nello specchio, mise in valigia il beauty case. La valigia era ancora mezzo vuota.

È interessante scoprire la poca quantità di roba con cui si può vivere, pensò. In occasione dei viaggi precedenti aveva sempre dovuto sudare per chiudere i bagagli, anche le borse e le valigie più grandi.

Andò in cucina e si spalmò di burro e miele due fette di pane integrale. Le accompagnò con un bicchiere di succo d'arancia.

Non era abituata a fare colazione, finora le erano bastate una tazza di caffè e una compressa multivitaminica, ma ora divorò il toast con un appetito tale che si sarebbe vergognata di farlo in presenza di altri.

«Basta?» chiese guardandosi la pancia che teneva nascosta dietro un ampio pullover. Non si vedeva niente, ma ancora per poco. Almeno se non avesse cambiato idea. Ebbe la netta impressione di avvertire per un istante un senso di calore nel punto in cui il bambino era annidato dentro di lei. Eh sì, era una sensazione stupenda.

Chiamò un taxi che la portò all'autonoleggio. Qui un impiegato con la faccia butterata dall'acne le consegnò i documenti e le chiavi dell'auto appese a una targhetta con il numero di targa. Sotto c'era scritto a lettere cubitali: PIACERE DI GUIDA INFINITO A UN PREZZO D'OCCASIONE. Laura si accorse che la parola *occasione* le scatenava quasi una reazione allergica. E pensare che negli ultimi anni lei stessa l'aveva utilizzata molto spesso per le proprie campagne. Alla gente piaceva quella parola. Adesso però le appariva assurda, come il termine *gourmet*, che ormai veniva utilizzato anche sulle etichette della carne in scatola, venduta al prezzo *imbattibile* di € 1,99.

Andremo lontano da qui, disse la voce del bambino del sogno dentro di lei. *Dove tutti gli uomini sono ricchi. E dove non ci sono rifiuti, da nessuna parte.*

Uscì dal parcheggio e si immise nel fitto traffico del mattino. Mentre la valanga di lamiera avanzava a tempo di lumaca, contò i cassonetti dei rifiuti sul ciglio della via.

Quando Su le aprì la porta, Laura rimase sgomenta e si sentì una sciocca per aver tentato di nascondere le tracce di una notte insonne dal proprio viso. A confronto di Su, si era alzata fresca come una rosa in boccio. Su aveva profonde occhiaie e gli occhi arrossati, sembrava esausta e chiusa in se stessa.

Per fortuna ha deciso di venire con me in vacanza, pensò Laura. Abbiamo bisogno entrambe di rilassarci.

Prima di partire Su preparò un caffè, alla vecchia maniera, con un filtro di porcellana, come aveva sempre fatto la madre. Il risultato si sarebbe meritato davvero il titolo di caffè da *gourmet*.

Si misero sedute in cucina, sul tavolo dove c'era una foto di Su e Mia. Laura la guardò brevemente. L'ultima volta che era stata a casa della sorella, la foto era sulla credenza in corridoio.

«Come sta oggi?»

«Nessun cambiamento» rispose Su indicando con un cenno la camera di Mia. Poi raccontò con voce impastata che la figlia aveva dormito per tutta la notte. All'inizio l'aveva considerato un buon segno, ma quando Mia si era svegliata, non era cambiato niente. Non aveva fatto colazione né aveva detto una parola.

«È rimasta completamente indifferente quando l'ho informata del nostro viaggio. Normalmente a quest'ora correrebbe su e giù per l'appartamento in preda all'esaltazione. Invece non ha nemmeno sorriso. Mi domando se mi abbia sentito.»

«Dalle tempo, passerà» disse Laura, anche se il suo era più un pio desiderio che una convinzione.

Se nei giorni successivi lo stato di Mia non fosse cambiato, avrebbe dovuto convincere la sorella, volente o nolente, a rivolgersi a uno psicologo infantile. Non sarebbe stato facile affrontare l'argomento.

In fondo al cuore Laura condivideva lo scetticismo della sorella. Che cosa avrebbe potuto fare uno psicologo? Una terapia di dialogo non sarebbe servita a niente finché Mia non parlava. Lo specialista sarebbe ricorso all'ultima spiaggia per casi come questi e avrebbe prescritto a Mia dei farmaci. Su non avrebbe mai accettato di dare degli psicofarmaci alla figlia di otto anni e Laura non poteva biasimarla.

Quando poco più tardi Su andò a prendere la figlia in camera, Laura tornò a dubitare che un paio di giorni al lago sarebbero serviti a migliorare le condizioni di Mia. Alla vista della nipote completamente apatica fu assalita da un brivido. E un altro la scosse quando guardò i suoi occhi inespressivi.

Quando finalmente partirono, il sole splendeva nel cielo autunnale senza nuvole. Le previsioni meteorologiche indicavano bel tempo e temperature miti anche per i giorni successivi e il termometro sul cruscotto segnava sedici gradi di temperatura esterna.

Nonostante il bel tempo e il maglione di lana, Laura era intirizzita.

Guardò nello specchietto e vide Su che teneva il braccio intorno alle spalle della figlia. Il lieve ronzio del motore l'aveva fatta addormentare. Teneva la testa appoggiata al finestrino e la bocca socchiusa. Laura la sentiva russare leggermente.

Sua sorella somigliava alla bambina di un tempo. Come quando dormivano ancora nella stessa camera e Su si addormentava leggendo uno dei suoi libri preferiti.

Mia invece era perfettamente sveglia. Se ne stava seduta impettita e osservava Laura nello specchietto.

«Sei contenta di questa gita?» le chiese Laura sottovoce.

Come prevedibile, non ottenne risposta, ma gli angoli della bocca di Mia si curvarono in una specie di sorriso. Era pur sempre qualcosa. E dimostrava che Su si era sbagliata. *Per fortuna* si era sbagliata. Mia era perfettamente consapevole di quello che le succedeva intorno, e comprendeva quando le si parlava. C'era ancora speranza.

«Anche tu senti freddo come me?»

Il sorriso morì sulle labbra di Mia. Girò lo sguardo fuori dal finestrino.

Laura alzò leggermente il riscaldamento, poi una seconda volta, fino alla temperatura di ventitré gradi.

Ma continuava a sentire freddo.

Con un sospiro di sollievo Laura si lasciò alle spalle il traffico cittadino congestionato e imboccò l'autostrada. Finalmente poté accelerare.

Dopo un'ora abbondante di viaggio non sopportava più il silenzio che regnava in macchina. Su dormiva ancora e Mia era seduta immobile e rigida. Tutte le volte che Laura guardava nello specchietto, i loro sguardi si incontravano.

Non mi stupisce che Su non abbia più un momento di pace. Se io mi sento così dopo qualche ora con lei, come deve essere stato per sua madre negli ultimi giorni?

Accese la radio, a basso volume, per non svegliare Su.

Trovò una stazione di musica classica che trasmetteva Mozart. Musica da camera. Proprio quello che ci voleva per i suoi nervi tesi.

Laura cercò di concentrarsi completamente sulla musica e di non pensare alla strana bambina seduta sul sedile posteriore che guardava fisso davanti a sé.

Mancavano pochi chilometri alla strada del valico quando si accese la spia del carburante. Erano in viaggio da quasi tre ore e Laura sentì di avere bisogno di una pausa.

Poco dopo giunsero in vista di un distributore. Un tabellone all'ingresso indicava che la stazione di servizio successiva era a trenta chilometri. Lei non aveva intenzione di aspettare così tanto. Inoltre era attirata dal cartello che pubblicizzava caffè e croissant.

«Siamo già arrivate?» mormorò Su mentre Laura accostava alla pompa di benzina.

«No, dobbiamo fare rifornimento» rispose Laura. Guardò Su nello specchietto cercando di evitare gli occhi sbarrati di Mia.

Il pisolino sembrava aver fatto bene a Su, il suo gesto infantile di strofinarsi gli occhi appariva spontaneo.

«Dormi pure ancora un po'» le disse. «Volete che vi porti qualcosa?»

«Non occorre, vengo con te» disse Su, poi si girò verso Mia. «Hai fame, tesoro? O vuoi qualcosa da bere?»

Laura scese e fece rifornimento. Intanto guardava Su parlare con Mia. La sorella accarezzò teneramente la testa della figlia mentre le rivolgeva qualche domanda. Mia però non ebbe alcuna reazione. Guardò verso Laura e le sorrise di nuovo in quel modo bizzarro.

Dopo aver riposto la pistola nella sua sede ed essersi avviata verso la cassa, Laura ebbe l'impressione di essere ancora seguita dallo sguardo di Mia. Rabbrividì e si strofinò le braccia. Ma perché aveva tanto freddo quel giorno?

«Deve essere un problema di circolazione» mormorò tra sé. «Nel mio stato può succedere.»

L'interno della stazione di servizio somigliava a un supermercato in miniatura con un angolo bar. Laura era l'unica cliente. Non c'era nessuno a servire. Si avvicinò alla vetrina degli snack e osservò i panini imbottiti. Avevano un'aria invitante. Specialmente quelli al formaggio.

La porta si aprì e Su entrò.

«Compro del cioccolato per Mia» disse. «Forse riesco a convincerla a mangiare.»

«Ottima idea» mormorò Laura distratta. Le stava succedendo come il giorno prima al centro commerciale, quando non riusciva a pensare ad altro che al panino imbottito. Alle foglie di lattuga, alle fettine di formaggio e ai pezzi di pomodoro che spuntavano dal pane. Si sentì venire l'acquolina in bocca. Li avrebbe comprati tutti e li avrebbe divorati avidamente come aveva fatto quel mattino con il toast.

«Comprali, ti faranno bene» bisbigliò qualcuno alle sue spalle.

Laura sorrise e si girò. Si aspettava di vedere Su, alla quale non era sfuggito il suo sguardo famelico. Su, che si divertiva a prenderla in giro per quella che lei definiva la sua «mania di magrezza». Invece si trovò a fissare il viso di una sconosciuta.

La donna doveva essere più o meno sua coetanea, forse addirittura più giovane. Aveva un bel viso spruzzato di lentiggini. I capelli corti e ricci erano schiacciati da una parte e sulla guancia spiccava un segno rosso, aveva l'aria di una che avesse dormito appoggiata al finestrino.

Sorrideva con grandi occhi verdi che ricordavano a Laura in maniera vagamente inquietante quelli di Mia. Ma adesso che vedeva quello stesso sorriso sul viso di una sconosciuta, comprese perché le risultasse destabilizzante. Non era un sorriso amichevole, piuttosto aveva qualcosa di beffardo.

«Bisogna ascoltarli» disse la donna e allora Laura notò la sua pancia. Era slanciata, quasi magra, e la marcata sporgenza sotto i leggings di jeans sembrava posticcia, come se avesse ingoiato una palla medica. Non doveva mancare molto al parto. «Sì, bisogna ascoltarli.»

C'era qualcosa che non andava in quella donna. Il suo modo di guardarla innervosiva Laura. Avrebbe voluto allontanarsi da lei, ma era troppo vicina alla vetrina.

«Ha voglia di un panino» proseguì sottovoce la donna toccando il ventre di Laura. «Ti parla? Certo che lo fa. Anche tu lo senti.»

«Per favore, mi lasci in pace!»

Laura le prese il braccio e fece per allontanarglielo, ma la donna oppose resistenza con una forza incredibile. Era concentrata sulla pancia di Laura, contro la quale premeva la mano sempre più energicamente.

«Ti fa vedere brutte cose, vero?»

«Che cosa sta facendo?» intervenne Su posando le barrette di cioccolato accanto alla cassa.

«È tutto a posto» rispose Laura, afferrando con entrambe le mani l'esile avambraccio della donna. Questa volta riuscì ad allontanarla da sé. «Credo che sia solo un po' confusa.»

«Pensa pure quello che ti pare» ribatté la donna digrignando i denti. «Ma ti sbagli.»

Sgranò gli occhi, con un'espressione quasi impaurita.

In quel momento la porta si aprì di nuovo e un uomo sudato con una tuta blu da lavoro si precipitò dentro il negozio. Aveva una macchia di unto sulla guancia e sulla tuta era stampato il logo della marca di benzina.

«Linda!» esclamò posando le mani sulle spalle della donna. «Tesoro, ma che cosa stai facendo?»

Poi si rivolse a Laura e Su. «Mia moglie vi ha importunato? Mi spiace, credetemi! Non sta troppo bene in questo periodo. A volte non sa quello che dice.»

Laura vide la sua espressione ansiosa e profondamente turbata. Stava per dire che non era successo niente, ma non ne ebbe il tempo.

«Anche tu lo senti!» gridò la donna guardando Laura con espressione allucinata, mentre si divincolava dalla stretta del marito. «Anche tu sai che cosa vuole! Ti ha mostrato quello che fanno! Tu lo sai...»

Il benzinaio dovette usare tutta la sua forza per trattenere la moglie. Cercò di calmarla parlandole piano, ma lei continuava a sbraitare e agitarsi, mentre lui la trascinava verso una stanza adiacente.

«Non permetterglielo!» strillò. «Non devi permetterlo!»

«Vi prego di perdonarmi» disse l'uomo sforzandosi di sovrastare le grida con la sua voce e contemporaneamente di restare calmo.

«Possiamo fare qualcosa per lei?» chiese Su, ma lui scosse la testa.

«Aspettate un istante. Torno subito.»

Entrò nell'altra stanza, spinse dentro la moglie che piangeva e si richiuse la porta alle spalle. Laura e Su si scambiarono un'occhiata interrogativa.

«Che cosa è successo?» chiese Su aggrottando la fronte.

Laura rispose con un'alzata di spalle e guardò verso la porta da cui si sentiva provenire la voce ovattata dell'uomo. Continuava a parlare in tono pacato alla moglie.

«Forse dovremmo lasciare i soldi qui alla cassa e andare via» suggerì Su, ma poi la porta della stanza si riaprì e l'uomo tornò da loro.

«Scusatemi» ripeté. Si passò una mano sul viso, impiastricciandosi ancora di più di unto. «I medici hanno detto che sono fenomeni che possono manifestarsi durante la gravidanza. Gli ormoni, capite... una volta nato il bambino, tutto tornerà come prima.» Guardò Laura con aria quasi implorante. «Davvero non le ha fatto niente?»

«Perché, che cosa avrebbe dovuto farmi?» chiese Laura scrollando il capo costernata.

Il benzinaio sembrava non aver udito la domanda di Laura.

«Linda non è malata di mente, sapete?» disse. Di colpo aveva un'espressione più energica, come se Laura e Su fossero venute lì per portargli via la moglie. «Sta solo per avere un bambino!»

Le due sorelle si affrettarono a tranquillizzarlo che erano della stessa opinione e augurarono ogni bene a lui e soprattutto alla moglie. Poi pagarono e uscirono in fretta.

Prima di risalire in macchina, Laura si accorse che Su le guardava la pancia. Non disse niente, ma comprese che aveva capito.

«Quell'uomo temeva potessimo pensare che sua moglie era pazza» disse Laura scuotendo la testa. «E invece voleva solo cercare di avvertirmi.»

Robert alzò lo sguardo dagli appunti. «Avvertirla? Di che cosa?»

«Di quello che sarebbe successo di lì a poco. Del motivo per cui ora sono qui.»

«Allora mi dica qual è questo motivo. Di che cosa l'ha avvertita quella donna?»

Laura fece un profondo respiro e fissò per un istante nel vuoto, come se dovesse riflettere sulla domanda o se si chiedesse se fosse troppo presto per parlarne. Dopotutto all'inizio del loro colloquio gli aveva espressamente detto che era importante che lui conoscesse la storia *per intero.*

Stava per ricominciare a parlare, quando si udì lo scatto della serratura automatica.

Robert alzò gli occhi irritato. Si aspettava di vedere l'infermiera e stava già per pronunciare un commento stizzito. Invece sulla porta c'era Bennell. Alla luce del neon in corridoio era ancora più pallido e più esausto di prima, quando si erano confrontati nella saletta di controllo.

«Devo parlare con lei, Robert» annunciò con voce roca. «Immediatamente!»

Bennell aveva insistito per risalire al pianterreno con l'ascensore. Mentre uscivano nel cortile interno della clinica, il poliziotto tirò fuori un pacchetto di Marlboro dalla tasca della giacca e Robert comprese perché non avesse voluto parlare nella saletta di controllo. Appena furono all'aperto, Bennell si mise una sigaretta in bocca e ne offrì una anche a Robert.

Lui rifiutò con un cenno del capo. Bennell annuì e rimise via il pacchetto.

«Ne ho un assoluto bisogno» disse facendo un profondo respiro. «Comincio a non capirci più niente. La squadra incaricata delle ricerche non ha ancora trovato traccia dei dispersi. Al contrario risulta scomparsa anche una di loro.»

«Che cosa?» Robert lo guardò sgomento. «Com'è potuto succedere?»

«Ancora non lo sappiamo» rispose Bennell. «Ma non è questo il motivo per cui l'ho chiamata.»

«Allora spero che sia urgente. Frau Schrader è sul punto di arrivare al nocciolo della storia.»

Bennell si strinse nelle spalle. «Sì, forse.» Tirò un'altra boccata di sigaretta. «Che cosa ne pensa di lei? Che impressione le ha fatto?»

«Non mi sono ancora fatto un'idea precisa» rispose Robert guardando pensieroso il cielo plumbeo. Sarebbe scoppiato un altro nubifragio di lì a poco.

«È probabile che si tratti di una psicosi da gravidanza. Le voci che sente, la paranoia latente di essere minacciata, gli strani sogni e le descrizioni di un comportamento insolito per lei confermerebbero quest'ipotesi. Tuttavia ho ancora dei dubbi.»

Da una finestra sopra di loro giunsero delle grida. Erano così stridule e isteriche da non permettere di capire se si trattasse di un uomo o di una donna. Poi si interruppero di colpo. Evidentemente qualcuno era entrato nella stanza e aveva riportato la calma.

«Che cosa le fa avere dei dubbi?»

«Le psicosi da gravidanza sono estremamente rare» spiegò Robert. «Io stesso durante tutta la mia carriera non ne ho incontrata neppure una. Ciò naturalmente non esclude che questa sia la prima, ma nella maggior parte dei casi la patologia subentra con la variazione ormonale successiva al parto. Al contrario, nelle donne che presentano disturbi psicotici, la gravidanza ha un effetto stabilizzante. Inoltre Frau Schrader mi sembra troppo lucida. Se soffrisse davvero di una psicosi gestazionale, non sarebbe in grado di raccontare con tanto ordine la successione degli eventi. Salterebbe dall'uno all'altro senza trovare un filo rosso.»

«Ma allora che cos'ha?» domandò Bennell, aggiungendo dopo una breve esitazione: «Voglio dire, le manca *qualcosa*, oppure crede che il suo racconto sia reale?»

Robert fece un gesto vago. «Per scoprirlo devo ascoltarla più a lungo. Finora ho solo appurato che ha subito un trauma psichico, provocato da un evento reale oppure immaginario.»

«È possibile?» domandò stupito Bennell. «Essere traumatizzati da una cosa immaginata?»

«Se appare sufficientemente reale sì», rispose Robert. «E ora mi dica. Non credo che mi abbia fatto venire qui solo per informarsi sui progressi della mia diagnosi.»

«No, infatti» confermò Bennell gettando una breve occhiata al cielo dal quale cominciavano a cadere le prime grosse gocce di pioggia. «Si tratta della donna di cui ha parlato. La donna al distributore di benzina. Si chiama Linda Hoffman.»

«La conosce?»

Bennell annuì. «È la moglie del benzinaio. O meglio, lo *era.* Ho avuto a che fare con il suo caso fino a ieri. Prima che mi piovesse addosso *tutto questo.*» Indicò le finestre illuminate del sotterraneo, poi fece un profondo respiro. «Forse sto diventando paranoico anch'io, ma ho la sensazione che esista un legame tra la storia di Laura Schrader e la morte di Linda Hoffman.»

«Un legame? Che cosa è accaduto?»

«Ebbene, stando a ciò che sappiamo, si potrebbe definire un suicidio allargato» disse Bennell.

Robert lo guardò con aria interrogativa. «Non riesco a capire. Si spieghi meglio.»

Bennell calpestò il mozzicone e si accese subito un'altra sigaretta. Quando guardò Robert aveva un'espressione profondamente turbata.

«Creda, è sempre incredibile vedere fin dove possono spingersi le persone quando nella loro testa scatta qualcosa» disse, di nuovo con quella voce roca e stentata. «Non c'è da stupirsi poi se certe persone credono alla possessione demoniaca. Non è possibile spiegare con il normale buonsenso il comportamento di certi pazzi. Sembra così... *disumano.* È esattamente quanto accaduto nel caso degli Hoffman.»

Tirò un'altra lunga boccata, poi iniziò a raccontare.
Era veramente una storia atroce.

Quando Robert tornò da Laura Schrader, la guardò con altri occhi. Ciò che Bennell gli aveva raccontato di Linda Hoffman presentava effettivamente delle analogie con il suo caso. In entrambi si aveva a che fare con donne incinte. In entrambi le donne sostenevano di sentire voci e vedere immagini. E in entrambi c'erano stati dei morti.

Nel caso di Laura Schrader la vittima per adesso era una soltanto, ma chi poteva sapere se la bambina era stata l'unica a essere uccisa? Potevano esserci dei morti anche tra le persone scomparse? Dopotutto nel villaggio erano stati rilevati segni di lotta.

Se l'intuizione di Bennell era corretta – si trattava pur sempre dell'istinto di un poliziotto esperto che aveva già risolto diversi casi misteriosi – bisognava temere il peggio.

Mentre Laura Schrader proseguiva nel racconto, le parole di Bennell echeggiavano nella mente di Robert.

Non è possibile spiegare con il normale buonsenso il comportamento di certi pazzi.

Ma il suo compito era proprio questo. Spiegare quello che succedeva a quella donna. E riconoscere quale parte della sua storia corrispondesse alla verità.

VI.

La casa al lago. Visioni. Ci odia

Ripresero il viaggio in silenzio. Mia si era addormentata con la testa appoggiata al petto di Su. Non aveva nemmeno toccato la barretta di cioccolato che la madre le aveva comprato.

Dallo specchietto Laura vide la sorella guardare assorta fuori dal finestrino con un braccio intorno alle spalle della figlia. In quel momento doveva essersi accorta che la sorella la stava guardando, perché girò la testa verso di lei.

Quando i loro occhi si incontrarono, Laura vide che aveva un'espressione angosciata.

Ora so che cos'hai, diceva il suo sguardo. So perché ti sei licenziata e hai bisogno di una pausa.

Naturale che Su lo sapesse. Come aveva potuto pensare di tenere nascosta a sua sorella una questione di tale portata?

Lievi note di pianoforte uscivano dalla radio, mentre il paesaggio sfilava accanto a loro. La strada del valico si inerpicava tortuosa tra le montagne in un'alternanza di fitte abetaie e ripide pareti rocciose. Il traffico era quasi inesistente. Era iniziata la stagione di solitudine tra i monti.

Sebbene ci fosse il sole, Laura si sentiva opprimere nell'animo da una grande oscurità. Era una sensazione che non avrebbe saputo spiegare a nessuno. Nessuno, tranne sua sorella.

È legata a questo posto, pensò, mentre imboccava un altro tornante fiancheggiato da una gigantesca parete di roccia. Ben presto sarebbero arrivate nel punto più alto della strada.

Gettò un'altra occhiata allo specchietto. Anche Su stava guardando le rocce e anche lei sembrava raggelata. Si voltò verso Laura.

«Puoi fermarti un attimo?» chiese sottovoce per non svegliare Mia.

Laura assentì e poco dopo si fermò in una piazzola di ghiaia accanto a una terrazza panoramica.

Prima di scendere Su appoggiò la testa di Mia con cautela sopra il suo piumino rosso arrotolato sul sedile. Mia continuò a dormire profondamente.

Si avvicinarono al muretto di cemento della terrazza e guardarono la vallata sotto di loro. In lontananza il sole si rifletteva sulle acque del lago. Laura si parò gli occhi con la mano e individuò la casa sulla riva orientale. Mancavano ancora diversi chilometri e da lassù sembrava minuscola.

Abbiamo fatto una lunga strada per arrivare qui, pensò, lasciando vagare lo sguardo sui boschi autunnali che ricoprivano la vallata come un tappeto variopinto. *Una strada molto lunga.*

«Avevo quasi dimenticato quanto fosse bello qui» disse Laura girandosi verso la sorella. «Sai che cosa me lo ha fatto ricordare? Un cartellone pubblicitario. Uno stupido cartellone pubblicitario di una banca. Che ironia, non trovi?»

Su non rise. «Aspetti un bambino, vero?»

Ora che era stato detto, Laura era contenta che Su lo sapesse. Solo in quel momento Laura si rese conto di quanto si fosse sentita sola fino ad allora.

«È di Victor» disse con un cenno affermativo. «Lui non lo vuole. Dice che è un guaio, perché mi rovinerebbe la carriera. Probabilmente lo pensa davvero, ma in gran parte dipende anche dal fatto che non vuole assumersi nessuna responsabilità nei confronti del bambino. Perché sarebbe una limitazione per *lui.*»

«Tu che cosa ne pensi? Lo vuoi tenere?»

Laura guardò verso il lago con una scrollata di spalle. «Non lo so. Non ancora. In via precauzionale ho già rovinato da sola la mia carriera. Almeno la mia scelta non dipenderà da questo. Mi rendo conto di non avere più molto tempo per decidere. Ma quello che ho lo voglio impiegare per capire come andare avanti.»

Su le si avvicinò. Posò la mano su quella della sorella e la strinse dolcemente. Quel gesto valeva più di qualsiasi parola.

Per un po' le due sorelle rimasero così, a gustarsi il panorama. Il lago scintillava sotto di loro e un vento fresco portava fin lì il profumo muschiato dell'acqua e dei boschi autunnali.

Su poi fece la domanda che tormentava anche Laura.

«Secondo te come faceva a saperlo la donna del distributore? In fondo non si vede ancora. Io stessa me ne sono accorta solo dopo la sua reazione.»

«Non ne ho idea» disse Laura. «Forse non lo sapeva. Forse era confusa e pensava che tutte le donne debbano essere incinte dal momento che lei lo è.»

Su scosse la testa. «No, non è così. Quando è uscita dall'altra stanza, è passata prima davanti a me. Ha visto me per prima, ne sono sicura. Tuttavia si è diretta decisa verso di te.»

«Sì, in effetti è stato un po' strano.»

«Strano, dici? Io l'ho trovato inquietante.» Su strinse le braccia intorno al corpo come se avesse freddo. «Come trovo inquietante questo posto. Non sarei dovuta venire forse.»

«Non dire così, Su.» Laura abbracciò la sorella e la strinse forte a sé. «Aspetta qualche giorno, quando ci saremo ambientate.»

Su invece si irrigidì e guardò la strada oltre Laura. Guardò il tornante che avevano appena percorso. La parete di roccia che conservava un aspetto minaccioso anche con il sole.

«Le somiglio così tanto» bisbigliò. «A volte ho paura di somigliarle troppo. Di fare anch'io un giorno quello che ha fatto lei.»

«Non devi neppure pensarlo» disse Laura. «Lei era malata, per questo l'ha fatto.»

«È ereditario» proseguì Su continuando a fissare la parete di roccia. «Ho preso molto da lei. Il suo aspetto, la sua voce, i suoi modi. Forse anche questo.»

Laura non sapeva cosa rispondere. Seguì lo sguardo della sorella e fu di nuovo assalita da quella strana sensazione. Era il presentimento di un evento futuro, nascosto alla sua vista da una fitta nebbia.

Era appostato dentro di lei, in attesa che arrivasse il momento.

Tre anni prima, in una giornata d'autunno altrettanto assolata, Anna Schrader finì di fare colazione con una tazza di tè. Era un infuso alla frutta, che lei e il marito avevano acquistato in una piccola drogheria. Il tè era solo una delle tante passioni che condivideva con Ronald. Il loro era un matrimonio meraviglioso, appagante, con tutti i suoi alti e bassi. «Una vita vissuta», come diceva Ronald.

Con l'ultimo sorso deglutì anche la dose mattutina dei suoi medicinali. Nell'anno in corso il contenuto del portapillole era aumentato costantemente. All'inizio erano due pasticche al mattino, una a mezzogiorno e una dopo cena. Ora i tre scomparti della scatoletta erano pieni e ben presto non ci sarebbe stato più posto.

Invecchiare è una benedizione, ma essere vecchi una condanna, pensò, mentre sparecchiava. Sciacquò le stoviglie e rimise tutto a posto.

Buttò nella spazzatura i fiori di campo che aveva colto due giorni prima sul prato dietro la casa, lisciò la tovaglia, controllò di aver chiuso tutte le finestre e uscì di casa con la borsa da viaggio, senza voltarsi indietro neppure una volta. Il lago scintillava davanti a lei nel sole di ottobre. Una brezza da ovest portava l'odore umido del fogliame dei boschi sulla riva opposta. Guardò il cielo e osservò per un po' uno stormo di uccelli migratori diretti verso sud.

Ben presto sarebbe arrivato l'inverno e avrebbe trasformato quel luogo in un posto ostile. Poi a primavera sarebbe tornata la vita. Era l'eterno circolo della natura. Ma ciò che valeva per la natura, non funzionava necessariamente anche per le persone.

Aprì la porta della rimessa, infilò la borsa e la giacca nel bagagliaio e portò fuori la macchina. Richiudendo, si fermò un istante ad ammirare la nobile biposto con le cromature che luccicavano al sole. La BMW 507 bianca del 1957, estremamente rara, era l'orgoglio di Ronald. L'aveva acquistata per una fortuna il primo giorno che era andato in pensione.

«Più anziano il ragazzo, più costosi i suoi giocattoli» lo aveva preso in giro Anna, e lui ne aveva riso. Ronald poteva trascorrere intere giornate a lucidare la carrozzeria, a controllare il motore o a spruzzare la capote con l'impregnante.

«Un pensionato ha bisogno di un hobby» diceva, senza immaginare che avrebbe avuto solo due anni di tempo per dedicarsi al suo. Poche settimane dopo aver compiuto sessantasei anni, era stato portato via all'improvviso da un infarto.

Anna aprì la capote e si lasciò scivolare dietro al volante, accarezzò brevemente la pelle dei sedili, passò la mano sul cruscotto e accese il motore.

«Fa le fusa come un gatto» disse con un sorriso, citando una delle frasi del marito. Poi imboccò il vialetto a velocità ridotta per evitare di sollevare inutilmente la ghiaia. Accelerò raggiungendo i cinquanta chilometri orari, come faceva Ronald, solo una volta imboccata la strada asfaltata che portava in paese.

Mentre era ferma all'unico semaforo del villaggio, diverse persone la salutarono e lei rispose a tutti. Era un paese piccolo, tutti si conoscevano, e lei era affezionata al luogo e alle persone.

Scattato il verde, prese la stradina che dopo pochi chilometri di curve saliva sull'altura più vicina. Un quarto d'ora dopo raggiunse il punto più alto e si fermò in un parcheggio che offriva una vista spettacolare sulla vallata.

Anna spense il motore e guardò la superficie del lago che scintillava sotto di lei. Pensò al giorno in cui Ronald le aveva mostrato per la prima volta la casa proprio da quassù.

«Il nostro nido» le aveva detto. «Ci verremo tutte le volte che il mondo ci soffocherà.»

Lo avevano fatto, per molti anni. All'inizio solo in due e poi con le figlie. Da due anni la casa delle vacanze era diventata il domicilio di Anna, e lei non si era pentita nemmeno un giorno di quella decisione. La città chiassosa, movimentata andava bene per i giovani.

Adesso però il nido era soltanto un luogo di ricordi, il relitto di un'epoca più felice, e ben presto non ci sarebbero stati più nemmeno quelli. Anche se un giorno avesse aumentato la dose dei medicinali e si fosse nutrita esclusivamente di farmaci, Ronald, le sue figlie e la casa sarebbero stati inghiottiti comunque in un grande nulla nero.

Alla fine non avrebbe saputo più neppure chi fosse. Sarebbe stata solo il guscio vuoto di se stessa, da nutrire e lavare, e tutti avrebbero aspettato che fosse finalmente «liberata» da quell'esistenza.

Nonostante queste fosche prospettive per il futuro, il panorama del lago e le emozioni che le suscitava erano semplicemente meravigliose.

Aprì il cassetto del cruscotto e prese il pacchetto di sigarette che Ronald teneva sempre lì a portata di mano. Le sue Chesterfield, che alla fine gli erano costate la vita.

Fumando e con il pensiero rivolto a lui e alle loro figlie, contemplò la casa e il lago e fu pervasa dalla profonda pace del luogo.

Poi accese il motore e riprese a percorrere la serpentina, finché vide il tornante delimitato da una parete rocciosa.

«Vi voglio bene» bisbigliò. Schiacciò l'acceleratore e si diresse contro la roccia.

«La consapevolezza della mortalità ci insegna a fare la cosa giusta» disse Laura Schrader giunta a questo punto del suo racconto. «Lo diceva mio padre, non io» precisò con la vaga ombra di un sorriso. Era il sorriso più stanco e più sfinito che Robert avesse mai visto. Contemporaneamente gli dava la certezza di aver preso la decisione giusta non interrompendo il colloquio. Questa donna era più tenace di quanto lui avesse valutato al principio. Aveva raccontato con grande compostezza le ultime ore di vita della madre, anche se doveva esserle costato uno sforzo immane.

«L'ha fatto per noi» disse. «Non voleva diventare un peso per le sue figlie. Dovevamo essere libere di forgiare la nostra vita. Almeno Su e io ne eravamo convinte. Non ci aveva lasciato nessuna lettera di addio. Per via dell'assicurazione sulla vita, capisce? In caso di suicidio non avrebbero pagato. Era per questo che aveva con sé una borsa da viaggio. Doveva sembrare un incidente.»

«Come fa a essere sicura che non si sia trattato davvero di un incidente?»

Lei guardò Robert con aria di rimprovero, come se avesse appena fatto una domanda sciocca.

«Lei non conosceva mia madre. Il suo maledetto egoismo. Sono convinta pensasse che un giorno ci saremmo stancate di lei, se una di noi due avesse dovuto prenderla a vivere in casa propria. Voleva essere amata. Per lei l'armonia era la cosa più importante. Ma se il suo...» mimò con le dita il segno delle virgolette in aria «*incidente* lo aveva considerato un gesto fatto per noi, non si rendeva conto di quanto ci avesse ferito. Io non l'ho mai perdonata. Nemmeno Su.»

Prese il bicchiere d'acqua e lo svuotò.

«In ogni caso la sua morte mi ha fatto capire di non essere più una bambina» proseguì. «Quando si perdono i genitori, si smette di essere bambini. Capisce quello che voglio dire?»

Robert annuì. «La psicanalisi parla di *bambino interiore*. Esiste dentro di noi per tutta la vita, ma ne siamo consapevoli sempre meno, a mano a mano che dobbiamo affrontare le sfide della vita adulta.»

Spostò quindi il colloquio verso ciò che lo interessava maggiormente. «Prima ha parlato di questa curva. Il punto in cui sua madre... ha perso la vita. È lo stesso dove ha avuto l'incidente ieri sera, vero?»

Lei abbassò lo sguardo e assentì lentamente.

«Frau Schrader» disse Robert sporgendosi verso di lei. «Forse anche lei voleva togliersi la vita?»

Lei si morse il labbro e rimase in silenzio. Robert vide che gli angoli degli occhi le fremevano e si tormentava le mani sotto il tavolo.

«Ha paura?»

Passò qualche tempo prima che lei annuisse in maniera impercettibile.

«Di che cosa?» la incalzò. «Che cosa le fa tanta paura da indurla a uccidersi?»

Lei fece un profondo sospiro, quindi spostò indietro la sedia e si alzò. Robert rimase dov'era e la guardò camminare avanti e indietro per la stanzetta. Teneva le mani appoggiate sui fianchi. L'andatura di una donna incinta.

Alla fine gli voltò le spalle e rimase ferma davanti a una delle pareti spoglie.

«Ho mentito a Su» disse sottovoce. «Sapevo perfettamente che cosa voleva dire la donna al distributore di benzina.»

«In che senso?»

«Sapevo perché sapeva che ero incinta.»

Si voltò a guardarlo. L'angolo dell'occhio destro le guizzava per il nervosismo.

«So che sembra pazzesco, ma da quando sono incinta... ecco, vedo delle cose» disse ricominciando a tormentarsi le mani. «Immagini che mi perseguitano continuamente. Non sono ricordi o mie fantasie, sono più intense. Reali. Credo di vedere avvenimenti che succedono nella realtà. Da qualche parte nel mondo...»

Robert la guardò serio. Pensò a Linda Hoffman e al legame ipotizzato da Bennell. «Anche in questo momento vede quelle immagini?»

Lei ebbe un attimo di esitazione poi assentì. «Ogni volta che chiudo gli occhi. Più ascolto dentro me stessa, più diventano nitide.»

«Se ora chiude gli occhi, che cosa vede?» le domandò Robert.

Lei si lasciò scivolare lungo la parete poi chiuse gli occhi. Le sue palpebre fremevano e gli angoli della bocca sussultavano.

«Una bambina» disse infine come se fosse in trance. «Vive molto lontano da qui. Negli Stati Uniti. Si chiama Lucy. Lucy Walker.»

Fattoria Walker

Arizona, USA

Brava piccola, hai fatto strike!

Otto candeline e le aveva spente tutte insieme. Niente male. Sarebbe stata una giornata fortunata.

Lucy si lasciò cadere orgogliosa sulla sedia che la madre aveva decorato con nastri e palloncini. Ovviamente tutto in rosa, il suo colore preferito. Proprio come il vestito bordato di tulle.

Seduta lì a guardare i volti fieri dei suoi genitori, si sentiva la principessa delle favole sul trono. Una principessa un po' cicciottella, è vero, e con una vistosa macchia sulla guancia destra. Ma gliel'avrebbero tolta, le aveva promesso sua madre. Non appena avessero messo da parte i soldi necessari per il chirurgo plastico. E poi si sarebbe messa anche a dieta.

Ma c'era ancora tempo. Era il giorno del suo compleanno, e contava solo questo. Aveva dimenticato la nottata inquieta in cui aveva sognato cose assurde, altri bambini che volevano parlare con lei, anche se non si trovavano nella stessa stanza. Le era sembrato proprio strano, dopotutto anche nei sogni c'erano delle regole da rispettare, giusto?

« Sei stata bravissima » esclamò entusiasta la mamma agitando il coltello da cucina. « Ti meriti una bella fetta extra. »

Tolse le candeline dalla torta al cioccolato e caramello

che Lucy aveva scelto il giorno prima al Wal-Mart, poi la tagliò in diverse fette. La prima la depose sul piatto di Lucy.

« Buon appetito, bambina mia » disse, leccandosi dalle dita la glassa al cioccolato. Anche Norma Walker amava i dolci, come si capiva chiaramente guardando la sua corporatura.

Mise nel proprio piatto la seconda fetta e completò le due porzioni con una generosa spruzzata di panna montata.

« Un momento » disse il padre. Al contrario della moglie e della figlia, Hank Walker non era appassionato di cibi dolci. « Prima i regali! »

« Sì! » esclamò gioiosa Lucy mettendo da parte il piatto.

La torta poteva aspettare. Nel pomeriggio, quando sarebbero arrivati in visita parenti, amici e vicini di casa, ci sarebbe stato ancora tantissimo da mangiare. Adesso era più importante scoprire che cosa contenevano i pacchetti che il papà stava mettendo sul tavolo.

Naturalmente erano tutti incartati di rosa. La carta era decorata con unicorni saltellanti e i fiocchi erano blu. Il blu era il secondo colore preferito di Lucy, seguito dal giallo e dall'arancione. Il verde poteva ancora andare... Però il rosa era la tinta super mega preferita.

Il pacchetto sotto gli altri era il più grande – era quasi una scatola – e Lucy decise di lasciarlo per ultimo. Per aumentare l'emozione, pensò, mentre cominciava ad aprire gli altri regali.

In molti casi erano la risposta ai suoi desideri. Una nuova spazzola di Hello Kitty, perché quella vecchia era caduta sul pavimento del bagno e si era rotta. Una bambola di Maggie Simpson con il pelouche civetta, un biberon e una tazza con il beccuccio. Tutto rosa.

Forte!

« Non è mai troppo presto per fare esercizio » disse la

mamma ammiccando al padre. «Se un giorno vorrai darci dei nipotini, tanto vale portarsi avanti.»

Il padre borbottò qualcosa del tipo *c'è ancora tempo,* e osservò Lucy che scartava gli altri regali. Sembrava trepidante almeno quanto lei.

Nel pacchetto più piccolo c'era una nuova Bibbia. La mamma ci aveva anche scritto una dedica.

Alla mia grande bambina

«... Tenendo fisso lo sguardo su Gesù, autore e perfezionatore della fede.»

Ebrei, 12,2

Mamma

Era l'edizione di re Giacomo e la copertina era anch'essa di un rosa acceso.

«Wow!» esclamò Lucy. Quella petulante di Roberta Bowie l'aveva sempre presa in giro per la sua vecchia Bibbia marrone con gli angoli sfrangiati. Adesso sarebbe morta di invidia quando Lucy si fosse presentata in chiesa la domenica con quel gioiello.

Collocò la Bibbia insieme agli altri regali – la mamma naturalmente aveva pensato anche alla confezione famiglia di Golden Oreos, senza la quale un compleanno non era tale – e poi prese il pacchetto più grande.

Il sorriso di felicità si spense sul viso della madre. Si era messa in bocca una forchettata di torta e panna, ma non la masticò. Guardò invece il marito che rispose alla sua occhiata seria scrollando il capo.

«Basta discussioni» disse. Poi si girò verso la figlia e le porse un paio di forbici per tagliare il nastro. «Taglialo, tesoro. È un regalo da parte di papà. Sei curiosa?»

«Eccome!» rispose lei raggiante e poi recise il nastro.

Mentre strappava la carta, udì una specie di bisbiglio alle proprie spalle.

« Che cosa hai detto, papà? »

Hank Walker la guardò meravigliato. « Io? Niente, amore. Ora deciditi ad aprire il regalo! Voglio vedere se ti piace! »

« Insomma, non saprei, Hank » disse la madre con la bocca piena.

« Santo cielo, Norma, ho detto che non voglio altre discussioni! »

La mamma ingoiò il boccone di torta alzando un dito con fare burbero. « Non dovresti bestemmiare, Hank! In particolare non davanti alla bambina! »

« Sì, hai ragione » rispose lui mortificato. « Scusami. »

A Lucy sembrò di sentirlo bisbigliare di nuovo, ma non ci badò. Era troppo ansiosa di scoprire che cosa le avesse regalato il padre. La nuova auto sportiva per la Barbie? No, la scatola era troppo grande. Non poteva nemmeno essere una chitarra, perché era troppo lunga e stretta.

Dopo aver tolto anche gli ultimi brandelli di carta, si trovò davanti una scatola rettangolare bianca piuttosto lunga. Sulla parte superiore era raffigurato il grillo Davey, che Lucy conosceva già dalla pubblicità in televisione. Davey sembrava ammiccare e saltellare su una scritta che annunciava il contenuto della scatola: *My First Rifle* – il suo primo vero fucile! Accanto c'era scritto che si trattava di un prodotto fatto negli Stati Uniti e, sotto, l'avvertimento a lettere più grandi: *Non è un giocattolo.*

« Forza, aprila » la esortò il padre. Non riusciva più a trattenersi.

Lei tolse il coperchio e tirò fuori il fucile. Era pesante nelle sue mani, quasi quanto quelli di papà. Sfilò incuriosita la custodia di plastica. Ciò che vide la lasciò senza parole.

« Wow! »

« Allora? » fece Hank Walker con un sorriso smagliante.

A parte la canna nera, il suo primo vero fucile era: rosa! E come se non bastasse, era un'edizione speciale di Hello Kitty con un adesivo bianco di Hello Kitty sul calcio. Le due scatole di munizioni erano verdi, ma il verde andava bene...

Lucy guardò i genitori imbracciando il fucile. Papà sogghignava orgoglioso, e la mamma continuava a masticare la torta con espressione afflitta.

« Sento che qui qualcuno è contento » osservò il padre girandosi verso la moglie. « Non è certo la tua mamma; secondo lei sei ancora troppo piccola per un fucile, ma io la vedo diversamente. Non sei più una bambina piccola e vivi in un paese libero, per il quale abbiamo tutti combattuto duramente. »

« In ogni caso per me resta pericoloso » disse la mamma che aveva ingoiato la torta con un sorso di caffè. « Alla televisione lo dicono sempre. »

« Scemenze! » esclamò Hank. « Sono solo panzane democratiche! Un branco di femminucce debosciate che si nasconde dietro qualche stupido pretesto. Ma quando il gioco si fa duro, chi rischia il culo per loro? Noi! »

« Hank, ti prego! Non davanti alla bambina! »

« Sì, hai ragione » disse lui tornando più tranquillo, quindi indicò la finestra. « Il mondo là fuori, quello sì che è pericoloso! Una vera ragazza americana deve potersi difendere. Oggigiorno non è mai troppo presto per imparare come proteggere se stessi e il proprio paese. Questi danna... Questi democratici arroganti porteranno alla rovina la nostra magnifica nazione, se non interveniamo. »

« Può darsi che sia così, Hank » tentò di rabbonirlo la moglie, e Lucy la vide stropicciare nervosa il tovagliolo. « Ma la nostra bambina ha appena compiuto otto anni. »

Il padre sospirò irritato. « Non ricominciare, per favore! »

« Volevo soltanto dire... »

« È un suo diritto costituzionale possedere un'arma » tagliò corto lui. « Ogni cittadino americano ha questo diritto, mia cara! E non è un semplice diritto, è una *necessità*. Per noi bravi cittadini e bravi cristiani. Proprio ora che la nostra fede e la nostra libertà sono minacciate da dei pazzi. »

La mamma prese la nuova Bibbia di Lucy e la mostrò quasi volesse giurarci sopra.

« Proprio perché siamo bravi cristiani dobbiamo attenerci alle parole di nostro Signore e amare i nostri nemici » dichiarò, e Lucy trovò che fosse un po' troppo tracotante. « Amate i vostri nemici, dice Gesù. Benedite coloro che vi maledicono e fate del bene a coloro che vi odiano. »

Hank alzò gli occhi al cielo, appoggiò i pugni sul tavolo e guardò la moglie con aria quasi ostile.

« Dio santo, Norma, non dirai sul serio! Credi davvero che i russi o i talebani spariscano solo perché sei gentile con loro? No, come veri credenti siamo debitori verso Dio. Dobbiamo difendere la sua parola, anche a costo di usare le armi. È come dice il reverendo Jones: il diavolo è sceso sulla Terra e ammalia molte persone. Guarda come si è ridotto il nostro paese. Onesti uomini bianchi senza lavoro. E invece un sacco di questi contro natura che adesso possono persino sposarsi e adottare dei figli. Per non parlare di un presidente nero. *Questa* non è certo la volontà di Dio! »

Guardò Lucy, che era sempre in piedi davanti alla sedia decorata e seguiva la conversazione.

« Che cosa ti ha insegnato il reverendo Jones al catechismo, tesoro? Di che colore è la pelle di Dio? »

« È bianca » rispose Lucy.

Il padre annuì soddisfatto. « E come facciamo a saperlo? »

« Perché Gesù era bianco ed era suo figlio. »

« E che cosa non era di sicuro? »

« Negro » rispose Lucy. Erano state le parole del reverendo Jones.

« Esatto » confermò il padre con un cenno del capo prima di girarsi di nuovo verso la moglie. « Ecco, visto? La nostra ragazza sa il fatto suo ed è abbastanza grande per prepararsi ai suoi doveri patriottici. Chissà, forse un giorno il nostro tesoro si arruolerà nell'esercito? Tuo nonno sarebbe fiero di te, tesoro. Ai suoi tempi aveva dato una bella lezione ai musi gialli, proprio come fece suo nonno con quei maledetti crucchi. »

« Ora basta, Hank! Continui a bestemmiare, dovresti vergognarti! »

La moglie gli rivolse di nuovo un'occhiata severa, ma molto breve, perché si era presa una seconda fetta di torta.

« Quello che voglio dire è che nostro Signore non ci avrebbe dato le armi se fosse stato contrario » spiegò Hank Walker. « Se Gesù dovesse entrare dalla porta e dire che dobbiamo buttare via le nostre armi, lo farei subito, potete starne certe. Ma non succederà. E perché non succederà, gioia mia? »

Tornò a guardare Lucy che citò ancora una volta le parole del reverendo.

« Perché Dio è con i giusti. »

« Brava bambina. » Hank si inginocchiò di fronte alla figlia con un sorriso smagliante e indicò il nuovo fucile di Hello Kitty. « Quando avrai fatto colazione, andremo fuori in cortile. Così potrai provare questo gioiellino. Non potrai andare a caccia grossa come Ted Cruz, ma se ti eserciterai con impegno, presto ne avrai uno più grande. »

Lucy annuì, sebbene ascoltasse solo con un orecchio.

Sentiva di nuovo quel bizzarro mormorio. Sembrava provenire da qualche parte sopra di lei. Ma forse era soltanto nella sua testa? Di sicuro era strano. Sembravano le voci dei bambini che aveva sognato la notte prima.

Piegò la testa di lato e si sforzò di ascoltare il soffitto.

Sì, le voci provenivano da lassù.

Il padre disse qualcosa e anche la mamma sembrava parlarle, ma lei non ci badò. Adesso le sentiva un po' meglio, le voci.

Erano tante, tantissime, e si rivolgevano a lei. A lei soltanto.

«Basta!»

Laura Schrader alzò bruscamente le mani e si tappò le orecchie. Strinse le labbra e serrò gli occhi. Le tremavano le ginocchia, e se non fosse stata appoggiata al muro, sarebbe stramazzata su se stessa.

Una bambina cresciuta, gracile, impaurita, pensò Robert e fece per alzarsi e andare a sorreggerla. Lei batté un piede in terra.

«Basta! Basta, basta, basta!»

«Frau Schrader? Frau Schrader!»

Laura spalancò gli occhi e sbatté le palpebre, come se lui l'avesse svegliata da un sogno. Poi guardò esitante nell'angolo dov'era la telecamera che la fissava con quella lucina rossa indifferente sopra l'obiettivo. Infine si girò verso Robert.

«Le chiedo scusa. Ho... gridato?»

Robert rispose con un cenno affermativo.

Lei fece un sospiro profondo e si scostò i capelli dal viso con entrambe le mani. «È solo così... così intenso. Tutte le volte.»

«Non c'è problema» la tranquillizzò Robert, indicando la sedia. «Non vuole sedersi? Mi sembra esausta.»

«Sì, forse è meglio.» Si avvicinò al tavolo con passo incerto e si lasciò cadere sulla sedia. «Sicuramente mi prende per pazza, vero?»

Robert tacque. Dopo quello che aveva appena osservato, si domandava se la paziente fosse soggetta veramente ad allucinazioni o non cercasse piuttosto di compensare in maniera così teatrale un'esperienza scioccante. Era come un grido di aiuto, la richiesta di un'attenzione totale. Le persone che avevano subito gravi traumi manifestavano spesso comportamenti assai strani.

«Lei non è affatto *pazza*, Frau Schrader, per usare le sue parole» disse infine. «Altrimenti non potremmo stare qui a parlare in maniera tanto pacata. Io sono qui per farmi un'idea obiettiva di lei e di ciò che mi racconta. Cerco solo di capire.»

Lei annuì, ma nello sguardo c'era un profondo scetticismo.

«Mi piacerebbe sapere da dove provengono le sue... chiamiamole *visioni*» proseguì Robert. «Secondo lei per quale motivo riesce a vedere cose che io, per esempio, non vedo?»

Laura Schrader chinò lo sguardo sul proprio ventre, ma tenne le mani ferme sul tavolo: l'esatto contrario di ciò che gli aveva raccontato prima, che continuava ad accarezzare il suo bambino, in maniera inconscia. Ora invece sembrava quasi essere timorosa di toccare il proprio corpo in quel punto.

Quando parlò, lo fece con voce di ghiaccio. «Credo che sia il bambino dentro di me a mostrarmi certe cose. Era quello che voleva dirmi anche la donna al distributore di benzina. Lei non mi crederà, ma è così. Esiste un legame speciale tra di noi.»

«Sono perfettamente consapevole che tra madre e figlio esiste un legame molto profondo...»

«Non mi riferisco a quello» lo interruppe lei. «Lei pensa

da medico e crede che dipenda dagli ormoni. Ma nel mio caso, come per la donna al distributore di benzina... e chissà, forse anche per molte altre donne... è diverso. I nostri bambini... ci parlano. *Parlano*. Ci mostrano cose. E quello che ci mostrano non ha niente a che vedere con le loro emozioni, sono... avvenimenti. In tutto il mondo.»

Robert stava per ribattere, ma Laura Schrader lo anticipò.

«So bene che le sembrerà il discorso di una pazza, ma sono in grado di descriverle con precisione la bambina di prima. Lucy è bionda e porta le trecce. Ha gli occhi azzurri ed è un po' cicciottella... E poi ha un neo. Qui, proprio qui.» Si indicò la guancia.

«D'accordo» disse Robert. «Ammettiamo che questa bambina esista. Come potrebbe saperlo il suo bambino?»

Laura Schrader lo guardò con un'espressione che rifletteva stanchezza, rassegnazione e impazienza.

«Mi ascolti» disse in tono urgente. «Mi rendo conto che ciò che le sto dicendo è contrario a qualsiasi regola di verosimiglianza. Anch'io all'inizio la pensavo come lei, credevo che dipendesse dagli ormoni o dallo stress, che mi immaginassi tutto. Ma poi è successo qualcosa che mi ha dimostrato il contrario. Subito dopo essere arrivati alla casa sul lago.» Gettò un'occhiata letteralmente implorante a Robert.

«Da allora ho la certezza che non sia solo una mia invenzione.»

Arrivate alla casa sul lago, Laura fu assalita dalla sensazione che fossero passati molto più di tre anni dall'ultima volta che era stata lì. Ora che una riunione di famiglia in casa comprendeva solamente Su, Mia e lei, quel luogo le risultava in eguale misura estraneo e familiare.

Proprio per questo è stato giusto tornare qui finalmente, pensò. Sarà un nuovo inizio in tutti i sensi.

Imboccò il vialetto in salita e portò la macchina fino al garage. Spense il motore e guardò verso Su e Mia.

«Fatto» disse con un sorriso. «Capolinea, i passeggeri sono pregati di scendere.»

Su riuscì a fare solo un mezzo sorriso, poi tornò seria e guardò fuori dal finestrino. Anche Mia, che nel frattempo si era svegliata, la fissava con sguardo inespressivo. Forse non era stata poi una grande idea portarsi anche loro. Se le cose andavano avanti così, i prossimi giorni avrebbero potuto essere molto faticosi. In ogni caso Laura era decisa ad approfittare al massimo di questa pausa.

Aprì la portiera, scese e si mise le mani sui fianchi. Le doleva la schiena dopo il lungo viaggio ed era contenta che fossero arrivate a destinazione.

Che silenzio c'era lì. Ci aveva pensato spesso, ma sperimentarlo di nuovo era un'emozione travolgente. Niente traffico, niente rumori della città, a parte il ticchettio del motore che si andava raffreddando. Per il resto si udivano solo il cinguettio degli uccelli, lo sciabordio del lago e il lieve fruscio delle fronde.

Una brezza fresca soffiava dal lago verso di loro. Portava con sé profumo di terra e di acqua fresca, alghe e foglie marce. Un odore grigio-argento, come lo definiva il padre, sensibile alle sinestesie. Adesso anche Laura vi associava quel colore.

La casa era come sempre. Gli infissi bianchi e i muri rosso mattone avrebbero avuto bisogno di una rinfrescata, e il tetto di essere ripulito dal muschio, ma era così anche quando la madre era ancora viva.

Un tempo suo padre le aveva raccontato di aver notato quella casa perché la foto sul dépliant dell'agenzia gli aveva fatto pensare alla Scandinavia. La catena montuosa a est, il lago, i boschi che si estendevano sconfinati verso ovest e verso sud, e i campi dorati a nord che lambivano il villaggio, sembravano veramente un paesaggio nordico.

La casa non era particolarmente grande. C'era una cucina spaziosa, un piccolo salotto e un bagno al pianterreno, tre camere da letto al primo piano. Sotto il tetto una soffitta, dove nelle notti d'estate si poteva sentire lo scalpiccio dei topi, e poi un capanno di legno utilizzato come garage e come rimessa per la legna da ardere e gli attrezzi da giardino. Dietro la casa uno spiazzo sabbioso dove erano rimasti i pali a cui un tempo era fissato il filo stendibiancheria. Ai suoi tempi la madre ci stendeva i costumi da bagno e gli asciugamani, e invitava le bambine a fare attenzione quando giocavano intorno ai pali.

Adesso non c'era più nessun filo e i sostegni erano arrugginiti.

Su tirò fuori la chiave dalla tasca, ma invece di andare alla porta, la porse a Laura.

«Potresti farlo tu?» disse incerta. «So che è stupido, ma non voglio essere la prima a entrare di nuovo.»

«Ma certo» rispose Laura prendendo la chiave.

Troppi ricordi, pensò, e anche lei in fondo provava le stesse emozioni.

Erano state lì per l'ultima volta poco dopo la morte della madre. Entrambe erano state restie a entrare in casa. Quasi temessero di poter distruggere così le ultime tracce della sua presenza. All'epoca Su non era riuscita neppure a sedersi sulla panca in cucina.

La loro ultima vacanza insieme risaliva a un paio di anni prima. Mia doveva avere avuto tre o quattro anni. Avevano fatto il bagno nel lago, avevano compiuto escursioni nei boschi e preparato grigliate sulla riva, mentre la piccola Mia lanciava sassi nell'acqua con i suoi braccioli rosso acceso.

Sì, all'epoca erano ancora tutti insieme, i nonni orgogliosi con le figlie, il genero e l'adorata nipotina. Come avrebbero potuto immaginare che cosa avrebbe riservato loro il futuro?

Entrarono in casa e constatarono sollevate che era stata arieggiata e pulita da poco.

«Bernhard è un tesoro» disse Laura. Accanto al camino c'era persino la cesta piena di legna.

Su annuì e la sua espressione si rilassò almeno in parte. «Sì, è stato molto contento quando l'ho chiamato stamattina. Gli ho detto che non doveva disturbarsi, ma non ne ha voluto sapere. Verrà a trovarci nei prossimi giorni.»

«*Finché un uomo può stare in piedi, può anche lavorare*» dichiarò Laura imitando la voce del vecchio che conoscevano da quando erano bambine. Scoppiarono entrambe a ridere.

«Sai che cosa credo?» proseguì. «Credo che all'epoca avesse un debole per nostra madre. Per questo continua a venire qui.»

Su la guardò scettica. «Lo pensi davvero? Era molto più vecchio di lei.»

«Ma dai, secondo te l'età sarebbe stata un ostacolo?»

«Non penserai che loro due...»

«No» rispose Laura decisa. «Fosse stato per lui, forse, ma per la mamma c'è sempre stato un uomo soltanto.»

Mia comparve sulla porta tirandosi dietro il piccolo trolley. Si fermò in cucina e guardò le due sorelle con espressione assente.

«Allora, tesoro» disse Su, cercando di dare un tono entusiasta la propria voce, «sei contenta di essere tornata qui?»

Mia non rispose e Su guardò Laura.

«Che ne dici, sorellina, vogliamo fare una passeggiata prima di disfare i bagagli? Secondo me ci farebbe bene. A tutte quante. Per sentirci davvero arrivate. Dopo tutto questo tempo...»

Laura comprese al volo. L'ansia per Mia e il ritorno in quella casa l'avevano sopraffatta.

«Ottima idea. Dopo aver guidato tanto, ho bisogno di muovermi un po'.»

Andarono a passeggiare in riva al lago, immergendosi nella quiete della natura e nella bellezza del pomeriggio autunnale. Persino Mia, che camminava in mezzo a loro, dopo un po' sembrò non essere più tesa come all'arrivo, sebbene continuasse a tacere e non mostrasse alcuna emozione.

Si fermò una volta soltanto, quando si imbatterono in un termitaio ai margini del bosco. Osservò interessata quegli insetti laboriosi e per un attimo a Laura parve di scorgere l'ombra di un sorriso agli angoli della sua bocca.

Quando tornarono a casa il sole era già basso sull'orizzonte. In cucina Laura formulò la domanda che sua madre faceva sempre quando tornavano da una passeggiata.

«Anche voi avete tanta fame come me?»

Invece di rispondere, Mia si mise seduta sulla panca angolare. Quindi dondolò i piedi guardandosi le scarpe.

Laura la osservò, guardò Su, poi batté le mani.

«Ragazze, che ne dite di suddividerci i compiti? Mia e io ci occupiamo dei bagagli e accendiamo il fuoco. La capocuoca invece pensa subito alla cena. Siete d'accordo?»

«Eccome» disse Su, con un'occhiata riconoscente alla sorella. «Ti ho già detto che ti voglio bene, sorellina?»

«Può darsi, ma mi fa sempre piacere sentirlo. E adesso vedi di metterti al lavoro. Se non sbaglio il negozio chiude alle sei.»

«Oddio, è già così tardi?» Su inarcò le sopracciglia e guardò l'ora. «Hai ragione! Posso fidarmi a lasciarvi da sole?»

«Come minimo Mia e io organizzeremo una festa scatenata. Quindi portaci delle patatine, altrimenti non ti faremo entrare.»

Laura lanciò alla sorella una ciotola che Su prese al volo sorridendo. Quindi uscì.

Dopo aver acceso il fuoco, Laura tornò in cucina da Mia e si mise seduta accanto a lei sulla panca.

«Di sopra ci sono tre camere da letto a scelta» disse. «In una c'è persino il letto con il baldacchino, te lo ricordi? Ci dormivano sempre i tuoi nonni. Hai già pensato a dove vorresti dormire?»

Non si aspettava una risposta, perché Mia, che continuava a dondolare i piedi, non sembrava neppure essersi accorta della sua presenza. Invece ebbe una reazione. Scrollò il capo.

Accidenti, è già un passo avanti, pensò Laura.

«Forse nella camera con il letto a baldacchino?»

Ci volle ancora un po', poi Mia si strinse nelle spalle indifferente.

«Secondo me sarebbe un'ottima camera per voi due. Avreste un sacco di spazio. È la camera più grande.»

Le venne un'idea e tornò in salotto. Il vecchio televisore era ancora lì.

«Mia, tesoro, ti va di vedere un po' di tele con me?»

Dalla cucina non ottenne alcuna risposta, ma forse, se avesse trovato la trasmissione giusta, Mia l'avrebbe raggiunta.

Si inginocchiò davanti all'apparecchio e lo accese. Il televisore riprese vita con un lieve ronzio. L'immagine era un po' tremolante e i colori sbiaditi, ma funzionava ancora. Laura afferrò il voluminoso telecomando che era accanto a una rivista con i programmi di tre anni prima, e schiacciò i tasti. Niente. Le batterie naturalmente erano scariche.

Mentre cercava il pulsante per la scelta dei canali sull'apparecchio, udì la voce di un giornalista che dava la notizia di un nuovo attacco terroristico in una città irachena. C'erano state decine di morti e di feriti.

Non era proprio la trasmissione adatta a una bambina.

Finalmente trovò il tasto nascosto dietro uno sportellino. Stava per pigiarlo, quando sullo schermo apparve un viso. Laura rimase impietrita. Non credeva ai propri occhi.

Su arrivò in paese che il sole era tramontato. Le maestose montagne schermavano l'ultima luce del giorno e i lampioni erano già accesi. La stagione fredda si andava annunciando a poco a poco, con le sue giornate estremamente brevi in quella regione. Non c'era da stupirsi che fossero pochi gli abitanti che soggiornavano lì tutto l'anno.

Non era sempre stato così. Il piccolo villaggio vantava una lunga tradizione come insediamento di minatori. Fino allo scorcio del secolo precedente nella regione si era estratto il rame.

Quando erano piccole, spesso il padre aveva raccontato loro che la società mineraria aveva portato nella zona famiglie molto numerose. Su e Laura all'epoca faticavano a immaginare che in passato anche i bambini lavorassero nei cunicoli sotterranei. Le famiglie erano molto povere, aveva spiegato il padre, e ogni soldo in più era necessario, anche se i piccoli non venivano pagati molto.

«Viceversa i proprietari della miniera ne traevano grande profitto», aveva detto, in quanto i bambini potevano incunearsi anche nelle fenditure più strette e non occorreva quindi scavare molto per ricavare passaggi praticabili. Il che era decisamente vantaggioso.

L'attività mineraria nella regione era stata interrotta dopo che il 20 febbraio 1903 un incidente aveva causato la morte di diciannove ragazzi fra i tredici e i sedici anni. Negli anni Settanta, poi, si era cercato di riprendere l'estrazione del rame, ma gli alti costi gestionali avevano fatto subito abortire il progetto.

Una decina d'anni dopo, il turismo aveva scoperto quella vallata idilliaca e nel giro di breve tempo le attività ricreative erano fiorite nella zona. Nei mesi estivi, quando i turisti arrivavano a frotte nella piccola località dalle graziose case a graticcio, il numero di abitanti triplicava. Tutte le pensioni e l'unico hotel con vista panoramica sul lago e le montagne registravano il tutto esaurito – persino «nello sgabuzzino delle scope», come era solito dire il padre.

Quella sera però il centro cittadino somigliava più a una città fantasma di un vecchio film western. Le pensioni erano chiuse, l'hotel pure, e anche le case delle vacanze di qualche facoltoso cittadino davano un'impressione di abbandono. Le imposte erano sprangate e i cancelli di ferro battuto con i cartelli che vietavano l'ingresso erano sorvegliati da videocamere e impianti di allarme.

Ogni tanto si vedeva qualcuno per strada o in uno dei giardini. Molti negozi di souvenir, abbigliamento o altro genere avevano appeso un cartello che informava della riapertura all'inizio della stagione, in primavera.

Su raggiunse la piazza del paese e parcheggiò direttamente davanti al piccolo supermercato. Per fortuna era ancora aperto.

Scese dalla macchina e guardò una graziosa facciata a graticcio sull'altro lato della piazza, dove un tempo si trovava una piccola edicola di giornali. Da bambina era solita accompagnare il padre che andava lì a comprare il giornale e le sigarette, e ne ricavava sempre qualche caramella.

Ora il negozio non c'era più e l'edificio, chiaramente restaurato di recente, ospitava alcuni appartamenti. Nel giardino anteriore un uomo raccoglieva le foglie cadute alla luce dei lampioni e lì accanto due bambini giocavano in una vasca con la sabbia. Dovevano essere gemelli, pensò Su, mentre li salutava. L'uomo ricambiò il saluto, mentre i bambini la guardarono in silenzio.

Entrata nel supermercato, fu accolta dalla consueta musica che usciva distorta da altoparlanti invisibili. Un mormorio di sottofondo le fece capire di non essere l'unica cliente.

Prese un carrello, ci mise un pacco di spaghetti e un sugo pronto – decise che Laura avrebbe dovuto aspettare per le sue lezioni di cucina – e poi prese qualcosa per la colazione. Trovò anche i corn flakes preferiti di Mia. Al banco della verdura scelse un sacchetto di patate e un cespo di lattuga, poi andò a cercare gli ingredienti per un polpettone.

Il banco della macelleria era già stato svuotato. Su vide una ragazza bionda e magra che puliva il piano di acciaio. Spinse il carrello verso i surgelati e prese una confezione di carne macinata. Mentre controllava la data di scadenza, si accorse della presenza di altri due bambini. Un maschio, dell'età di Mia, e una femmina, di uno o due anni più grande. Si somigliavano così tanto che potevano essere solo fratello e sorella. Erano biondi come la ragazza dietro il bancone e sotto le luci al neon i loro capelli sembravano quasi bianchi.

Stavano togliendo i giornali dall'espositore e li riponevano in una grande cesta di plastica. Intanto chiacchieravano sottovoce, mentre il ragazzino continuava a guardare Su di sottecchi. La sorella, invece, aveva occhi solo per i giornali. Sembrava che volesse imparare a memoria tutti i titoli.

GUASTO A UNA CENTRALE NUCLEARE:
VERSAMENTO DI TRIZIO NEL FIUME

UCCISO IL DIROTTATORE
– UN OSTAGGIO MORTO

PASSANTE DECAPITA BAMBINA
DI QUATTRO ANNI A TAIWAN

Vedere titoli di questo genere tra le mani di una bambina provocò a Su una spiacevole stretta al cuore. Le tornò in mente il vecchio del parco. Il suo modo di mostrare il giornale.

«È impazzito. Il mondo è impazzito. È un manicomio.»

Solo adesso si accorse che la bambina piangeva in silenzio tra sé. Non singhiozzava, non emetteva alcun suono, ma grosse lacrime luccicavano sulle sue guance sotto la luce al neon.

Su mise nel carrello il pacchetto di carne congelata e si avvicinò ai due bambini.

«Ehi, tutto a posto?»

La bambina gettò il giornale nella cesta insieme agli altri, si asciugò gli occhi con il dorso delle mani e rimase a fissare imbronciata il pavimento. Il fratellino lanciò a Su un'occhiata così rabbiosa da indurla a indietreggiare di un passo.

«Scusate, non volevo immischiarmi. Pensavo solo...»

«Che cosa succede?» chiese una voce acuta alle sue spalle.

Era la ragazza che prima stava pulendo il banco della macelleria. Indossava ancora i guanti di gomma bagnati e una lunga ciocca di capelli biondi le ricadeva sul viso lentigginoso.

«Posso aiutarla? Stiamo per chiudere.»

«Sì... cioè, no» balbettò Su. «Ho già trovato tutto, grazie. È solo... Ho visto la bambina che piangeva e...»

Proprio in quel momento Su udì un tonfo alle sue spalle e si voltò di scatto spaventata. Un uomo robusto con una zazzera di capelli biondissimi entrò dalla porta girevole accanto alla cassa. Si bloccò perplesso, quindi le rivolse un sorriso smagliante.

«No, non ci credo! Susann? Susann Schrader?»

Su osservò l'uomo senza riuscire a inquadrarlo. Come faceva a conoscerla?

«Non mi riconosci» le disse ammiccando, poi fece un passo verso di lei.

«No, sinceramente no.»

«Sono Boris. Boris Schumann. Il negozio prima era di mio padre. Il vecchio purtroppo se n'è andato, altrimenti sarebbe stato contento di rivederti. È passata un'eternità.»

Ora Su cominciò a capire. No, non lo avrebbe mai riconosciuto, da quanto era cambiato. Da piccolo era un ragazzino cicciottello, con una faccia da luna piena e le orecchie a sventola. Non faceva altro che guardare Laura e lei, senza parlare. Evidentemente non era rimasta più traccia della sua antica timidezza.

«Già, per la miseria, è passato un sacco di tempo» disse rattristandosi. «Mi spiace davvero tantissimo per vostra madre. Quella maledetta strada. Bisogna stare sempre molto attenti, altrimenti... ma dimmi, come sta tua sorella?»

«Bene. Siamo venute a passare qui qualche giorno.»

«Ci siete entrambe?»

«Sì, e c'è anche mia figlia.»

«Ma dai, non mi dire! Allora dovete venire da noi, così vi presento mia moglie. Sabine prepara delle cotolette fenomenali. Già, e questi sono i miei figli. Mi danno tutti una mano qui al negozio.»

Indicò il bambino e la bambina. «Loro sono Thilo e Edda, e la più grande è Ute. Ha compiuto sedici anni, ma è alta per la sua età. Senza di lei potrei chiudere.»

Ute la salutò con un cenno cortese ma riservato, poi tornò a pulire il bancone. Su ebbe l'impressione che avesse fretta di lasciarli.

Per un attimo valutò se fosse il caso di dire a Boris che la piccola Edda poco prima stava piangendo. L'istinto materno la spingeva a farlo, ma un'altra emozione, che non sapeva spiegarsi, la tratteneva.

Boris Schumann prese l'ultimo plico di giornali dall'espositore.

«Come ho già detto, siete sempre le benvenute. Sarebbe bello se passassi a fare un saluto. Tua figlia potrebbe giocare con i bambini mentre noi parliamo dei vecchi tempi. Accidenti, allora il mondo era un posto migliore, no? A guardare quello che succede ora...» Con un gesto disgustato mostrò la pila di giornali a Su prima di gettarla insieme agli altri nella cesta. «Sembra proprio che tutto stia precipitando. L'unica cosa che possiamo fare è votare finalmente il partito giusto. Abbiamo bisogno di politici che assicurino la giustizia e l'ordine nel paese.»

«Già... ora sarà meglio che vada» disse Su dando un'occhiata eloquente all'orologio. «È già tardi, e quelle due avranno sicuramente fame. Siamo appena arrivate.»

«Allora vado a vedere se c'è qualcuno alla cassa» disse Boris ridendo della propria battuta. «Comunque non dimenticare le cotolette di Sabine. Vere prelibatezze locali. Non ne troverete altre così da nessuna parte, puoi credermi!»

Mentre pagava, Su gli promise che ci avrebbe pensato, quindi se ne andò in fretta.

Dopo aver caricato la spesa nel portabagagli, si guardò intorno e si accorse che l'uomo con il rastrello e i due gemelli non c'erano più. Anche le strade sembravano deserte. Non passava nemmeno un'auto. Ma lei aveva la sensazione di essere osservata.

Che strano.

Si girò a guardare il supermercato. Al piano di sopra c'era l'appartamento degli Schumann. Scorse due sagome a una finestra. Thilo e Edda. La stavano guardando.

Rivolse loro un cenno, ma i bambini non reagirono. Rimasero lì a osservarla mentre saliva in macchina e usciva dal parcheggio.

*

Laura continuava a non capire che cosa stesse succedendo. Sullo schermo del vecchio televisore c'era il volto tremolante di un uomo che lei conosceva. Non c'erano dubbi, era proprio *lui.* Ma non poteva essere vero. Perché aveva visto quell'uomo in uno dei suoi *sogni.* E invece adesso era diventato *reale.*

Sì, era proprio l'uomo del suo incubo. Era pronta a giurarlo.

Ora apprese anche il suo nome. Dieter Haddenbach, direttore di una famosa azienda tessile tedesca e ambasciatore dell'ente per la protezione dell'infanzia. Era stato coinvolto in numerosi programmi di assistenza, in particolare per i bambini e le bambine vittime di sfruttamento sessuale. Aveva anche ricevuto un riconoscimento per il proprio impegno.

Laura guardava lo schermo. Si sentì sbiancare in viso mentre era assalita dalla nausea e si portava una mano davanti alla bocca. Le sembrava di sognare, ma ovviamente non era così. Maledizione, non riusciva a pensare lucidamente.

La bambina... come si chiamava? Sì, giusto, si chiamava Kannitha.

Laura seguì a fatica il servizio. Haddenbach era stato rinvenuto morto nella sua camera d'albergo. Assassinato. Il cronista non aggiunse altro sul fatto, ma Laura sapeva perfettamente che cosa era successo. Qualcuno aveva spaccato la testa di Haddenbach con una fruttiera di rame. Una ciotola piena di frutta fresca che veniva offerta ai clienti abituali di quella struttura alberghiera. Una ciotola collocata sulla scrivania accanto alla finestra con le tende colorate. Tende sulle quali nel suo sogno era schizzato il sangue.

L'hotel si trovava nella capitale cambogiana Phnom Penh, disse il reporter. Non c'erano ancora indizi sull'autore del delitto né il movente. Finora era stata solo confermata la presenza di un altro morto nel cortile posteriore dell'edificio. Anche quest'uomo, sicuramente un abitante del luogo, era stato brutalmente assassinato. A causa delle condizioni del cadavere, l'identificazione non era stata ancora conclusa, ma la polizia riteneva che entrambi gli omicidi fossero opera dello stesso colpevole o gruppo di colpevoli.

Laura spense l'apparecchio. Per un po' rimase accovacciata sul pavimento, immobile, a fissare lo schermo nero.

Com'è possibile? continuava a ripetersi. Com'è possibile?

Laura Schrader fissava Robert negli occhi.

«Non mi guardi con aria così scettica. È successo proprio come le ho raccontato. Non avevo mai visto prima quell'uomo in vita mia. Lo conoscevo solo dal sogno. Alla televisione hanno mostrato la sua foto da vivo. Ma in sogno io ho visto il suo *cadavere*. È un'immagine che non dimenticherò mai, mi può credere. Era stato colpito brutalmente. C'era sangue dappertutto...»

Rabbrividì, come se volesse scuotersi di dosso quella scena raccapricciante. La scena che, secondo Robert, era frutto dell'immaginazione, oppure di una contaminazione tra avvenimenti reali e la fantasia spropositata di una persona psichicamente instabile.

Aveva già affrontato casi del genere. Alcuni dei suoi pazienti gli avevano raccontato storie così plausibili che aveva faticato a scoprire la verità. C'era stato l'uomo che affermava di aver spinto la moglie giù dalle scale. Si era poi scoperto che la donna aveva avuto un infarto mentre era sulle scale e che al momento della tragedia il marito era lontano per un viaggio di lavoro. Tuttavia aveva continuato ad aggrapparsi alla propria confessione. Si era sentito responsabile per la morte della moglie, perché non le era stato accanto nel momento del bisogno.

Forse questo era un caso simile. Forse Laura Schrader si riteneva responsabile per la morte della nipote. Forse anche per quella della sorella, perché non erano state trovate tracce di Susann Landers.

C'era solo un particolare che non quadrava, ed era la sparizione di Patrick Landers e dei centosessantatré abitanti del villaggio. Robert non poteva credere che Laura Schrader si ritenesse responsabile anche nei loro confronti.

«So che non mi crede» osservò lei appoggiandosi allo schienale con un sospiro rassegnato. «Ma le giuro che non mi sto inventando tutto. Potrei descriverle ogni dettaglio. Cose che non sono state mostrate in televisione. La camera, per esempio. Il letto. Le lenzuola, il copritavolo. Potrei dirle che le tende erano tirate e che sul tessuto erano stampati degli uccelli. Uccelli colorati con lunghe piume sulla coda. Nella fruttiera c'erano arance, banane e frutti rossi con la buccia spinosa. Uno di questi era tagliato a metà. La polpa bianca con i semini neri mi ha fatto pensare al gelato di stracciatella.»

«Intende i frutti del drago?»

«Per amor del cielo, che cosa ne so io di come si chiamano!» esclamò lei spazientita. «Voglio solo farle capire che li ho visti per davvero. Negli ultimi giorni ho visto tante cose spaventose, e sempre erano coinvolti dei bambini. Ragazzi che vivono in un'enorme discarica. Uno di loro è morto tra atroci sofferenze. Altri ragazzi sono stati costretti a far parte di un plotone d'esecuzione. Vedo fabbriche in cui delle bambine cuciono e tingono tessuti. Hanno le mani come quelle delle vecchie. E tanti affamati con l'addome dilatato...»

«In pratica vede le ingiustizie del mondo» riassunse Robert. «Crede che la gravidanza l'abbia resa sensibile a questi temi? Che sia indotta a pensare a questi bambini, perché pensa al *suo* bambino?»

Lei ricadde a sedere, fece un profondo respiro e lo guardò. Per un attimo rimase assorta.

«Potrebbe essere questo il motivo, in effetti» disse con voce di nuovo controllata. «Ma c'è dell'altro. Non mi limito a pensare a loro. È come se per qualche motivo *vivessi* insieme a loro ciò che devono affrontare. Tutta questa sofferenza. È come se fossero i miei stessi ricordi.»

«Però non sono i suoi ricordi» obiettò Robert.

«No, naturalmente no» rispose lei piano guardandosi il ventre. «Vengono da lui. È il bambino a mostrarmi tutte queste cose. Parla con me. Proprio come diceva la donna del distributore. Non mi sorprende che abbia perso la ragione. Sono cose impossibili da accettare.»

Robert pensò di nuovo al racconto di Bennell. Al caso di Linda e Steffen Hoffman. Il fatto doveva essere accaduto la sera in cui Laura Schrader e sua sorella erano arrivate alla casa sul lago. Poche ore dopo che Susann Schrader aveva finito di fare la spesa e si era seduta a tavola con la sorella e la figlia.

Steffen Hoffman aveva chiuso il distributore come ogni sera puntuale alle dieci. Aveva controllato l'incasso e lo aveva depositato in cassaforte. Poi aveva spento tutte le luci e le pompe e si era avvicinato alla porta a vetri. Era rimasto un po' lì a guardare fuori, come tutte le sere.

Fino a otto mesi prima quello era il momento della sigaretta serale. Quando Linda gli aveva annunciato raggiante che sarebbero diventati genitori, aveva smesso di fumare, per il bambino, per lei e naturalmente anche per se stesso.

Ma aveva mantenuto quei momenti di raccoglimento serale. Erano i suoi cinque minuti.

Al di là della strada splendeva in cielo una luna quasi piena. Gettava la sua luce argentea sullo spiazzo asfaltato, dove le pompe di benzina sembravano sull'attenti come sentinelle.

Era stata una giornata faticosa e Steffen avrebbe avuto voglia di bersi una birra fresca. I frigoriferi ronzavano invitanti alle sue spalle. Avrebbe voluto aprirne uno e prendere una lattina, anzi, magari più d'una. Ma da quando Linda stava così male, evitava di bere. Doveva restare lucido, in particolare adesso. Il termine si avvicinava e avrebbe dovuto portare Linda all'ospedale. Senza alcol nel sangue!

Forse sarebbe stato necessario farla ricoverare addirittura prima. Se le cose continuavano così, non avrebbe avuto altra scelta. Non poteva tenerla d'occhio ventiquattr'ore al giorno.

Comunque sarebbe stata una soluzione di emergenza, solo nel caso non avesse potuto fare altrimenti.

Sperava tanto che il bambino si decidesse a venire al mondo. Le cose allora sarebbero tornate a posto. Gli ormoni di Linda sarebbero tornati in equilibrio e le sue fobie e le sue allucinazioni sarebbero scomparse. Questo almeno gli avevano detto tre medici consultati in tre momenti diversi. Non glielo avevano garantito – sarebbe stato pretendere troppo – ma lo avevano ritenuto *estremamente probabile*.

Invece di una sigaretta, Steffen si mise in bocca una Fishermen's Friend, gustando il piacevole pizzicore sulla lingua. Ripensò all'incidente del pomeriggio, provando sollievo per la reazione comprensiva delle due clienti.

Un fatto del genere non poteva ripetersi. Doveva tenere d'occhio Linda con più attenzione. Sembrava che non sopportasse di stare in presenza di altre donne che aspettavano un figlio. Probabilmente anche questo dipendeva dagli ormoni, si disse.

E pensare che all'inizio era andato tutto bene. Erano stati così felici di avere un bambino. Lui lo era ancora, certo, ma da quando le condizioni di Linda erano peggiorate, la sua gioia si era offuscata. Non era colpa del bambino, ma era lui il fattore scatenante del problema.

Era cominciato tutto al terzo mese di gravidanza. Linda aveva detto che il bambino le parlava, e ciò che le diceva era spaventoso e atroce. Poi erano iniziati gli attacchi di panico, sempre più violenti. Per fortuna la stagione era finita. In questo modo lui aveva tempo di andare spesso a controllare le condizioni della moglie.

Sospirò e gustò ancora un momento di pace. Poi decise di andare nell'appartamento. Di sicuro Linda aveva fame. Avrebbe infilato nel microonde un piatto pronto. Ma solo se Linda era sveglia. Altrimenti l'avrebbe lasciata dormire. Il sonno ora era molto importante per lei.

Quando entrò nell'edificio accanto al distributore, trovò tutte le luci spente. Guardò in salotto, ma il divano era vuoto. La coperta di lana che aveva steso su Linda era per terra. Accanto c'era l'orsacchiotto che Linda aveva già comperato per il bambino, con le zampette di pelouche in aria.

Steffen raccolse entrambi e rimise la coperta al suo posto. Osservò l'orsacchiotto, che aveva una maglietta rossa con la scritta *Abbracciami* e immaginò il figlio che di lì a poco lo avrebbe tenuto tra le braccia.

Finora non avevano ancora deciso il nome. Steffen aveva fatto diverse proposte, ma Linda evitava sempre l'argomento. Non voleva più parlare del bambino, e quando lo faceva, sembrava si riferisse a un oggetto, a un corpo estraneo.

Appoggiò l'orsacchiotto sulla coperta e si avvicinò piano alla camera da letto. Sbirciò dalla porta aspettandosi di trovare Linda addormentata. Invece anche il letto era vuoto. A parte la salopette gettata da una parte, il letto era identico alla mattina, quando lo aveva rifatto.

Linda doveva essere in bagno. Tornò in corridoio e bussò piano alla porta.

«Tesoro, sono tornato. Vuoi mangiare qualcosa?»

Silenzio.

«Stai bene?»

Niente.

«Tesoro, per favore, rispondi!»

Non ottenendo risposta nemmeno stavolta, abbassò la maniglia. La porta non era chiusa a chiave, e la luce in bagno era spenta.

Linda non c'era. L'appartamento era vuoto.

Possibile che se ne fosse andata, mentre lui lavorava al distributore?

A quest'idea provò una stretta al cuore.

Si affrettò ad accendere la luce nell'ingresso, le scarpe di Linda erano tutte al loro posto, anche i giacconi erano appesi nel guardaroba. E poi la salopette era l'unico capo che le entrava, quindi se davvero era uscita, indossava solo gli slip.

Dove poteva essere andata? Per strada? Nel paese vicino? Oppure su fino al passo?

La paura gli impediva di pensare chiaramente. C'era anche il fiume, che scorreva a poca distanza dalla strada, e sulla sponda opposta si estendevano campi coltivati fino ai margini del bosco. Il bosco era enorme. Dove avrebbe dovuto cercarla?

Gli si piegarono le ginocchia e fu costretto ad aggrapparsi al muro.

Oddio, questo no!

Ormai la situazione era irrecuperabile. Avrebbe dovuto fare l'inevitabile e chiamare la polizia.

Si tastò i calzoni nervoso, ma constatò di aver lasciato il

cellulare accanto alla cassa. Sulla credenza in cucina c'era però il buon vecchio telefono fisso. Mentre percorreva il corridoio, cercava di ricordare febbrilmente quale fosse il numero di emergenza. Il 110 o il 112? Maledizione, era talmente agitato che non lo sapeva più!

Giunto sulla porta della cucina, era così intento a pensare al numero di telefono, da non accorgersi del luccichio umido sul pavimento scuro. Allungò la mano verso l'interruttore mentre il piede gli scivolava. Cadde di schiena sulle piastrelle e per un attimo la vista gli si annebbiò.

Si rialzò imprecando e si massaggiò la testa. Aveva la mano umida e appiccicosa. Se la guardò, e alla vista del sangue imprecò di nuovo. Adesso avrebbe avuto bisogno non solo della polizia, ma anche di un'ambulanza che gli medicasse la ferita. Cercò di rialzarsi con un gemito, ma scivolò di nuovo.

«Cazzo!»

Tutto il pavimento era coperto di sangue. Intorno a lui c'era un'unica grande pozza.

La testa gli rimbombava ancora per la botta, ma la sua mente era abbastanza lucida da comprendere che quel sangue non poteva essere suo.

Linda!

Si girò di fianco frettolosamente e si trascinò carponi sul pavimento scivoloso intorno al tavolo della cucina. Non era riuscito ad accendere la luce, ma dalla finestra filtrava il chiaro di luna che gli permise di vedere il suo corpo.

Linda era seduta per terra appoggiata alla credenza. Serrava tra le mani un piccolo oggetto ricoperto di sangue e irriconoscibile. Aveva anche le cosce insanguinate e la camicia aperta.

Oh no! No! No!

Quando Steffen Hoffman comprese ciò che stava facendo

la moglie, si sentì mancare. La fissò impietrito lanciando un grido gutturale di raccapriccio.

Linda girò la testa verso di lui. Le sue palpebre ebbero un fremito mentre le lacrime le rigavano il viso insanguinato. La sua voce era solo un rantolo.

«Lui... ci... odia.»

«Aveva cercato di strapparselo dal corpo» aveva detto Bennell accendendosi una quarta sigaretta con la cicca della terza. Aveva cominciato a piovere piano, ma nessuno ci aveva badato.

«In vita mia ho visto davvero tante atrocità» aveva aggiunto dopo una pausa. «Vittime di incidenti, persone assassinate, oppure suicidi ritrovati dopo settimane nel loro appartamento. Ricordo ancora una donna che si era tagliata le vene nella vasca da bagno. Quando sfondammo la porta del suo appartamento, la vasca pullulava di vermi. A un certo punto si arriva a credere di essere preparati a tutto. Che non ci sia più niente che ci possa sgomentare. Già, e poi si capisce di essersi sbagliati...»

«Come è andata poi?» aveva chiesto Robert e il poliziotto aveva tirato qualche lunga boccata di sigaretta prima di rispondere.

«Il marito le ha tolto di mano le forbici e ha chiamato i soccorsi. Ma era troppo tardi. È morta durante il tragitto verso l'ospedale. Aveva perso troppo sangue.» Aveva soffiato fuori il fumo rabbiosamente, scuotendo la testa. «Con un paio di forbici, se ne rende conto? Un maledetto paio di forbici da cucina.»

«Il bambino?»

«Quando è stata soccorsa, era ancora vivo. Ma alla fine non sono riusciti a salvare nemmeno lui. Gli aveva inferto ferite troppo gravi. Quando il marito ha saputo della morte di entrambi, ha avuto un malore.»

Bennell aveva buttato per terra la sigaretta, l'aveva schiacciata con la punta della scarpa e aveva indicato l'edificio. «È ricoverato qui. Nel reparto sorvegliato.»

VII.

Il temporale. Una decisione. Emergenza

Voci.

Tante voci.

Bisbigliavano, sogghignavano, sibilavano, piangevano.

Più forte, sempre più forte.

Quando Laura si svegliò, dovette concentrarsi per ricordare dov'era. Sbatté gli occhi confusa nell'oscurità. All'inizio pensò di essere a casa e che qualcuno dei vicini avesse acceso la televisione. Poi ricordò di trovarsi nella casa delle vacanze dei genitori. Era in uno dei due lettini nella camera più piccola. Era dove dormivano lei e Su da bambine. La camera delle ragazze, come era solita chiamarla la madre.

Si strofinò gli occhi assonnata. Il rumore che in sogno aveva scambiato per un assordante brusio era lo scroscio della pioggia sui vetri. Dalle tende tirate filtravano lampi di luce, seguiti dal rombo minaccioso dei tuoni che si avvicinavano.

Adesso che era completamente sveglia, avvertì il bisogno impellente di fare pipì, amplificato dal tambureggiare delle gocce di pioggia sulla veranda. Tre tazze di tisana prima di andare a letto non erano state una grande idea.

Si alzò con un sospiro, si massaggiò le spalle rabbrividendo e chiuse la finestra socchiusa. Le notti si stavano facendo sempre più fresche.

Aveva lasciato la giacca sulla sedia accanto al letto. Se la infilò e rovistò nelle tasche. Trovò il cellulare. Telefonare da lì era impossibile, in tutta la vallata il segnale non arrivava e l'assenza di internet era proprio quello che lei cercava, ma come torcia era perfetto.

Si incamminò verso la porta cercando di fare meno rumore possibile sulle assi scricchiolanti del pavimento e poi raggiunse le scale. Che strano, faceva freddo e tirava vento. Si sorprese, perché ricordava la casa come un luogo caldo e accogliente, anche quando venivano sorpresi dal cattivo tempo durante le vacanze autunnali. Come possono essere ingannevoli i ricordi d'infanzia, pensò, e decise di aggiungere qualche ciocco nel camino una volta tornata dal bagno.

Non era ancora arrivata in fondo alle scale, quando scorse diverse piccole ombre che si muovevano sul pavimento dell'ingresso.

Topi, le venne da pensare. Stupendo!

Rivolse il fascio luminoso del telefono da quella parte e sussultò sorpresa.

Non erano topi. Erano foglie. Foglie bagnate che entravano dalla porta d'ingresso socchiusa.

«Ma guarda che disastro!» bisbigliò.

Doveva essersi dimenticata di chiudere la porta come si deve, e il vento l'aveva riaperta. Chissà da quanto tempo era così. Il parquet doveva essere fradicio. Laura si augurava che fosse ancora impermeabile.

Per fortuna mi scappava la pipì, considerò.

Scese di corsa gli ultimi gradini fino alla porta e stava per chiuderla, quando un lampo illuminò lo spiazzo davanti alla casa. Laura si bloccò sgomenta e guardò verso il pontile.

C'era qualcuno!

Subito dopo tornò buio. La pioggia ostacolava ulteriormente la visuale, ma quando cadde il fulmine successivo, vide di nuovo la sagoma. Piccola e minuta, vestita solo con un pigiama.

Mia! Era di nuovo sonnambula.

Laura si guardò intorno alla ricerca di un paio di scarpe, ma non le trovò. Su e la sua ossessiva mania dell'ordine! imprecò tra sé, poi si mise a correre, a piedi scalzi sotto la pioggia scrosciante, verso il pontile.

Mia era in riva al lago a pochi metri da lì e guardava immobile la grande collina che si levava oltre i campi.

«Che cosa ci fai qui?» le chiese Laura mentre la raggiungeva. «Ti prenderai un malanno!»

Mia non rispose e non si voltò nemmeno a guardarla. Sembrava non rendersi neppure conto della sua presenza.

Quando Laura le appoggiò le mani sulle spalle per riportarla in casa, sentì che aveva il pigiama completamente fradicio. La pioggia le aveva appiccicato i capelli alla testa e i piedi nudi erano già semiaffondati nel fango. Doveva essere lì da parecchio tempo.

«Su, rientriamo che ti asciugo.»

Laura la prese per mano e la portò con sé. Ci fu un altro lampo, più luminoso. Dovevano rientrare in casa il prima possibile. La pioggia fredda non era tanto pericolosa, ma lei aveva sempre avuto paura dei lampi.

Mia non dava segno di voler accelerare l'andatura. Al contrario, si irrigidì e incespicò recalcitrante dietro Laura. Teneva la testa girata all'indietro, per non perdere di vista la collina.

«Si può sapere che cosa stai guardando?» chiese Laura spazientita, costretta ad alzare la voce per sovrastare il fragore del tuono. «Forza, andiamo!»

All'ennesimo lampo che rischiarò la vallata, Laura si fermò sgomenta.

Aveva proprio visto quello che le sembrava?

Un altro fulmine rispose a quell'interrogativo, luminoso come il giorno, e lei lo vide di nuovo.

Sulla cresta della collina, proprio accanto al sentiero che portava in paese, c'erano dei bambini. Dovevano essere venti o trenta, forse di più. La luce era durata troppo poco per permettere a Laura di contarli. Si tenevano per mano come in un girotondo e sembravano guardare verso di lei.

Che cosa ci facevano quei bambini lassù di notte? Pioveva a dirotto e avrebbero potuto essere colpiti da un fulmine.

Come se l'avesse chiamato, un fulmine ramificato squarciò il cielo in modo così violento che Laura si sentì rizzare i peli sulle braccia. Un tuono fragoroso esplose quasi nello stesso istante. Il nubifragio era proprio sopra di loro.

Da qualche parte lì vicino Laura colse un sibilo. Sembravano dei serpenti, il che ovviamente non era possibile, ma era un suono vicino e minaccioso.

Senza curarsi più di quel sinistro sibilo, del temporale o della collina, Laura afferrò la nipote con entrambe le mani e la portò dentro casa. Quindi chiuse la porta con due mandate.

Mia rimase immobile nell'ingresso come una bambola bagnata.

Laura la superò e corse in bagno a prendere un asciugamano. Ma prima di tornare indietro, gettò un'occhiata verso la collina dalla finestrella sopra il gabinetto. Alla luce del fulmine successivo che rischiarò la vallata, i bambini erano scomparsi.

Ammesso che ci siano mai stati per davvero, pensò mentre asciugava Mia. Era assurdo che ci fossero dei bambini lassù. Con quel tempo. Nel cuore della notte.

Dopo aver rimesso Mia a letto accanto a Su che dormiva profondamente, Laura cominciò calmarsi. Il bisogno si fece sentire di nuovo impellente, e stavolta non poteva essere rimandato.

Prima di uscire dal bagno, guardò un'altra volta dalla finestra verso la collina.

Niente.

Solo arbusti e cespugli.

Nessun bambino.

Dopo aver raccolto le foglie entrate in casa e aver asciugato le assi con un fazzoletto, tornò in camera, sfinita e ancora turbata. Si sdraiò a letto e rimase sveglia per un po'. Ascoltava il temporale e si domandava se si fosse davvero solo immaginata le ombre sulla collina.

Ma certo, pensò. Quelli che aveva visto lassù erano solo i cespugli. Alla luce dei lampi potevano essere scambiati per bambini che si tenevano per mano. Soprattutto se si aveva alle spalle una faticosa giornata di viaggio. Per non parlare delle circostanze che l'avevano condotta a compiere quel viaggio. Era assai probabile vedere cose che non esistevano nella realtà.

«Erano solo dei cespugli» mormorò, si tirò la coperta fino al mento e si girò su un fianco.

Alla fine riuscì a addormentarsi. Sognò di trovarsi lei stessa sulla collina sotto la pioggia e di guardare verso la casa. Nel sogno udì nuovamente quel brusio.

Una delle molte voci, che sembrava appartenere a un ragazzino, disse: *È arrivato il momento.*

Il mattino dopo il maltempo si era spostato.

Una fitta nebbia ammantava il lago e nascondeva la vista sulle montagne.

Quando Laura scese in cucina, fu accolta dall'invitante

profumo di uova al tegamino e pancetta rosolata. Su era seduta al tavolo in cucina e leggeva un romanzo di John Wyndham trovato nella libreria dei genitori, gustandosi la colazione.

«Buongiorno» disse a bocca piena, mettendo da parte il libro. «Scusa se non ti ho aspettato, ma avevo una gran fame.» Con la forchetta indicò la padella sui fornelli. «Serviti, ce n'è anche per te.»

Laura sorrise e guardò il posto con la scodella vuota, il cartoccio di latte e una scatola di corn flakes.

«Dov'è Mia?»

«Dorme ancora profondamente.»

«Bene.»

Laura si versò un caffè chiedendosi se fosse il caso di raccontare a Su quanto successo quella notte. Alla fine decise di non farlo. La sorella sembrava così contenta e rilassata come non le capitava da giorni. Non voleva rovinarle quel momento di serenità. No, avrebbe aspettato di vedere come si sarebbe comportata Mia nei giorni successivi. E avrebbe sempre chiuso a chiave la porta di notte. Meglio non correre rischi.

«Il temporale non ti ha svegliata?» domandò con aria noncurante, mentre si sedeva sulla panca accanto a Su.

«Il temporale? No, ho dormito come un bambino. Deve aver piovuto molto forte, vero?»

«Credo di sì» si limitò a rispondere Laura. Nel frattempo le sembrava tutto solo un brutto sogno. Soprattutto quello che le era parso di vedere sulla collina.

«Sei già andata in bagno?» chiese Su pulendo il piatto con un boccone di pane. Laura fece segno di no e allora lei aggiunse con un sospiro: «Preparati: abbiamo solo acqua fredda. Ho cercato di telefonare a Bernhard, ma il telefono fisso è staccato e il cellulare non ha campo».

«Nemmeno il mio» disse Laura. «Proverò a spostarmi verso il paese. Magari lì c'è campo.»

«Puoi prendere anche la macchina.»

«È vero» rispose Laura con una scrollata di spalle. «Ma ho voglia di fare quattro passi. Mi servirà a schiarirmi le idee.» Fece una breve pausa, poi aggiunse: «Ho deciso di chiamare Victor».

Su si portò la tazza alle labbra e guardò la sorella da sopra il bordo. «Hai deciso cosa fare?»

«Sì, stamattina appena sveglia ho riflettuto molto. E sì, ho preso una decisione, Su. Terrò il bambino. E non m'importa che lui ne riconosca la paternità o meno. Ce la farò anche da sola.»

Su cinse le spalle della sorella con un braccio e le sorrise. «E non sei da sola, sorellina. Hai noi.» Poi indicò i fornelli. «Ora vedi di mangiare qualcosa. Prima che tutto diventi freddo.»

Finita la colazione, Laura si alzò e fece per sparecchiare, ma Su la bloccò.

«Lascia che faccia io» disse. «Tu pensa a chiamare Victor. È la cosa più importante ora.»

Laura guardò la sorella e si sentì legata a lei come non le capitava da tempo. Mai come adesso Su le ricordava la loro madre.

Quando Laura uscì sul pontile, il vento del mattino aveva dissolto la nebbia. Il lago era un grande specchio davanti a lei. Le sembrava quasi di guardare in un secondo cielo, con uccelli che solcavano le acque azzurre e soffici nuvole sospese tra le rive. Qua e là la superficie era increspata da piccole onde, quando un pesce emergeva per prendere al volo una zanzara che volava a pelo d'acqua. In lontananza si udiva il verso di un airone.

Che splendida giornata di pace, pensò Laura sedendosi in fondo al molo. Le assi erano ancora umide dopo la pioggia della notte precedente, ma il sole le avrebbe asciugate nel giro di poco tempo.

Respirò il profumo delle alghe cresciute intorno ai pali del molo e lasciò ciondolare le gambe sopra l'acqua che gorgogliava e sciabordava misteriosa sotto di lei.

Dopo l'abbraccio di Su, Laura era avvolta da una profonda pace interiore ed era piena di ottimismo per i cambiamenti che l'aspettavano. Naturalmente Su aveva ragione: la cosa importante era restare unite.

Un banco di piccoli pesci sfrecciò sotto i suoi piedi e a lei tornò in mente una conversazione avuta con il padre. All'epoca aveva l'età di Mia e si trovava, proprio come adesso, seduta sul pontile. La barca a remi del padre era ormeggiata accanto a lei.

«Perché i pesci nuotano tutti insieme?» gli aveva chiesto. «Il lago è abbastanza grande per tutti.»

«Perché hanno paura di te» aveva risposto lui sedendosi lì accanto. «Da là sotto vedono solo i nostri piedi che si muovono sopra di loro. I tuoi sono ancora piccoli, ma a creature minuscole come loro sembrano giganteschi.»

«Nuotano tutti insieme perché hanno paura di noi? Ma allora perché non si nascondono e basta?»

«Ecco, certi pesci, come le aringhe, si raggruppano a schiera quando si sentono minacciati» le aveva spiegato lui. «In questo modo sembrano un unico grande pesce. Lo fanno per spaventare i grossi predatori marini.»

«Un ottimo stratagemma» aveva commentato Laura, e il padre aveva annuito.

«È vero, e la cosa più stupefacente è che non ci stanno a pensare molto. Non sono come noi uomini, che di sicuro ci metteremmo prima a discutere su chi debba prendere quale posto. No, loro lo fanno e basta. Per istinto. In questo modo centinaia di individui diventano un'unica entità collettiva.»

Laura aveva guardato il padre aggrottando la fronte e chiedendogli che cosa significasse «entità collettiva».

«Significa che ci si trova d'accordo e ci si unisce» aveva risposto lui accendendosi una sigaretta. Poi era rimasto a guardare il fumo che si allontanava verso il lago e si dissolveva nella brezza. «In un momento del genere un pesce non pensa solo a se stesso. Ciascuno sembra sapere perfettamente che non potrà sfuggire alla minaccia da solo. Ma se tutti si uniranno, diventando una cosa sola, potranno farcela. Be', forse non tutti, qualcuno cadrà vittima del predatore, ma la maggior parte si salverà.»

«Perché stanno tutti uniti.»

«Precisamente.» Il padre le aveva sorriso e le aveva accarezzato teneramente la testa. «Un fenomeno del genere si chiama comportamento emergente e serve per la sopravvivenza della specie. Anche gli uccelli migratori si comportano allo stesso modo. Volano in stormi, in modo che nessun rapace cerchi di attaccarli.»

Laura ci aveva pensato su un istante. Poi le era venuta in mente un'altra domanda.

«E le persone? Anche loro diventano una... entità colli...»

«Entità collettiva» le aveva suggerito lui prima di tornare a guardare verso il lago. «Ecco, temo che non sia nella nostra natura. Noi uomini tendiamo a muoverci senza ragionare. Sicuramente avrai sentito la notizia di quei disordini scoppiati in uno stadio di calcio inglese. La gente in preda al panico è scappata disordinatamente e qualcuno è morto calpestato. Sono cose che succedono spesso. Ecco, non siamo per niente così perfetti come spesso ci piace credere.»

Aveva spento la sigaretta schiacciandola sulla tavola accanto a sé, poi si era infilato la cicca nella tasca dei calzoni.

Non l'avrebbe mai buttata in acqua, o gettata a terra, e questo aveva sempre impressionato Laura.

Le mancava suo padre, che sapeva raccontare così bene e aveva sempre una risposta per ogni cosa. Insieme a lui si era sentita protetta e invulnerabile. Ora era cresciuta anche lei. Ora era responsabile per la propria vita, e per quella del bambino che cresceva dentro di lei e che aveva deciso di accogliere.

Si rese conto che quel mattino non era stata male. Non aveva sentito nemmeno quel bizzarro brusio. Sembrava che il bambino avesse finalmente fatto pace con lei, ora che non si sentiva più minacciato. Ora che sapeva che lei non voleva più togliergli la vita.

«È ora di farlo sapere anche all'altro genitore» disse accarezzandosi teneramente la pancia. «Forse alla fine deciderà di diventare tuo padre.»

Tirò fuori il cellulare dalla tasca della giacca e controllò se prendeva. Niente campo.

Si alzò con un sospiro e tornò sulla riva. Si avviò verso il sentiero che risaliva la collina. Lassù in cima avrebbe avuto più possibilità.

Mentre camminava nell'erba bagnata, si rese conto di essere diretta proprio al punto in cui la notte prima le era parso di vedere i bambini. Da dove in sogno aveva guardato la casa.

Alla luce del giorno vide effettivamente una serie di cespugli che nell'oscurità potevano dare l'impressione di essere un gruppo di bambini. In realtà le sembrò anche di vedere l'erba calpestata lì in mezzo, ma poteva dipendere dal passaggio di animali o dalle forti piogge. Tirò fuori di nuovo il cellulare e tentò la fortuna. Sullo schermo si accese una tacca, ma proprio mentre cercava il numero di Victor nella rubrica, scomparve di nuovo.

Forse era meglio così. Probabilmente Victor avrebbe tentato di dissuaderla dalla sua decisione.

Rimise in tasca il cellulare e guardò i campi di cereali che si distinguevano vagamente nella nebbia ai piedi della collina. In lontananza colse un lampo. Strizzò gli occhi per scoprire che cosa riflettesse la luce del sole, ma la nebbia era troppo densa. Notò soltanto un puntino rosso che scomparve subito dopo nella bruma grigia. Le sembrò di scorgere lì accanto due figure che spingevano qualcosa. Ma anch'esse, come il puntino rosso, furono inghiottite dalla nebbia.

Mentre si domandava se ci fossero davvero delle persone in giro in mezzo alla nebbia, Laura sentì le grida di Su. La vide davanti alla casa che gesticolava freneticamente. Era troppo lontana e Laura non capiva ciò che diceva, ma si rese conto che era successo qualcosa. Scese di corsa la collina.

Su era fuori di sé. Piangeva, camminava avanti e indietro come un'invasata. Teneva le braccia strette al corpo ed era scossa da violenti brividi.

«Santo cielo, Su, che cosa è successo?» ansimò Laura raggiungendola.

«Mia!» singhiozzò Su. «È sparita. Quando sono scesa in cucina era ancora a letto, ma adesso non c'è più. Se n'è andata e non so dove sia!»

«Ne sei sicura?»

«Sì. È andata via!»

«Forse è solo che non ti ha risposto. L'hai cercata in casa?»

«Se ti ho detto che non c'è, è così!» strillò Su. «Ho controllato da cima a fondo e l'ho cercata anche qua fuori. Pure nella rimessa! Non c'è! Se n'è andata, è sparita!»

«Adesso stai calma» disse Laura abbracciandola. «La troveremo.»

«E se fosse caduta nel lago? Mio Dio...» singhiozzò Su contro di lei.

«Calmati, Su. C'ero io al lago, e se Mia ci fosse andata, me ne sarei accorta. Vedrai che non è successo niente» disse Laura stringendola a sé più forte. «Non preoccuparti. Forse è andata a esplorare i dintorni.»

Laura sperava di avere una voce abbastanza convincente. In segreto però era preoccupata almeno quanto la sorella. Mia era una bambina assennata, in grado di badare a se stessa, ma viste le sue attuali condizioni, c'era da temere che le fosse capitato qualcosa.

«Andiamo a cercarla» disse infine, staccandosi da Su. «Di sicuro è ancora qui nei paraggi.»

Su annuì e chiuse brevemente gli occhi. Fece un profondo respiro e cercò di dominarsi.

«La finestra in camera da letto era aperta» disse con voce ancora tremante. «Credo che sia uscita passando sul tetto della veranda anteriore. Per questo non l'ho vista. Ero in cucina e...»

Lasciò la frase a metà, lo sguardo fisso verso la casa. La nebbia verso ovest si era diradata completamente. Al suo posto si vedeva un fronte nuvoloso che era ancora piuttosto lontano, ma ben presto avrebbe portato altra pioggia. In quella regione il tempo era estremamente mutevole.

«Se non altro ha con sé il piumino» disse Su.

«Quello rosso?» chiese Laura, ripensando al puntino rosso che aveva visto prima nei campi.

Su annuì. «Sì. Perché me lo chiedi?»

Laura indicò verso il viottolo tra i campi. «Credo di averla vista dalla collina. Andava in direzione del paese.»

«In paese?» Su sgranò gli occhi. «Allora prendiamo la macchina e andiamoci subito!»

Su rientrò di corsa in casa per prendere le chiavi della

macchina, mentre Laura teneva d'occhio i campi ammantati di nebbia nel caso Mia fosse tornata indietro.

Forse aveva solo fatto quattro passi. La notte prima era rimasta nei pressi della casa. Ma per quanto Laura scrutasse tutt'attorno, non c'era traccia della giacca a vento rossa.

Quando Su uscì di casa con le chiavi, le andò incontro. Salirono in macchina e Su accese il motore. Poi inserì la retromarcia e schiacciò l'acceleratore. L'auto fece un balzo come se avessero travolto un ostacolo, poi il motore si spense.

«Dannazione!» esclamò Su riaccendendolo.

«Tranquilla. Vuoi che guidi io?»

«No, non occorre.» Accelerò di nuovo, ma l'auto sussultò e si spense un'altra volta. «Deve esserci qualche problema.»

«Si può sapere che cosa succede?» disse Laura scendendo.

Anche Su uscì dall'auto e insieme videro cos'era accaduto. Tutte e quattro le gomme erano a terra. Qualcuno le aveva bucate. E come a conferma di questa azione, Su raccolse un coltello dall'erba accanto alla rimessa.

Laura lo riconobbe. Suo padre lo utilizzava per eviscerare i pesci. Doveva essere stato nella rimessa insieme all'attrezzatura da pesca.

Le tornò in mente il sibilo che aveva sentito la notte prima. *Allora non mi ero immaginata tutto!*

«Che cosa sta succedendo?» chiese Su fissando attonita il coltello che teneva ancora in mano. «Chi può fare una cosa del genere?»

La sorella era troppo sconvolta per trarre le debite conclusioni e anche Laura dubitava del sospetto che cresceva in lei come un seme velenoso. Tuttavia sapeva che dovevano stare all'erta.

«Andiamo a piedi» suggerì porgendo la mano a Su. «E portiamoci dietro il coltello.»

«Potrei avere ancora dell'acqua?» chiese Laura Schrader, ma stavolta non si rivolse a Robert, bensì guardò dritto nella telecamera.

«Vuole fare una pausa?» le domandò lui, ma lei rispose con un cenno negativo del capo.

«No, mi basta un sorso d'acqua. Mi sento disidratata. Poi starò sicuramente meglio. Non posso fermarmi ora. Non prima che lei venga a conoscenza di tutta la storia.»

«D'accordo», replicò lui. «Come vuole.»

Anche stavolta passò meno di un minuto prima che la serratura della porta scattasse e l'infermiera entrasse.

Robert si stupì, vedendo Laura Schrader allungare la mano per prendere il bicchiere e l'infermiera scansarla di proposito. Il pancione la rendeva alquanto impacciata. Posò il bicchiere sul tavolo e si ritirò in fretta, quasi temesse il contatto con l'altra.

Uscendo, l'infermiera rivolse un'occhiata a Robert, come a volerlo mettere in guardia: *Stia attento! È pericolosa!*

«Ha paura» constatò Laura Schrader in tono pragmatico, una volta che la donna fu uscita.

«Davvero?» Robert inarcò le sopracciglia interessato. Era la prima volta che la paziente commentava il comportamento dell'infermiera. «Di che cosa dovrebbe avere paura?»

«Del mio bambino» rispose, guardandosi la pancia. «Chissà, forse anche il suo le parla?»

«Come fa a sapere che anche lei aspetta un figlio maschio?»

Lei ignorò la provocazione. «Lo so. Così come sapevo chi ci aveva tagliato le gomme dell'auto.»

«Ah sì? Chi era stato?»

Bevve un altro sorso d'acqua e quando posò il bicchiere sul tavolo, lo strinse forte e lo fissò concentrata, quasi volesse parlare con quello anziché con Robert.

«Da piccole, Su e io a volte guardavamo film dell'orrore quando i nostri genitori uscivano la sera» disse. «Io in genere li trovavo piuttosto stupidi. Soprattutto quando i protagonisti si comportavano in maniera del tutto irrazionale. Per esempio quando andavano a controllare in soffitta o in cantina, pur temendo che ci fosse nascosto un assassino o un mostro. Si esponevano del tutto gratuitamente al pericolo, mentre noi, sedute sul divano, sgranocchiavamo patatine e ridevamo di loro. Quando ci si sente al sicuro e non si è nei panni degli altri, ci si ritiene superiori.»

Annuì al bicchiere che teneva in mano e scrollò le spalle.

«In realtà sapevo chi era stato a tagliare le gomme, ma non volevo accettarlo, dopotutto si trattava di Mia. E chi avremmo potuto chiamare senza telefono per chiedere aiuto? Di vicini lì non ce n'erano. Non ci restava altro da fare che raggiungere il paese a piedi passando per i campi. In ogni caso lo ritenevamo più sensato che aspettare a casa senza fare niente.»

Alzò la testa e guardò il lucernario sul quale scrosciava la pioggia.

Una lacrima le rigò la guancia esangue, quando aggiunse: «Ce ne andammo e fu l'errore più grande che potessimo fare».

Giunto ai piedi della scala mobile, Victor Schwartz si rese conto che fuori dalla stazione del metrò pioveva a dirotto. La gente si rifugiava sotto la pensilina, scrollava l'ombrello e si scuoteva via l'acqua dai giubbotti e dai cappotti.

Victor imprecò sottovoce: «Che tempo di merda!»

Il giorno prima aveva inforcato i nuovi Ray-Ban, e ora quel diluvio. Aveva pure lasciato l'ombrello a casa.

Ecco che cosa succede quando si ha la testa altrove. Quando si è *preoccupati*.

Se almeno Laura si fosse fatta sentire! Non era stato possibile contattarla. Aveva spento quel maledetto cellulare e a casa non rispondeva nessuno. Sua signoria preferiva tenergli il broncio. Invece di dargli un'altra occasione. E pensare che era stata *lei* a creare quel casino. Tipico delle donne, per la miseria!

Sì, era vero che il lunedì dopo la sua inaccettabile scenata da Lorenz avrebbe voluto strangolarla, ma credeva davvero che l'avrebbe lasciata in asso ora che aspettava un figlio da lui?

Certo, il contratto con Lorenz sarebbe stato un affare grosso e avevano già investito un sacco di tempo nella sua campagna, ma accidenti, la vita andava avanti, giusto? Aveva già preso all'amo un altro grosso pesce che avrebbe fruttato quattrini a palate.

Adesso che gli arabi avevano fatto scendere in cantina il prezzo del petrolio, c'era stato un improvviso boom di impianti di riscaldamento a gasolio e aveva già ricevuto tre richieste di nuovi spot. Era un mercato in espansione. Perlomeno cogliendo l'attimo prima che i prezzi salissero di nuovo. Per questo aveva bisogno di Laura.

Lui e Laura erano un team vincente. E, almeno per quanto lo riguardava, avrebbero continuato a esserlo.

Che tenesse pure il bambino. In un modo o nell'altro ce l'avrebbero fatta, a patto che lei non trascurasse il proprio talento. L'importante era che accettasse di lavorare su questi tre contratti. Con un gesto spazientito infilò il cellulare nella tasca interna della giacca e decise che non aveva senso aspettare che spiovesse sotto la pensilina della stazione.

Si mise la ventiquattrore sulla testa e si incamminò a passo spedito verso l'edicola all'angolo. Il proprietario doveva averlo visto da lontano, perché quando Victor si fermò sotto la tettoia protettiva, gli aveva già preparato i consueti acquisti del mattino: un pacchetto di Dunhill e il *Financial Times*.

«Grazie, Adriano» disse Victor. «Finalmente un raggio di sole in questa giornata.»

Mentre Adriano si lamentava del brutto tempo, Victor tirò fuori una sigaretta e se la accese prima di prendere il portafoglio dalla tasca posteriore. Fumare di quei tempi era diventato un tour de force. Bisognava assorbire la propria dose di nicotina velocemente, mentre si passava da una zona non fumatori all'altra.

Tirò un paio di lunghe boccate, gettò la cicca nel tombino e si mise in tasca il pacchetto. Poi prese sottobraccio il giornale e stava per rimettere via anche il portafoglio, quando all'improvviso gli venne strappato di mano da dietro.

Accadde così velocemente che per un attimo Victor rimase immobile a guardare i due ragazzini, un maschio e una femmina, che scappavano via di corsa lanciando un grido di trionfo.

«Ehi!» urlò loro dietro. «Ehi, fermi! Cazzo!»

Lanciò la valigetta a Adriano. «Tienila tu, ok?»

Senza aspettare la risposta dell'edicolante, Victor si mise a correre sotto la pioggia.

Fottuti mocciosi! Erano svelti e avevano un bel vantaggio. Ma nemmeno lui era tanto male. Se non altro la distanza non aumentava.

Di colpo i due fecero uno scarto e si infilarono in un vicolo laterale. Victor continuò a inseguirli e constatò trionfante che era un vicolo cieco che sbucava in un cortile.

Dei due non c'era più traccia. Probabilmente si erano nascosti dietro i bidoni della spazzatura oppure tra i mucchi di mattoni e calcinacci che occupavano il lato destro del vicolo. Di sicuro non erano sull'impalcatura della casa accanto.

Si fermò ansimando e si posò le mani sulle cosce. Il cuore gli batteva all'impazzata.

«Ehi, stronzetti! So che siete qui. Ridatemi il portafoglio e facciamola finita. Se però devo venirvi a cercare, ve ne pentirete, ve lo assicuro!»

Scrutò il vicolo più volte e, a ogni secondo che passava senza vederli né sentirli, la sua collera cresceva.

Non solo per colpa loro aveva rovinato il costoso completo ed era bagnato fradicio: gli facevano anche perdere del tempo. Tempo prezioso. A quell'ora avrebbe dovuto essere già in ufficio.

«Per l'ultima volta» gridò. «Ridatemi il portafoglio, altrimenti...»

Udì un risolino alle proprie spalle.

Girò di scatto su se stesso e fu colpito in testa da qualcosa di duro. Cadde carponi ed ebbe giusto il tempo di accorgersi che quello che gocciolava davanti a lui sull'asfalto bagnato era il suo sangue, prima di esssere colpito di nuovo.

VIII.

La ricerca. Gioco malvagio. Uno scandalo epocale

Su procedeva spedita e Laura faticava a starle dietro. Il viottolo non era ripido come la collina che si alzava alla loro destra, ma il sole ormai alto nel cielo, insieme agli ultimi lembi di nebbia sospesi sul paesaggio come spettri erranti, sprigionava un caldo afoso. Sebbene fossero in cammino da poco, Laura grondava già sudore.

Su raggiunse l'altura davanti a loro e si fermò. Con il coltello stretto in mano aveva un'aria minacciosa e Laura si pentì di averglielo lasciato. Viste le condizioni psicologiche di Su, avrebbe dovuto tenerselo lei il coltello.

«Laggiù!» Indicò un punto nel campo di grano senza girarsi verso Laura. «È andata da quella parte.»

Quando Laura la raggiunse, notò anche lei l'erba schiacciata che segnava un percorso verso il campo.

Perché Mia aveva lasciato il sentiero in quel punto? Perché era corsa nel campo?

Non ebbe tempo di rifletterci, perché Su si era rimessa in cammino. Seguiva la traccia lasciata forse da Mia, ma che avrebbe potuto benissimo essere anche di un animale o di qualcun altro.

Laura fece qualche respiro profondo, per riprendere fiato, quindi si inoltrò anche lei nel campo di grano. Fatti pochi passi comprese come mai il contadino non avesse ancora mietuto le spighe. Gli steli erano marci, cosparsi di chiazze di muffa e le spighe erano avvizzite. La pioggia delle ultime settimane aveva trasformato il terreno in un acquitrino. A ogni passo si sentiva una specie di schiocco e più si inoltravano nel campo, più aumentava l'odore di marcio.

Laura si teneva la mano davanti alla bocca e si dava da fare per seguire Su che camminava chiamando per nome la figlia. Ma a parte la voce di Su e il rumore dei loro passi, tutt'intorno regnava il silenzio. Laura notò che non si sentiva neppure il canto degli uccelli né quello di solito onnipresente dei grilli che popolavano in abbondanza pascoli e campi. C'era solo il frusciare delle spighe, come un bisbiglio sinistro.

Seguirono la scia tra le spighe che proseguiva in salita fino ai margini del campo. Davanti a loro si apriva un vasto campo mietuto per metà. A poca distanza da loro c'era un trattore con attaccata una trebbiatrice. A Laura tornò in mente di essere stata accecata da un lampo lì sulla collina. Era il parabrezza del trattore.

«Accidenti!» esclamò Su, guardandosi intorno con il fiato corto. «Dove può essere scappata?»

«Di sicuro non è passata nell'erba» disse Laura indicando il terreno non mietuto dove non si vedeva alcuna traccia di passaggio. «Forse avrà continuato lungo il margine del campo fino al paese.»

«Se non altro non è andata nel bosco» mormorò Su, quasi parlando tra sé. Poi si girò, si schermò gli occhi con la mano e scrutò in lontananza.

Laura si avvicinò al trattore.

Perché era stato lasciato lì? Il suo proprietario non lo aveva usato per tornare in paese una volta finito il lavoro?

Pensò alle due figure che le sembrava di aver visto prima. Forse c'era qualcuno nei dintorni?

Chiamò più volte «C'è nessuno?» e, non ottenendo risposta, salì sul mezzo. C'era qualcosa di sospetto.

Accanto al sedile di guida vide un cestino con un thermos, un bicchiere di plastica e un contenitore ermetico con dentro un panino al salame. Se questo non fosse bastato, c'era anche un berretto blu nell'erba sull'altro lato del trattore.

Laura scese di nuovo e raccolse il copricapo. Era bagnato. Lì intorno erano riconoscibili alcune impronte nell'erba e un solco arrotondato sul terreno umido.

Una carriola, pensò. Era ciò che le due figure stavano spingendo.

La traccia si allontanava dal trattore e si perdeva all'estremità opposta del prato. Era un solco profondo, come se qualcuno avesse portato un oggetto pesante verso il paese.

In quel momento udì il grido di Su. Si voltò spaventata e vide la sorella correrle incontro dal campo. Teneva qualcosa premuto al petto.

Era la giacca a vento rossa di Mia.

Laura lasciò cadere il berretto e raggiunse Su.

«Dove l'hai trovata?»

Su era cerea in volto. Scossa dai brividi, indicò con il mento i margini del campo continuando a stringere la giacca a vento.

«Laggiù.» Mostrò poi l'indumento a Laura indicando la parte anteriore. «È sporca di sangue!»

La macchia era quasi invisibile sulla stoffa rossa, ma a guardare meglio, sembrava che Mia si fosse ferita e si fosse asciugata strofinandosi il sangue sul petto.

Su si mise a singhiozzare guardando con occhi sgranati le spighe di grano che ondeggiavano mormorando piano nella brezza afosa di mezzogiorno.

«In due non riusciremo a trovarla» disse Laura.

«Dobbiamo andare subito in paese a chiamare aiuto. Credi di farcela?»

Su annuì e si asciugò le lacrime avvicinando la guancia alla spalla per non lasciare la giacca di Mia. «Che cosa sta succedendo qui, in nome di Dio?»

«Non lo so» rispose Laura guardandosi intorno. Le sembrava di aver sentito un risolino in mezzo al fruscio del campo.

Il paese era più lontano di quanto Laura avesse calcolato. Del resto non aveva mai percorso quel tragitto a piedi. Da bambina lei e i genitori andavano a fare la spesa in paese in macchina, o qualche volta in bicicletta.

Finalmente giunsero in vista del campanile della chiesa e quando superarono la collina, davanti a loro apparvero anche i tetti del paese che si dispiegavano a ventaglio dalla piazza principale con l'hotel e il supermercato.

Giunte abbastanza vicino all'abitato, Laura tirò fuori il cellulare e controllò la ricezione. Nessun segnale. Nemmeno una esile tacca come quella mattina in cima alla collina.

Nel frattempo il sole si era spostato verso occidente. Dal lago era arrivato un fronte nuvoloso sempre più minaccioso e il vento più forte portava con sé l'odore umido di pioggia.

Accelerarono il passo, tenendo d'occhio il loro obiettivo, ma quando raggiunsero la piazza del paese, la trovarono deserta e silenziosa. Dapprincipio Laura pensò che fosse solo una sua impressione, che l'inquietudine le facesse credere di essere in una città fantasma. C'erano pur sempre delle auto parcheggiate davanti alle case, un impianto di irrigazione automatico era in funzione in uno dei giardini e un cartellone davanti al piccolo supermercato pubblicizzava *Pomodori appena raccolti* e *carne macinata della zona.*

L'unico essere vivente che incontrarono, tuttavia, fu un gatto che le guardò diffidente passando davanti a loro per poi allontanarsi di corsa.

Laura si fermò in mezzo alla piazza e si guardò intorno con la fronte aggrottata.

«Che strano. Dove sono finiti tutti?»

Su si strinse a lei. Come un bambino che cerca la protezione della madre.

«Salve!» esclamò Laura a voce alta. «C'è nessuno? Abbiamo bisogno di aiuto!»

Nessuna risposta. In lontananza si udì il richiamo di un rapace tra le montagne, ma nient'altro. Nessuna macchina, nessuna radio o televisione, e nemmeno una voce.

Niente.

Come se gli abitanti se ne fossero andati dal paese.

Laura controllò di nuovo il cellulare – invano. Poi si incamminò decisa verso la prima casa davanti alla quale era parcheggiata un'auto e suonò il campanello.

Vedendo che nessuno le apriva, entrò nel giardino e spiò da una delle finestre. Vide un salotto con un divano di pelle marrone, un tavolino di vetro e due poltrone. Al muro era appeso un televisore a schermo piatto, intorno diverse fotografie incorniciate.

Laura bussò sul vetro, senza ottenere risposta. Stava per girarsi, quando colse qualcosa sotto il tavolo. A causa del riflesso sul vetro non riuscì subito a riconoscere che cosa fosse, ma cambiando posizione, si accorse che era una fruttiera. Era caduta sul tappeto e si era rotta in due parti. In mezzo c'erano diverse mele.

Questo sì che era *molto* strano. Inquietante. Come prima il berretto nell'erba.

«Sono in casa?»

Laura si voltò di scatto. Su era accanto alla staccionata e indicava la vasca della sabbia.

«Ieri qui ho visto un uomo e due bambini. Due gemelli.»

La sua voce era stranamente apatica, come se fosse sotto shock. Aveva la fronte imperlata di sudore e gli occhi sbarrati e inespressivi.

«No, sembra che non ci sia nessuno in casa» rispose Laura. Non fece parola della fruttiera rotta.

«Proviamo a dare un'occhiata al supermercato, allora.» Su indicò con la testa verso sinistra. Si muoveva con una strana rigidità, continuando a stringere saldamente la giacca della figlia. «È aperto. Il tabellone è fuori. Boris deve essere dentro. Se non c'è lui, ci sarà sua moglie.»

Laura aveva un brutto presentimento. Qualcosa le diceva che non era una buona idea entrare nel supermercato. Non sapeva spiegarsi perché. Sentiva soltanto che la cosa migliore sarebbe stata andarsene dal paese il prima possibile.

Prima però dobbiamo chiamare aiuto, pensò. Non si poteva fare altro.

«Ce l'hai ancora il coltello?»

Su annuì e tirò fuori la mano da sotto la giacca di Mia. La lama scintillò catturando la luce del sole pomeridiano.

«Bene» disse Laura, «allora andiamo a vedere se c'è Boris. In ogni caso ci sarà sicuramente un telefono.»

Attraversarono la piazza ed entrarono nel piccolo supermercato. Stavolta era Laura ad andare per prima. Su le trotterellava dietro, muovendosi in maniera spaventosamente simile alla figlia. Come se fosse sonnambula.

Erano quasi arrivate, quando Su si bloccò di scatto.

«Credo che sia morta, Laura» disse. Era una semplice constatazione, senza ombra di emozione.

Laura la guardò stupita. «Che cosa dici? È assurdo! Mia è scappata, tutto qua. La troveremo.»

«Non la sento più» replicò Su con distacco. «È come se fosse improvvisamente scomparsa.»

«Troveremo Mia» ripeté Laura lentamente, scandendo ogni sillaba. «Ora smettila di dire certe scemenze e vieni con me!»

Proseguirono verso l'ingresso del supermercato, davanti al quale erano parcheggiate tre auto. La porta era aperta, ma quando Laura entrò, si accorse subito che le luci erano spente. Gli scaffali erano nella penombra e non si vedeva nessuno.

«Salve! C'è qualcuno?»

Nel silenzio assoluto, interrotto solo dal ronzio dei frigoriferi, la sua voce risuonò nitida e squillante. Di sicuro se c'era qualcuno, l'aveva sentita.

Per sicurezza chiamò di nuovo: «Salve!»

Niente.

Si incamminò lungo gli scaffali guardandosi intorno e Su la seguì in silenzio.

Dove sono tutti? pensò. Non è possibile.

Ma era così. Anche nel supermercato non c'era nessun altro a parte loro due.

Raggiunto l'ultimo corridoio con i detersivi, Laura girò verso la cassa. Fatti cinque passi, udì una musica improvvisa e una voce maschile che domandava: «Stufa di grattare via lo sporco incrostato dalle pentole?»

Fece un balzo di lato lanciando un grido e andò a sbattere contro una parete di carta igienica. Anche Su cacciò un urlo e brandì il coltello davanti a sé con entrambe le mani. La voce proseguì imperterrita.

«D'ora in poi, potrai dire finalmente basta» annunciò da un piccolo altoparlante collegato a un sensore di movimento. Sul monitor lì accanto l'immagine di una massaia felice che buttava i guanti da cucina nel bidone della spazzatura con un sorriso smagliante.

«Merda!» esclamò Laura. «Ho rischiato l'infarto.»

Su abbassò il coltello e raggiunse Laura. Insieme proseguirono verso la cassa.

Dietro il banco c'era una porta che a Laura sembrava molto promettente. In effetti conduceva a un piccolo corridoio adibito a ufficio utilizzato anche come sgabuzzino. In fondo una scala portava al piano di sopra.

Laura cercò un telefono nello stanzino, senza trovarlo. Vide invece una biro caduta a terra accanto alla scrivania ingombra di carte e dépliant. Si avvicinò al tavolo e sollevò le carte. Forse il telefono era solo nascosto?

Invece non c'era proprio. Laura scrollò il capo interdetta. *Nessuna rete, nessuna connessione, niente telefono. Ma qui vivete proprio su un altro pianeta?*

Il suo sguardo si soffermò poi su un blocco per appunti sul quale qualcuno aveva scritto delle parole. Un elenco della spesa, si disse, leggendolo.

Si bloccò all'ultimo articolo.

Carta sta, c'era scritto.

Carta stagnola, pensò, guardando poi la penna sul pavimento. Perché non hai finito di scrivere?

«Proviamo a dare un'occhiata all'appartamento di sopra» disse Su. «Lì avranno di certo un telefono.»

Aveva parlato sottovoce e improvvisamente anche Laura ebbe la sensazione che non dovessero farsi scoprire. Una telefonata e poi via di qui, le consigliò l'istinto.

Mentre si avvicinava alle scale, Laura si guardava intorno alla ricerca di qualcosa da usare per difendersi in caso di necessità. Su almeno aveva il coltello. Ma gli scaffali nello sgabuzzino contenevano solo detersivi, carta igienica, carta da cucina e ogni genere di cibi in scatola.

Deglutì nervosa, strinse i pugni e cominciò a salire. Su le era subito dietro. Prima ancora di raggiungere l'ultimo gradino, lo videro.

Laura rimase paralizzata per un tempo infinito.

«Oddio!» esclamò Su alle sue spalle, brandendo di nuovo il coltello.

Era evidente che nell'appartamento degli Schumann c'era stata una colluttazione. Oltre le porte spalancate di salotto e cucina videro sedie rovesciate e una tavola apparecchiata spinta in un angolo della stanza. La passatoia sul pavimento era mezzo arrotolata. Il pavimento era cosparso di oggetti di ogni genere: libri, una ciotola portachiavi, scarpe...

A pochi passi da loro c'era un camion dei pompieri giocattolo insanguinato. Nella cabina di plastica si vedeva la figura di un vigile del fuoco sorridente. Accanto giaceva un bricco da caffè di metallo, anch'esso insanguinato. C'era del sangue pure sulla vetrina rotta della credenza in salotto: sembrava che qualcuno ci fosse stato spinto contro e si fosse tagliato le mani e anche il viso nel tentativo di attutire la caduta.

Lo sguardo di Laura si fissò su qualcosa, ma impiegò un istante a comprendere ciò che la sua ragione voleva comunicarle.

Un telefono!

Sbattuto per terra il cordless spiccava come un osso bianco accanto a un tavolino basso rovesciato. Si avvicinò cauta, scansò le schegge di vetro e le macchie di sangue sul pavimento di laminato e scavalcò una cornice infranta: conteneva una foto di famiglia, che ritraeva una coppia con i tre biondi figli.

Laura raccolse cauta il telefono dal mucchio di schegge di vetro insanguinate. Solo allora si accorse di essere scossa da un violento tremore. Faticava a schiacciare i tasti, ma alla fine riuscì a comporre le tre cifre del numero di emergenza e a pigiare il tasto di chiamata.

Siccome non succedeva niente, provò una seconda volta.

Invano.

Nessun segnale di libero, nessun segnale, niente.

«Laura!»

La voce di Su proveniva dalla cucina. Quando Laura la raggiunse, la trovò accanto ai fornelli con la mano premuta sulla bocca. Fissava con gli occhi sgranati la ragazza riversa in una pozza di sangue. Dalla schiena coperta da una maglietta, un tempo bianca e ora rossa di sangue, spuntavano diversi coltelli da cucina, un forchettone da carne e un trinciapollo.

Era la figlia maggiore degli Schumann, la ragazza con lo sguardo serio sulla foto di famiglia. I suoi occhi senza vita fissavano ora la mannaia che stringeva nella mano destra.

Laura si sentì mancare. Le pulsava la testa e aveva l'impressione che la sua mente fosse avvolta da uno spesso strato di ovatta.

«Dobbiamo andarcene da qui» furono le prime parole che pronunciò.

«Hai trovato un telefono?» chiese Su, girando la testa da una parte per non vedere più la ragazza morta per terra.

«Sì, ma non funziona.»

«Dobbiamo chiamare la polizia» disse Su, massaggiandosi il viso sgomenta. «Boris ha altri due figli. Forse loro si sono salvati. Ma se l'assassino fosse ancora qui, allora... mio Dio, spero tanto che Mia non sia finita nelle sue mani! Forse è per questo che ho questa brutta sensazione che sia...»

Le ultime parole si persero in un singhiozzo. Laura si avvicinò e le cinse le spalle.

«Non c'è nessuno qui» disse. «Le altre stanze sono vuote e non credo che...»

Un lieve tintinnio metallico in fondo al corridoio le fece voltare di scatto in preda al panico.

«Che cos'è stato?» bisbigliò Su.

Laura scrollò bruscamente le spalle. Poi fissarono entrambe il punto da cui era giunto il rumore, una porta chiusa all'estremità sinistra del corridoio.

«Hai guardato anche lì dentro?» bisbigliò Su alzando di nuovo il coltello davanti a sé, pronta a difendersi.

«No» mormorò Laura afferrando una padella di ghisa che era appesa al muro accanto ai fornelli.

«Salendo non avevo fatto caso a quella porta.»

Di nuovo quel rumore. Era una specie di fruscio metallico, che smise subito dopo.

Laura strinse più forte il manico della padella. Le pesava tra le mani, non sarebbe riuscita a tramortire un uomo come Boris Schumann. Ammesso che per qualche motivo fosse stato lui ad aver massacrato la famiglia in un raptus di follia, non lo avrebbero fermato né una pesante padella né un coltello.

«Presto, dobbiamo andarcene da qui!» sibilò Laura, ma Su la trattenne.

«E se fosse uno dei bambini?»

«Può darsi. E se invece fosse *lui*?»

Su scrollò il capo. «Ci avrebbe aggredite da tempo.»

Per la terza volta si sentì il fruscio dietro la porta in fondo al corridoio. Su fece segno a Laura di seguirla e si incamminò cauta.

Raggiunsero in silenzio la porta, dietro la quale si udiva di nuovo quello strano rumore, stavolta più lieve.

Su scambiò un'occhiata con la sorella e afferrò la maniglia. Laura fece un profondo respiro, poi annuì e Su spalancò la porta.

Trattennero il fiato alla vista della vasca da bagno. Il bordo era insanguinato, come se ci fosse stata sbattuta contro la testa di qualcuno. Sulle piastrelle del pavimento erano sparsi trucchi e un flacone di deodorante spray che si muoveva avanti e indietro sospinto dalla corrente d'aria che proveniva dalla finestra aperta. Il rumore era provocato dalla finestra che sbatteva ritmicamente contro il muro.

Laura singhiozzò. Guardò la vasca, poi Su: aveva la fronte madida di sudore e le tremavano le mani con cui stringeva il coltello. Si rivolsero un cenno d'assenso e si avvicinarono alla vasca, pronte a colpire, Su con il coltello e Laura con la padella.

La vasca era vuota e non c'era nessuno nemmeno dietro la tenda della doccia. A parte la ragazza morta in cucina, l'appartamento era vuoto.

Laura guardò la finestra. C'era una scia di sangue che arrivava fin lì lungo il pavimento. Lo stipite era impiastricciato di impronte insanguinate, come se qualcuno ci si fosse aggrappato.

Sbirciò cauta di fuori e vide la tettoia di un capanno e il cortile posteriore. Le parve di riconoscere anche lì tracce di sangue, come se qualcuno si fosse calato dalla finestra sulla tettoia.

Qualcuno che abbiamo sorpreso prima.

Si voltò e fece segno a Su di seguirla.

Tornata in corridoio, frugò nel contenuto della ciotola portachiavi sparso per terra. Alla fine raccolse con un gesto trionfante le chiavi di un'automobile.

«E adesso scappiamo! Andremo al paese più vicino a chiedere aiuto. Prima sarà, meglio sarà per Mia.»

Su non si oppose. Anche lei sembrava essersi convinta che fosse l'unica possibilità per ritrovare la figlia. Qualunque cosa fosse successa nel paese, loro due non potevano intervenire.

Mentre tornavano verso le scale, Laura si accorse che la sorella gettava un'altra occhiata al camioncino dei pompieri. Doveva essere appartenuto al figlio della coppia. Laura sperava ardentemente che lui e la sorella si fossero salvati. Forse erano stati loro a calarsi dalla finestra del bagno. Forse avevano scambiato lei e Su per l'assassino, tornato dentro casa.

E la moglie? Era scappata anche lei? Attraverso la finestrella del bagno? Improbabile. La testa di Laura pulsava in maniera micidiale. Quando uscirono dal supermercato, fu assalita da un'ondata di nausea. Si appoggiò al tabellone per soffocare un conato. Lesse le parole *carne macinata locale* e vide davanti a sé la giovane riversa nel proprio sangue al piano di sopra, con la mannaia stretta in mano. Poi vomitò. Su le andò vicino e la sorresse da dietro.

«Scusa» disse Laura, pulendosi la bocca con la manica della giacca. «Vorrei essere forte, ma...»

«Sei forte» le disse Su, scostandole i capelli dal viso. Tremava anche lei. «Siamo forti entrambe. E adesso andiamo a chiamare i soccorsi.»

Sorrise coraggiosa. Voleva essere rincuorante, forse persino incoraggiante, ma non riuscì a mascherare la disperazione del proprio sguardo.

Laura annuì riconoscente. Poi si girò verso le tre auto ferme nel parcheggio e azionò il telecomando. Le luci di un'Audi argento, con l'adesivo che promuoveva l'acquisto di prodotti locali sul parabrezza, si accesero.

«Andiamo!» disse Laura correndo verso la macchina.

Finalmente! Se ne sarebbero andate da lì. Sarebbero tornate indietro sulla strada del valico e avrebbero avvisato la polizia dalla stazione di servizio. Avrebbero mandato una squadra che avrebbe ritrovato Mia. E avrebbero scoperto che cosa stava succedendo in paese. Avrebbero...

«Mamma!»

Le due sorelle si voltarono di scatto e guardarono all'estremità opposta della piazza, dove videro una bambina che gesticolava verso di loro.

«Mia!» esclamò Su. «Quella è Mia!»

Laura era allibita. Sì, era proprio Mia. Non le era accaduto niente. Stava bene. Anzi, sembrava trasfigurata. Niente faccia lunga, niente posa rigida, era tornata la bambina vivace di sempre. Le salutò con la mano e sorrise loro, come aveva fatto qualche giorno prima al parco giochi.

Su partì di corsa. Mia agitò la mano ancora una volta, poi scomparve dietro l'angolo di una casa. Su la seguì chiamandola per nome.

«Mia! Aspetta! Dove vai?»

Quindi scomparve anche lei in una stradina laterale.

Laura si limitò a seguirle con lo sguardo, dentro di lei stava succedendo qualcosa. La nausea tornò ad assalirla e di colpo le girò la testa. Barcollò verso l'auto, premendosi le mani sulle tempie. La testa sembrava scoppiarle. Una scena raccapricciante la investì come un'improvvisa marea. Era come se qualcuno avesse aperto un sipario, scoprendo l'orrore che fino a quel momento le era rimasto celato.

Il bambino.

Era lui a mostrarglielo.

Immagini più agghiaccianti di tutto quanto le avesse fatto vedere prima.

Voleva rincorrere Su, ma era paralizzata. Aveva le ginocchia molli, le gambe le tremavano e non volevano ubbidirle. Anche stare in piedi le richiedeva una enorme fatica. Quando si incamminò nonostante tutto, fu assalita da violenti crampi al basso ventre.

Era come se tutto in lei si ribellasse al suo tentativo di seguire Su.

Lui non vuole che le corra dietro.

Stai lontana da lei, sentì dire da una voce nella sua testa. *Stai lontana da lei!*

Laura cercò di ignorarla. Chiamò a gran voce Su e cominciò ad attraversare la piazza con l'andatura barcollante di un ubriaco, mentre la voce dentro la sua testa ripeteva il suo avvertimento: *Stai lontana da lei!*

Il bambino gridava dentro di lei e una nuova ondata di dolore la investì. Lei non si fermò. Temeva di perdere il senno – anzi, forse era già successo –, ma temeva ancora di più ciò che sarebbe successo a Su se non l'avesse seguita.

Perché Mia era scappata da sua madre? Perché non era andata da lei?

La risposta era semplice e spaventosa nello stesso tempo. *Perché vuole allontanarla da me! Perché è una dei bambini che hanno scavalcato la finestra del bagno insanguinata. E no, non sono scappati da noi, ci hanno teso una trappola!*

Finalmente riuscì ad arrivare dall'altra parte del piazzale. Gettò un'occhiata alla stradina, in fondo alla quale Mia si era fermata davanti a una piccola fontana. Teneva le braccia spalancate, per accogliere sua madre che le correva incontro a sua volta a braccia aperte.

Laura voleva avvisare la sorella, ma dalla sua gola uscì solo un suono strozzato.

Su non si girò. Aveva occhi soltanto per la figlia. Quando la raggiunse, cadde in ginocchio e l'abbracciò.

Laura continuò a trascinarsi verso di loro. A ogni passo temeva di cadere, mentre fitte lancinanti le attanagliavano l'addome. Il bambino voleva impedirle con tutte le sue forze di avvicinarsi di un altro passo a Su e Mia.

Alla fine ebbe la meglio. Laura crollò. Piegò le ginocchia, si lasciò andare e rimase seduta sui talloni, inerme.

Mia le sorrise da sopra la spalla di sua madre. Laura vide che Su piangeva di sollievo. Non si accorse che Mia tastava il terreno accanto a sé, scansava la giacca a vento che Su aveva lasciato cadere e afferrava il coltello. Il coltello affilato che il nonno a suo tempo usava per eviscerare i pesci pescati nel lago. Il coltello con cui Mia aveva tagliato le gomme dell'auto, per impedire loro di andarsene da lì.

Laura gridò come un animale ferito, ma accadde tutto troppo in fretta. Su era troppo sorpresa per difendersi. Prima che si rendesse conto di quello che succedeva, la lama saettò nell'aria.

Una volta.

Due.

Tre.

La quarta volta la lama rimase conficcata nel collo di Su. Mia indietreggiò, il viso e il corpo imbrattati del sangue di sua madre.

Su ricadde all'indietro con un rantolo, agitando le mani nel tentativo di afferrare il manico del coltello. Sembrava volerselo sfilare dal collo. Dal punto in cui Mia, quando era piccola, posava tanto volentieri la testolina circondata di boccoli.

Su stramazzò sull'asfalto, il viso contratto rivolto a Laura. Aprì e richiuse la bocca ancora una volta. Poi il suo sguardo si spense. Le mani, sempre strette intorno al manico del coltello, si rilassarono.

Mia era in piedi accanto alla madre morta e fissava Laura con occhi maligni.

Laura raccolse le forze e strisciò verso di lei. Verso la creatura che le stava davanti e sogghignava. Il mostro che aveva ucciso sua sorella. La sua stessa madre! Voleva uccidere quel piccolo demonio. Se necessario, a mani nude. Fosse anche stata l'ultima cosa che avrebbe fatto in vita sua.

«Tu... tu...» ansimò.

Mia piegò la testa di lato e la guardò con aria interrogativa.

«Sì? Che cosa vuoi da me? Vuoi forse...»

Non disse altro. In quel momento, mentre avanzava di un passo verso Laura, risuonò uno sparo e dalla sua nuca si levò una nuvola di sangue e schegge di osso. Mia fu sollevata da terra e ricadde bocconi.

Laura rimase a fissare sgomenta la bambina morta a un passo da lei. Anche da morta, sembrava che la guardasse.

«Vattene da lì!» gridò una voce maschile. «Vieni verso di me! Presto!»

Laura riconobbe la voce. Girò la testa e vide Bernhard Jacobs, in piedi all'interno di un portone con il fucile da caccia spianato.

«Sbrigati!» la esortò. «Presto! Presto! Se arrivano gli altri, sarà troppo tardi!»

Laura si sollevò a fatica, sforzandosi di non soccombere a un altro capogiro, e barcollò verso il vecchio che le andò incontro di qualche passo. Teneva sempre il fucile imbracciato e scrutava da una parte all'altra del vicolo.

«Appoggiati a me» le ordinò e Laura ubbidì.

Jacobs spostò il fucile nella mano destra mentre con la sinistra afferrava Laura, la trascinava dentro casa e la faceva appoggiare al muro in corridoio.

«Ce la fai a reggerti in piedi da sola? Devo lasciarti.»

Lei annuì debolmente e si appoggiò al muro con la schiena ed entrambe le mani.

Jacobs si affrettò a sprangare la porta e a bloccarla con un vecchio comò che le spinse contro ansimando.

«Questo li terrà fuori ancora per un po'» boccheggiò.

Si sfilò il fucile che teneva a tracolla e lo appoggiò al muro accanto a una finestra chiusa con assi inchiodate. Nella penombra del corridoio, Laura vide qualcosa a terra sotto la finestra. Un fagotto a cui era stata gettata sopra una coperta di lana. Da sotto spuntava un rivolo di sangue ormai asciutto sulle assi del pavimento.

Due, pensò annichilita. Ne ha ammazzati due.

Forse di più.

Di colpo le sembrò che il pavimento sotto i suoi piedi si muovesse e la stanza intorno a lei sparisse. Fece ancora in tempo ad accorgersi che scivolava per terra. Poi sprofondò in un grande buco nero.

Quando Laura riprese i sensi, si trovò sdraiata su un divano. Batté le palpebre confusa e si guardò intorno. Conosceva quel salotto, anche se erano passati molti anni dall'ultima volta che ci era stata – con suo padre, quando erano andati a trovare Bernhard Jacobs per comprare da lui della selvaggina fresca.

«Ah, sei sveglia» disse Jacobs, chinandosi verso di lei dalla poltrona dove stava seduto.

L'ultima volta che lo aveva visto al funerale della madre, le era apparso ancora vigoroso. Ora invece sembrava fragile. Aveva i capelli tutti bianchi, come la barba, e gli occhi acquosi erano contornati da profonde occhiaie.

«Va mcglio?» si informò.

Lei fece un cenno affermativo, si sollevò e tolse le gambe dalla montagna di cuscini su cui gliele aveva posate il vecchio per ristabilire la circolazione.

Le porse una tazza fumante. «Camomilla. Purtroppo non mi è rimasto altro in casa.»

«Grazie» disse lei, poi cominciò a tremare, a mano a mano che i ricordi riaffioravano alla sua memoria. «Mia... la bambina... è stato lei...»

Lui le porse cauto la tazza, quindi annuì serio. «Non avevo altra scelta.»

Laura lo guardò in silenzio per un po'. Non riusciva ancora a capire bene che cosa fosse successo prima.

«Che cosa significa tutto questo?»

Jacobs si strinse nelle spalle. «Non saprei. Più ci penso e più mi convinco di essere finito in un incubo dal quale non mi sveglierò mai più.»

Laura annuì. «Per me è lo stesso.»

Sorseggiò cauta l'infuso, poi ne bevve una lunga sorsata. Per un istante rimasero seduti in silenzio. Solo il ticchettio di una vecchia pendola riempiva la stanza. Dopo un po' Laura guardò verso la porta d'ingresso, sempre bloccata dal pesante comò. Il fucile non era più accanto alla finestra. Adesso era appoggiato alla poltrona di Jacobs.

Il vecchio aveva seguito il suo sguardo. «Non sono ancora arrivati» disse. «In tutta sincerità non mi piace. Di solito, arrivavano subito. Temo che stiano escogitando un piano per riuscire a entrare.»

«Siamo al sicuro qui?»

Lui piegò la testa. «È una vecchia casa. Prima o poi riusciranno a entrare, temo. In tutte le altre ce l'hanno fatta.»

«In tutte le altre?» Laura posò la tazza sul tavolino basso e guardò Bernhard Jacobs con aria interrogativa. «Che cosa sta succedendo?»

Il vecchio tirò fuori una boccetta dalla tasca del gilet e la stappò. Gli tremavano le dita e Laura era convinta che non fosse semplicemente il tremito di un vecchio.

«È cominciato ieri notte» disse, bevendo una lunga sorsata, poi porse la fiaschetta a Laura, che rifiutò con un cenno del capo.

«Dormivo già, quando sono stato svegliato da alcune urla» proseguì, posandosi in grembo la mano che stringeva la boccetta. «Era una donna che abita a tre case da qui. All'inizio ho pensato che stesse litigando con il marito, sono cose che succedono. Poi però l'ho vista dalla finestra. Correva su e giù, gridando, sembrava che avesse perso il senno. Perdeva sangue dal naso, come se avesse sbattuto o fosse stata presa a pugni. Pensai che il marito l'avesse picchiata. E dopo li ho visti! Tre di quei mocciosi, che la rincorrevano. Ridevano ed esultavano, quindi è arrivato un quarto. Lo conoscevo. Era il figlio del postino. Un bambino ubbidiente e tranquillo. L'ho visto conficcare un coltello nel petto della donna.»

Jacobs aveva gli occhi lucidi e dovette bere un altro sorso, prima di riuscire a proseguire.

«Dopo un po' ho cominciato a sentire grida dappertutto. Il mio dirimpettaio, Stefan... lo hanno buttato giù dalla finestra. I suoi stessi figli! Non era morto, era solo tramortito. Poi sono arrivati altri due e lo hanno finito. A colpi di forcone.»

Laura deglutì: «Nessuno ha cercato di fermarli?»

Lui si strinse nelle spalle. «Forse, chi può saperlo? Credo però che nessuno ci sia riuscito. Voglio dire, sono bambini. Qualunque cosa facciano, restano pur sempre bambini. Chi può immaginare che cosa siano in grado di fare? E quando attaccano qualcuno, è già troppo tardi.»

Abbassò lo sguardo e fece un sospiro sofferto. Fece cenno con la mano tremante alla finestra in corridoio, quasi a indicare nello stesso tempo Mia e il corpo sotto la coperta.

«Il piccolo, lì» disse sottovoce, «si chiamava Philipp. Avrà avuto sei o sette anni al massimo. Ha rotto il vetro della finestra e ha cercato di colpirmi con una mannaia. Era il figlio del macellaio che ha il negozio sulla piazza del paese. L'anno scorso, quando il mio cane era ancora vivo, passava di qui regolarmente a portarmi degli avanzi. Era affezionato a quel cagnaccio, e anche noi andavamo d'amore e d'accordo e adesso voleva *uccidermi*. Di punto in bianco. E non sarei stato il primo. La mannaia grondava sangue. Ho dovuto... spararagli, altrimenti...»

Si nascose il viso tra le mani singhiozzando disperato. Laura si sporse in avanti e gli strinse il braccio. La vista del vecchio in lacrime le spezzava il cuore.

«Secondo lei ci sono altri sopravvissuti, a parte noi?»

Il vecchio scosse la testa e le lacrime gli gocciolarono in grembo.

«Ho visto solo morti» disse con voce arrochita. «Non sono riuscito ad aiutare nessuno. Sono soltanto un povero vecchio.»

Laura gli strinse le mani nodose. «Ha salvato me.»

«Gli altri no, però. Sono stato troppo vigliacco. Quando ho visto quei mostri trasportare i cadaveri fuori dalle case, mi sono barricato qua dentro. Li ho visti portare via i morti dalla finestra. Uno di loro era Frank, il mio vicino, che conoscevo dai tempi della scuola. Gli avevano fracassato il cranio e lo avevano messo sulla sua stessa carriola per portarlo via. È stato... orribile!»

Laura pensò alle due sagome con la carriola che aveva visto nel campo. E alle parole del ragazzino nel suo sogno la notte precedente.

È arrivato il momento.

Vide il telefono su un mobile accanto alla credenza in salotto. Un vecchio apparecchio a disco. «Ha provato a chiamare aiuto?»

«Certo» rispose Jacobs sbuffando di collera. «Il telefono però non funziona. Credo che abbiano distrutto la centralina.»

Si passò la manica sul viso e bevve un altro sorso dalla boccetta. «Non sono potuto scappare perché la mia macchina è in officina da due giorni. È a cinque strade da qui, ma è come se fosse sulla luna. I bambini mi impedirebbero di raggiungerla.»

«Io ho un'auto» disse Laura. «È qui vicino, nel parcheggio di Schumann. Potremmo correre fin lì e poi scappare.»

Lui la guardò con un lampo di speranza negli occhi.

«Non cammino più tanto bene» obiettò.

«Però ha quello», osservò Laura indicando il fucile accanto alla poltrona. «E i bambini adesso sanno che cosa è in grado di fare. Per questo l'hanno lasciata in pace.»

«Forse.» Osservò il fucile e annuì pensieroso. «Il problema è che mi è rimasto un solo colpo. Tengo le munizioni su alla casa del guardaboschi. Come avrei potuto immaginare che un giorno ne avrei avuto bisogno per difendermi?»

«I bambini però non sanno che ha finito le munizioni» obiettò Laura. Voleva andarsene da lì, finché era ancora possibile, e non voleva lasciarlo solo. «Dopo quello che è successo, basterà che lei li minacci. Come ha detto, sono pur sempre bambini. Si spaventeranno.»

«Sì, hai ragione» rispose il vecchio con espressione truce. «Di sicuro è sempre meglio che restare qui seduti ad aspettare.»

Si alzò dalla poltrona e si avvicinò a uno stipo di quercia. Tirò fuori un mazzo di chiavi dalla tasca dei calzoni e aprì l'anta. Quando tornò da Laura, teneva in mano una pistola.

«Ecco, apparteneva a mio padre» disse porgendogliela. «Funziona ancora perfettamente.»

Laura guardò l'arma. «Ma io non posso...»

«Certo che puoi, ragazza. Non è adatta a te, ma ti servirà per guadagnarti rispetto, se il gioco si facesse duro. Hai soltanto due colpi in canna, ma ne hai già uno più di me, ed è sempre meglio di niente.»

«Non ho mai sparato in vita mia.»

«Non preoccuparti. Toglierò la sicura per te prima di

uscire.» Le mise in mano la pistola. Era più pesante di quanto immaginasse e Laura sentì l'odore di lubrificante.

«Dovrai solo tenerla ben ferma e premere il grilletto» le spiegò. «È molto semplice. Non starci a pensare su troppo e fallo quando è necessario. Loro non ti lasceranno una seconda possibilità.»

Laura osservò l'arma, chiedendosi se sarebbe stata veramente in grado di utilizzarla in caso di necessità. L'idea di sparare a un bambino le sembrava assurda. Sperava di non doversi trovare di fronte a questa decisione.

«Bene, credo che siamo pronti per uscire» annunciò infine Jacobs. «Fuori si è scatenato un temporale e, potendo scegliere, non vorrei trascorrere un'altra notte qui.»

«Sì» confermò lei alzandosi. «Non c'è più tempo da perdere.»

Bernhard Jacobs si caricò in spalla il fucile. Guardò Laura e le rivolse un sorriso intenerito.

«Purtroppo non hai potuto conoscere mia moglie» disse pieno di malinconia. «Karolin era una brava donna. Tutte le volte che andavo a caccia mi diceva che dovevo badare a me stesso. Già, credo che se ci vedesse oggi, lo direbbe a entrambi. Quindi bada a te stessa, ragazza.»

«Lo farò.»

«Bene. Allora andiamo.»

Laura seguì il vecchio in corridoio. Lo aiutò a spostare il comò da davanti alla porta, cercando di non guardare il misero fagotto ai piedi della finestra tappata. Alla fine Bernhard estrasse di nuovo il mazzo di chiavi e la guardò serio.

«Pronta?»

Lei non riuscì a parlare. Aveva la gola stretta da un nodo.

Jacobs annuì.

Poi aprì la porta.

*

Usciti sul marciapiede, per prima cosa Bernhard Jacobs tolse la sicura alla pistola.

«Tienila puntata verso terra e tocca il grilletto solo quando devi sparare» mormorò.

Quindi imbracciò il fucile e si incamminò lentamente.

Laura lo seguì.

Il vicolo era deserto. Gli unici rumori erano il fruscio delle foglie autunnali soffiate sull'acciottolato, il gorgogliare della fontana e il rombo lontano del temporale che si stava avvicinando.

Laura si guardò intorno con il cuore che le batteva forte in gola. Più agghiacciante ancora della paura di ciò che li minacciava era la vista dei due cadaveri, a pochi metri da loro.

Su e Mia erano l'una accanto all'altra. Il sangue si era unito a formare un tappeto rosso e lucido intorno ai loro corpi. I loro occhi spenti guardavano nella stessa direzione, quasi volessero vedere dove sarebbero andati Laura e il vecchio. Senza di loro.

«Non... non posso» disse Laura fermandosi.

«Che cosa?» Jacobs la guardò spaventato. «Che cosa non puoi?»

«Lasciarle qui. Non posso.»

«Devi» obiettò lui. «Non puoi fare più niente per loro.»

«Ma sono pur sempre mia sorella e la mia nipotina. Qualunque cosa sia accaduta loro.»

Jacobs si passò la lingua sulle labbra, nervoso.

«Stammi a sentire, ragazza» disse a bassa voce ma in tono energico. «Sono morte e se non vogliamo fare la stessa fine, dobbiamo andarcene da qui il prima possibile!»

«Potremmo portarle fino alla macchina» propose Laura. «Non è distante.»

«Come pensi di fare? Tu prendi la bambina e io tua sorella?» Scrollò il capo impetuosamente. «Oh no, non ce la faccio, sono vecchio! Quindi adesso andiamo e basta!»

Laura guardò Mia e Su con le lacrime agli occhi. Jacobs aveva regione. Erano morte. Non potevano fare più niente per aiutarle. Tuttavia lei si sentiva responsabile, se non altro dei loro cadaveri. Dopotutto era stata sua l'idea di venire qui. Forse le cose sarebbero andate diversamente, se fossero rimaste a casa. In ogni caso tutte e due sarebbero state ancora in vita.

Aveva solo due possibilità. O se ne andava da sola, oppure si portava dietro almeno Mia.

Non ebbe esitazioni. Si infilò la pistola nella tasca della giacca e si avvicinò alla bambina. Fece uno sforzo sovrumano per accovacciarsi e raccogliere il suo corpo senza vita cercando di non guardare la testa grondante di sangue.

«Mi spiace tanto, Su» bisbigliò alla sorella morta. «Ma sono sicura che mi capisci.»

«Forza, sbrigati!» le sibilò Jacobs. «Dobbiamo andarcene da qui!»

Laura annuì. Le lacrime le oscuravano la vista.

Forse possiamo tornare qui con la macchina, pensò mentre lo seguiva. Finora ci siamo soltanto noi. Se riusciamo a raggiungere l'auto, posso tornare qui e prendere anche Su. E poi scapperemo, chiameremo la polizia e...

Le sue riflessioni furono interrotte da un risolino stridulo. Bernhard Jacobs si guardò intorno allarmato, puntando la canna del fucile verso tutti i vicoli che sbucavano in quello dove si trovavano loro.

All'improvviso un calpestio di piedi di bambini risuonò da tutte le parti sempre più vicino. E poi spuntarono loro.

Erano molti. Almeno trenta o quaranta, calcolò Laura.

Maschi e femmine, il più piccolo di quattro o cinque anni, il più grande intorno ai quindici.

Sbucarono dai vicoli e bloccarono loro la strada. Ben presto li circondarono e ognuno di quei bambini era armato. Martelli, coltelli, un'ascia, una sega. Un bambino teneva una vanga, una bambina un rastrello.

I loro occhi scintillavano di una malvagia allegria mescolata a un odio sconfinato, che Laura non aveva mai visto in vita sua.

Nessuno di loro pronunciò una parola, ma era come se fossero tutti collegati. Laura percepiva le loro voci, non con le orecchie, bensì nella testa. Il mormorio confluì in un'unica parola di senso compiuto.

Morirete!

«Indietro!» intimò loro Bernhard Jacobs. «Restate dove siete, piccoli mostri! Altrimenti vi farò saltare la testa. È questo che volete?»

Girò su se stesso puntando minacciosamente la canna del fucile su di loro.

I bambini in effetti fecero un passo indietro. Due di loro guardarono il cadavere di Mia tra le braccia di Laura. Un bambino fece una smorfia disgustato alla vista della testa squarciata ancora sanguinante. Sebbene cercasse di nasconderlo, Laura credette di notare un lampo di paura nei suoi occhi.

«Vai avanti, ragazza» le sibilò Jacobs. «Io intanto li tengo bloccati.»

«Dobbiamo restare insieme» bisbigliò lei.

«E lo faremo. Ma tu devi andare avanti. *Sbrigati!*» le ordinò, quindi tornò a guardare i bambini. «Voi rimanete dove siete, da bravi! Non muovetevi!»

Laura si morse il labbro e si incamminò lentamente. Si avvicinò ai bambini che le bloccavano la strada verso la piazza del paese. Erano un gruppetto di tre femmine e due maschi. Sembravano nervosi. Come se stessero valutando il da farsi. Dovevano trattenere Laura, correndo il rischio che Jacobs sparasse, oppure farsi da parte e lasciarla passare?

Laura aveva la fronte imperlata di sudore. Uno dei bambini stringeva in mano un'ascia. La lama era incrostata di sangue e capelli.

Il vecchio la seguiva da vicino, spostando incessantemente il fucile da una parte all'altra.

«*Più in fretta!*» le gridò. «Che cosa aspetti?»

Laura fece un profondo respiro e radunò tutto il proprio coraggio. Continuò a procedere verso i bambini. Erano solo a tre o quattro passi di distanza.

Il bambino alzò minaccioso l'ascia, ma la fece ricadere subito, come se glielo avesse ordinato qualcuno. Poi si fece da parte e gli altri lo imitarono.

Laura stentava a crederci. La via era libera. Non ci pensò due volte e si mise a correre. Corse verso la piazza del paese tanto in fretta quanto le consentiva il peso della nipote morta che teneva tra le braccia.

Sentiva lo sguardo dei bambini su di sé, ma nessuno la seguì.

E subito dopo apparve l'auto.

Bernhard Jacobs seguì Laura con lo sguardo, senza andarle dietro, ma continuando a tenere i bambini sotto tiro.

Quando Laura scomparve dal suo campo visivo, provò un senso di sollievo. La ragazza ce l'aveva fatta, e forse ce l'avrebbe fatta anche lui. Forse sarebbe riuscito a resistere finché fosse tornata indietro con l'auto. Se fosse riuscito a tenere in scacco abbastanza a lungo quei mostri, per lui ci sarebbe stata una possibilità di salvezza.

Forse.

Il suo impeto di ottimismo fu subito raggelato quando i bambini tornarono a radunarsi. La loro espressione truce era inequivocabile.

Da uno dei vicoli vicini giunse un cigolio fin troppo familiare. La notte precedente l'aveva sentito diverse volte. Era la carriola di Frank.

Questa volta erano i gemelli Hansen a spingerla. Avevano la faccia sudata e accaldata. Sembravano esausti.

Naturale, pensò cupo Jacobs. Quei piccoli demoni hanno faticato tutta la notte.

Due bambine, ciascuna con un grosso coltello da cucina, si spostarono da parte e fecero entrare i gemelli nel cerchio con la loro carriola. Si avvicinarono al cadavere di Susann e si fermarono.

Un ragazzino più grande li raggiunse e posò la motosega per terra accanto alla donna. Poi fece per sollevare il cadavere.

«Non ci provare, bastardo!» gli ordinò Jacobs. «Lasciala dov'è, altrimenti ti faccio saltare la testa!»

Il ragazzino si bloccò e rimase per un attimo tentennante. Poi depose di nuovo la morta sull'asfalto e si girò verso Jacobs con un sorriso malvagio.

«Allora è così» disse, facendo qualche passo verso il vecchio e fermandosi davanti a lui. «Hai un solo colpo.»

Jacobs lo guardò stupito. «Chi te l'ha detto?»

«Ce l'hai in testa. Lo sento. Ci pensi sempre.»

«Ma che razza di fesserie vai dicendo!»

«Non sono fesserie» disse il ragazzino. «Sai che posso farlo, vecchio. Tutti possiamo farlo. Abbiamo imparato molto gli uni dagli altri.»

«Credi forse di impressionarmi?» lo provocò Jacobs. «Guarda che non mi fai paura.»

«Oh, sì, invece» replicò il ragazzino facendosi serio. «Tu

hai paura. Perché sai che non ti lasceremo andare. Non ci avete lasciato altra scelta. O sopravvivete *voi*, oppure *noi.*»

«Sei tu che non mi lasci scelta. O io, o te» gridò Bernhard Jacobs puntando il fucile alla testa del ragazzino. Una bella testa, che non sarebbe più stata al suo posto se avesse premuto il grilletto.

«Hai un solo colpo» ripeté gelido il ragazzino, alzando il dito indice a sottolinearlo. «Uno solo. Io al posto tuo ci rifletterei bene.»

Jacobs sbuffò sprezzante. «Non saprei proprio che cosa ci sia da riflettere.»

«Menti» dichiarò il ragazzino. «È tutto il tempo che ci pensi. Da quando abbiamo lasciato andare la donna. Siamo stati gentili, non trovi?»

Di nuovo quel sorriso perfido.

«Non l'abbiamo fatto per lei» proseguì. «E nemmeno per te. Lei può continuare a vivere solo perché porta in grembo uno di noi.»

Jacobs deglutì e si guardò intorno. I bambini stavano convergendo lentamente verso di lui. Avevano alzato coltelli e forconi ed erano pronti ad ammazzarlo.

Se lui non li avesse preceduti.

«Fallo, vecchio!» Disse il ragazzino, seguito da una bambina che Jacobs riconobbe come la figlia del fornaio.

«Sì, deciditi a farlo!» gridò lei, e poi lo stesso grido riecheggiò da tutte le parti.

«Fallo! Fallo! Fallo!»

Jacobs guardò i bambini, che non erano più bambini, bensì mostri pieni di odio che aspettavano solo la sua morte. Volevano vedere il suo sangue e ci sarebbero riusciti, in un modo o nell'altro.

Lacrime di rabbia e di disperazione gli scesero lungo le

guance. Era stato sconfitto, non era più possibile tornare indietro.

Vide i gemelli ammutolire e rimettersi al lavoro. Sollevarono il cadavere di Susann per le spalle e per le gambe e lo deposero nella carriola come due becchini esperti. E, per tutti i diavoli, era proprio ciò che erano.

Tra qualche minuto avrebbero caricato anche lui nella carriola. Forse però avrebbero trascinato via solo la donna prima, perché due cadaveri sarebbero stati troppo pesanti per loro. Ma che importanza aveva adesso? Il fatto decisivo era che lui sarebbe stato il secondo cadavere, l'ultimo adulto rimasto in paese, e che non poteva sfuggire a questa condanna.

«Che cosa aspetti?» gli chiese il ragazzino. «Fallo, altrimenti lo faremo noi. Preferiremmo però che tu ce lo evitassi. Pensi di riuscirci?»

Di colpo Bernhard Jacobs si sentì svuotato di tutte le forze. Cadde in ginocchio e pensò alla moglie. «Bada a te stesso» era solita dirgli.

Mi spiace, Karolin, pensò, mentre nuove lacrime gli scorrevano sul viso. Forse avrei dovuto prestare più attenzione. Ma adesso non c'è più niente da fare. Si concentrò con tutte le proprie forze sul viso di lei. Il suo giovane viso, tanti anni prima, quando si erano conosciuti. Rivide i suoi meravigliosi occhi verdi, i capelli ramati e la risata allegra. Ripensò al suo profumo che sentiva tutte le volte che la stringeva tra le braccia.

Sì, avrebbe portato con sé quel profumo, dovunque lo avrebbe condotto quel viaggio.

Premette il mento sulla canna e cercò il grilletto con dita tremanti.

*

Laura si bloccò raggelata quando sentì lo sparo. Era a pochi passi dall'Audi di Boris Schumann e il peso di Mia minacciava di schiacciarla a terra, ma non poteva andare avanti.

Dall'altro lato della piazza giunsero le grida di giubilo dei bambini. Risate e applausi, come se un prestigiatore avesse mostrato un trucco particolarmente entusiasmante a una festa di compleanno.

Le labbra le tremarono e gli occhi le si riempirono di lacrime.

Jacobs era stato un caro amico del padre, si era occupato di sua madre e poi della casa al lago, e alla fine aveva persino salvato la vita a lei, Laura. Non una volta, bensì due. Aveva dato la propria vita per lei, si era sacrificato volontariamente a quelle bestie.

Siamo davvero bestie? domandò il bambino dentro di lei. Era una voce maschile, di suo figlio. Aveva un tono interessato e indignato nello stesso tempo. *Ci giudichi davvero bestie?*

Sì, era così, perché quelle creature, che un tempo erano stati bambini, non erano più nient'altro che bestie ora. E tutto ciò che provava adesso per il figlio non nato era solo un abissale disprezzo.

Trasalì sgomenta sentendo le grida dei bambini avvicinarsi. La stavano raggiungendo. Ancora pochi istanti e sarebbero sbucati sulla piazza del paese.

Cercò freneticamente le chiavi dell'auto nella tasca della giacca. Non era facile, perché doveva fare attenzione a non lasciar cadere il corpo di Mia, che la guardava con i suoi occhi vitrei.

Finalmente le trovò. Tastò il telecomando fino a trovare il pulsante di apertura e lo schiacciò. Le frecce dell'Audi si accesero all'istante. Però aveva sbagliato tasto e invece delle portiere, aveva aperto il portabagagli che si sollevò davanti a lei come una grande bocca buia.

Il frastuono alle sue spalle era sempre più forte.

«È lei!» gridò una voce di bambina a poca distanza. «È ancora qui!»

Non per molto, si augurò Laura depositando il corpo di Mia nel portabagagli.

Mentre richiudeva il portellone e si girava, i primi bambini l'avevano già raggiunta. Brandivano le loro armi primitive con fare minaccioso e circondarono la macchina.

Poi si avvicinarono e uno di loro le agitò davanti un coltello da pane.

«Vattene!» gli gridò lei. «Sparisci! Andatevene tutti!»

I bambini però continuavano a saltellarle intorno facendo smorfie.

In preda alla disperazione Laura afferrò la pistola che teneva in tasca. La estrasse e la agitò davanti a sé.

I bambini tacquero immediatamente e la guardarono incuriositi.

Laura sentiva che il panico minacciava di sopraffarla. «Vi ho detto di andarvene» gridò, agitando di nuovo la pistola.

Fece un passo indietro fino alla portiera del guidatore. I bambini non si mossero.

Laura fece un altro passo.

Niente. I bambini la guardavano immobili.

Il più grande di loro, un ragazzino alto e magro con i riccioli scuri, le sorrise. Sembrava divertito dall'espressione sgomenta di Laura.

«Non te ne andrai da qui, Laura» disse, con un tono quasi amichevole. «D'altronde, a cosa servirebbe? Dove vorresti andare? Forse vorresti tornare in città?»

«La cosa non ti riguarda» esclamò lei facendo un altro passo indietro. Era accanto alla portiera. Cercò a tentoni la maniglia, ma era chiusa. Naturale, prima aveva aperto solo il portabagagli.

Tenendo la pistola sempre puntata sui bambini con la mano destra, rovistò nella tasca della giacca con la sinistra. Finalmente prese la chiave. Le diede un'occhiata e schiacciò il tasto giusto. Le frecce si accesero di nuovo.

«Per l'ultima volta» disse, «fatevi da parte e lasciatemi passare.»

«Preferiremmo che tornassi alla casa al lago» rispose il ragazzino. «È molto più bello lì. E il tuo bambino sarebbe con noi.»

Laura lo guardò sprezzante. Strinse più saldamente la pistola, quindi alzò il braccio e sparò un colpo di avvertimento in aria. La detonazione fu assordante e diversi bambini sussultarono spaventati.

Laura non aspettò ma sparò un altro colpo. Altri bambini sobbalzarono e si tapparono le orecchie con le mani, ma rimasero fermi intorno a lei.

«Non ci ucciderai» dichiarò il ragazzino più grande in tono pragmatico. «Non spareresti mai su dei bambini, vero Laura?»

Laura puntò la pistola contro di lui. «Forse non vorrei farlo, ma se tu e gli altri non vi sposterete, sarò costretta.»

Il ragazzino le sorrise beffardo e le si avvicinò.

Senza riflettere, Laura premette il grilletto.

Invece di uno sparo, si udì solo uno scatto metallico. Allora le tornarono in mente le parole di Bernhard Jacobs.

«Hai soltanto due colpi in canna, ma ne hai già uno più di me, ed è sempre meglio di niente.»

Il ragazzino era fermo davanti a lei. Allungò la mano. «Forza, dammela.»

Laura boccheggiò. Gli teneva sempre la pistola scarica puntata contro. No, non era pronta ad arrendersi. Non aveva più niente da perdere, e non si sarebbe arresa senza combattere.

Il ragazzino agitò la mano impaziente. «Dammi la pistola, Laura!»

«No» disse, poi lo colpì in pieno viso con l'arma. Il ragazzino stramazzò a terra e gli altri lo guardarono perplessi.

Senza badare loro, Laura salì in macchina e accese il motore. Accelerò una, due volte. I bambini si scansarono spaventati e lei partì. Un paio di loro sembrò valutare l'ipotesi di bloccarle la strada, ma all'ultimo momento schivò la macchina.

Uccidono, ma hanno paura di morire, pensò Laura cupa pigiando il pedale del gas.

Nello specchietto vide che alcuni bambini la inseguivano. Gridavano, lanciavano sassi, la minacciavano con i pugni e le armi.

Alla fine uscì dal paese.

Quando, poco più tardi, raggiunse l'incrocio della strada per il valico, fu sopraffatta dalla tensione. Scoppiò in un pianto irrefrenabile – di paura, rabbia, dolore, disperazione. Faticava a restare in carreggiata sul tracciato tortuoso. Le lacrime le offuscavano spesso la vista.

Per il momento era al sicuro, ma che cosa avrebbe fatto ora? A chi rivolgersi? Alla polizia? Nessuno avrebbe creduto al suo racconto. Bambini che avevano annientato tutti gli abitanti di un intero villaggio per... per quale motivo? Per assumere il comando?

Per ristabilire l'equilibrio, rispose una voce che conosceva ormai fin troppo bene. Suo figlio, che cresceva dentro di lei e non era più grande di un dito. E tuttavia era già uno di loro. Un mostro.

«Per vendetta? È questo? Volete vendicarvi?» urlò, stringendo il volante.

Chiamala come ti pare, fu la risposta, calma e distaccata. *Sai bene che cosa intendo. Dappertutto nel mondo ci fate cose orribili. E perché? Perché per voi conta solo la vostra vita. Il vostro benessere, il vostro divertimento, il vostro fanatismo, il vostro odio.*

«Non è vero! Non tutti gli adulti sono così. Abbiamo commesso degli sbagli, certo. Ma facciamo del nostro meglio per imparare dagli errori del passato.»

È proprio così? domandò beffarda la voce. *A me non sembra. Non è soltanto un'affermazione vuota, fatta per placare la vostra coscienza? Nel frattempo tu stessa hai riconosciuto quello che tu e la tua generazione avete fatto alla nostra. Ne sei rimasta raccapricciata, ricordi? Al punto che volevi scappare da questo mondo e rifugiarti nell'idillio sul lago. Ma idilli del genere sono soltanto illusioni e la vostra fuga dalla realtà rende tutto ancora peggiore. Perché in sostanza non cambiate niente. Dovremo farlo noi al vostro posto. Senza di voi!*

«Non ci riuscirete» disse lei, aumentando la velocità. «Il mondo è troppo grande. Volete forse uccidere tutti gli adulti?»

Abbiamo iniziato da tempo, Laura. Non crederai forse che questo piccolo villaggio sia l'unico posto in cui vogliamo cambiare il mondo? No, siamo ormai dappertutto. E diventiamo sempre di più. Ben presto tutti i bambini saranno come noi. Il futuro ci appartiene, Laura. A noi soltanto. E niente ci fermerà. Neppure tu!

«Questo lo vedremo» ansimò lei asciugandosi il sudore freddo dal viso. «Non mi farò utilizzare da te. Tu non ucciderai nessuno. Non nascerai nemmeno!»

Con queste parole schiacciò a fondo l'acceleratore. Ora sapeva che cosa doveva fare. Non mancava molto. Aveva già superato la terrazza panoramica. Un tornante e poi un altro e infine vide davanti a sé la parete di roccia.

Fece un profondo respiro mentre sfrecciava contro di essa, preparandosi alla grande oscurità che l'avrebbe inghiottita.

Vide davanti a sé la curva. La curva che non avrebbe imboccato.

La voce nella sua testa si trasformò in un grido agghiacciante, mentre un fremito violento le attraversava le braccia e le gambe. Il bambino cercava di assumere il controllo del suo corpo, e Laura si oppose con tutte le forze. Strinse convulsamente le mani sul volante, cercando di tenerlo dritto, invece di sterzare. Tenne il piede premuto sull'acceleratore, contrastando nel contempo l'impulso di schiacciare il freno. L'auto sbandò di qua e di là. Alla fine urtò contro la parete di roccia alla sua sinistra e subito dopo si schiantò contro il guard-rail sull'altro lato.

Laura fu catapultata contro la tela bianca dell'airbag mentre la cintura di sicurezza la tratteneva all'indietro. Colpì violentemente con la testa il finestrino laterale.

Udì il rumore del metallo che si accartocciava e del vetro che andava in frantumi...

«... e poi ho perso i sensi.»

Laura Schrader tacque e per un paio di minuti nella saletta dei colloqui regnò il silenzio. Girò la testa verso il lucernario. Pioveva sempre.

«Non so quanto tempo sia passato» riprese poi. «Ogni tanto tornavo in me. Sentivo la pioggia scrosciare sull'auto. Attutita e lontana. Poi all'improvviso è comparso Patrick che mi ha illuminato in faccia con una torcia. All'inizio ho pensato di essermelo immaginato, invece era proprio lui. Ha detto che aveva chiamato aiuto e che voleva proseguire fino al paese. Voleva andare da Su.»

Si premette le mani sulle tempie restando per un attimo assorta a pensare. Poi dondolò la testa lentamente di qua e di là, infine guardò Robert.

«Credo di averlo avvertito» disse triste. «Di non andare in paese. Lui però ha detto qualcosa... Non ricordo più. Dopodiché si è allontanato e io devo essere svenuta un'altra volta. Poi è arrivata l'ambulanza...»

Robert si appoggiò allo schienale. Ora aveva la versione di Laura Schrader.

Che storia: bambini che si vendicano degli adulti!

D'altronde i bambini ne avrebbero tutte le ragioni, pensò. In fondo siamo noi a condannarli a ereditare un mondo dove ogni giorno si estinguono decine di specie animali e vegetali. Un mondo di oceani inquinati e di smog, sconvolto da catastrofi climatiche causate dall'industrializzazione. E tutto perché da generazioni l'umanità vive nell'illusione che il benessere dipenda da una crescita continua.

Già, il racconto di Laura Schrader aveva una sua logica, per quanto potesse apparire assurdo. Lui stesso aveva dei figli, e anche lui era preoccupato e demoralizzato per il destino della Terra.

Da un punto di vista psicologico era una storia del tutto plausibile. La consapevolezza della gravidanza doveva aver scatenato dentro di lei un profondo conflitto interiore. Aveva preso atto della responsabilità che le sarebbe spettata se avesse deciso di tenere il bambino. Questo a sua volta l'aveva indotta a mettere in discussione tutta la propria vita precedente. Dopotutto la sua carriera si era basata proprio sulla capacità di rendere appetibili le novità a una società consumistica ormai satura. Lo stress professionale della giovane donna, unito al crescente disorientamento circa il proprio futuro, aveva alimentato un conflitto interiore. Alla fine l'estrema confusione mentale aveva prodotto una serie di allucinazioni razionali.

Era quindi evidente che lui e Bennell erano solo all'inizio. Non avevano tratto nessuna informazione utile dal colloquio con Laura. Ne sapevano quanto prima. I due interrogativi fondamentali erano ancora senza risposta: dov'erano gli abitanti del paese e chi aveva ucciso Mia Landers?

Robert si massaggiò le tempie e gettò una breve occhiata alla telecamera. Era il momento di concludere il colloquio. Si domandava che cosa avesse indotto Bennell a indugiare tanto a lungo. Da qui non avrebbero cavato niente.

Aveva mal di testa e gli bruciavano gli occhi a causa dell'aria secca nella stanza. Aveva bisogno di una boccata d'aria e di un caffè robusto. E poi, dopo essersi ripreso almeno un po', avrebbe tentato di riordinare in un rapporto tutto ciò che gli aveva raccontato Laura Schrader.

«Lei non mi crede.»

La sua voce lo strappò ai propri pensieri riportandolo al presente. Nello sguardo di Laura lesse un insieme di delusione e contrarietà.

La guardò per un istante. «Invece le credo» disse infine. «Credo che volesse togliersi la vita per eliminare suo figlio.»

«È vero» rispose lei con sincerità. «Ma non ci sono riuscita. Mio figlio non me l'ha permesso. Vuole vivere.»

«Lo rimprovera per questo?»

«Ovviamente no. Gli rinfaccio solo di voler eliminare me e tutti gli altri adulti.»

«Per il momento il suo bambino ha bisogno di lei.»

Lei scoppiò in una risata amara. «Solo per partorirlo e accudirlo finché potranno farlo gli altri bambini.»

Robert guardò un'altra volta la telecamera, quindi si girò verso Laura Schrader. Rimase stupito di vederla sorridere.

«Lei vorrebbe che il commissario capo arrivasse e concludesse qui la cosa, vero?»

«È vero» confermò lui. «Sono stanco. E deve esserlo anche lei.»

«È sicuro che lui sia ancora qui?» domandò Laura. «Forse nel frattempo la cosa si è messa in moto anche qui in città. Anzi, di sicuro. Allora sarebbe una fortuna per lei essere rinchiuso qui e che la porta abbia un codice di sicurezza.»

«Perché altrimenti i bambini là fuori ucciderebbero anche me?»

Robert non riuscì a mascherare la nota sarcastica nella voce. Era stanco, e cominciava a non poterne più. Laura Schrader lo guardò con aria di compatimento. «Vorrei che non succedesse. Ma né lei né io potremo impedirlo. La differenza è che lei ha ancora la possibilità di togliersi la vita da solo. Mentre io...»

Robert ne aveva abbastanza. La conversazione stava scivolando nell'assurdo. Si alzò e si avvicinò alla porta.

«Al suo posto non lo farei» sentì dire alle spalle da Laura Schrader.

Non ci badò, ma cercò di richiamare alla mente il codice di apertura. Una sequenza numerica di quattro cifre, che cominciava con un due. Ma non ricordava altro.

Se almeno il reparto di psichiatria forense avesse avuto le serrature con le tessere magnetiche! Per la miseria, perché Bennell non si faceva vivo?

Guardò di nuovo la telecamera, indicando la porta. La lucina rossa sopra l'obiettivo lampeggiava sempre, ma la porta restava chiusa.

Che cosa stava succedendo? Se ci fossero stati sviluppi e Bennell fosse stato occupato, di sicuro non lo avrebbe lasciato lì senza informarlo.

«Mi ha sentito?» chiese Laura Schrader. «Farebbe meglio a rimanere qui.»

Robert si voltò impetuosamente: «Pensa sul serio che là fuori ci siano bambini che uccidono tutti gli adulti?»

«Non lo penso. Lo so.»

«Frau Schrader, la sua è un'allucinazione. Una cosa del genere non è possibile.»

«Allora esca! Vada fino al paese, se la lasciano entrare. Trovi i cadaveri! Poi ne riparleremo. Anche se a quel punto non sarà più possibile farlo, loro la uccideranno non appena uscirà da questa stanza.»

Robert fece un profondo sospiro e avanzò di un passo verso di lei.

«Un mondo senza adulti» disse infine. «Nessuno che inquini l'ambiente, combatta guerre, sfrutti i bambini, li maltratti o li indottrini. Un ritorno al punto di partenza. È questo che vogliono i bambini, secondo lei?»

Laura Schrader annuì.

«Benissimo» disse lui tornando a sedersi al tavolo. «Ammettiamo che sia così e i bambini riescano a ottenere ciò che vogliono. Eliminerebbero tutti gli adulti e sarebbero gli unici abitanti di questo pianeta. Che cosa faranno quando cresceranno a loro volta? Voglio dire, la natura fa comunque il suo corso. Peter Pan avrà anche avuto la sua Isola che non c'è, ma la realtà è diversa. Tutti i bambini un giorno diventano adulti, per quanto cerchino di resistere. E allora, secondo lei, che cosa succederà? Verranno uccisi dai loro stessi figli e questi ultimi, a loro volta, saranno eliminati dai propri? Continuerà così per sempre? Come per la figlia del proprietario del supermercato, che era già troppo adulta per la sua età?»

«Non lo so.»

«Invece dovrebbe chiederselo, Laura! Dovrebbe rifletterci e allora si accorgerà che ciò che immagina non è possibile. Questa parte della sua storia è priva di logica. Non ha alcun senso!»

Lei si strinse nelle spalle e si guardò la pancia, quasi si aspettasse di ottenere la risposta dal suo bambino non nato. Quella creatura dentro di lei alla quale aveva attribuito delle parole che Robert non aveva dubbi fossero in realtà le sue.

Per questo adesso il bambino taceva. Perché non esisteva. Quanto meno non come se l'immaginava lei.

«Forse questi bambini non cresceranno mai» osservò lei incerta. «Oppure non diventeranno come noi.»

Robert si appoggiò allo schienale e scosse la testa.

«Mi permetto di dubitarne» disse. «A quanto mi ha detto lei, i bambini ci accusano di essere egoisti e di non preoccuparci delle generazioni future. Ci rimproverano un comportamento bestiale, omicida e che sprechiamo le risorse del nostro pianeta. Questo è senza dubbio vero. Come è vero che l'umanità annienterà se stessa se non corre subito ai ripari.»

Fece una breve pausa e la guardò negli occhi. «Ma se i nostri figli ci eliminassero per vendicarsi delle ingiustizie che abbiamo commesso nei loro confronti, sarebbero perfettamente identici a noi. Baserebbero la loro visione del futuro sull'odio e sull'omicidio. Proprio come è accaduto finora in tutto il mondo milioni di volte. Che cosa li renderebbe persone migliori?»

Laura Schrader chiuse gli occhi per un attimo e inclinò la testa, come se ascoltasse una voce interiore. Era la stessa posa che aveva descritto in sua nipote e negli altri bambini.

Dopo un po' lo guardò di nuovo. «Lui dice che non ci odiano.»

«Ah» commentò lui senza mascherare il proprio sarcasmo. «Allora quale motivo avrebbero di ucciderci?»

Lei piegò la testa di lato e quando parlò la sua voce era

quasi infantile. Un altro indizio della totale immedesimazione nel suo costrutto fantastico.

«Hanno paura di noi» disse. «Ognuno di loro è indifeso da solo, per questo si sono uniti.»

«Una... entità collettiva?»

«Sì, non vedono altra possibilità.»

In quel momento la serratura della porta scattò.

Immerso com'era in quell'atmosfera allucinata, per una frazione di secondo Robert si aspettò di veder piombare dentro una schiera di bambini. Magari tra di loro ci sarebbero stati anche i suoi stessi figli, la piccola Lissi e il fratellino più grande Pascal, la faccia paonazza di collera e lo sguardo carico di odio. Lo avrebbero assalito, tutti armati fino ai denti.

Anche Laura Schrader si guardò intorno sgomenta, mentre la porta veniva spalancata impetuosamente. Ma si trattava soltanto di Frank Bennell e del suo assistente Lipinski che entrarono con due infermiere.

Robert sentì che la strana tensione che lo aveva assalito si dissolveva. Era come se in un angolo della sua mente avesse creduto davvero alla storia di Laura Schrader. Era qualcosa di estremamente stupido, e sapeva che era tutta colpa del mal di testa e della stanchezza.

«Robert! Mi spiace non essere arrivato prima, ma da noi è scoppiato il caos» disse Bennell. Sembrava esaltato.

Robert lo guardò stupito, mentre le due infermiere facevano alzare Laura Schrader e la portavano fuori. L'infermiera incinta di prima non c'era.

Laura Schrader cercò di opporsi alle due donne. Si girò verso Robert con gli occhi sbarrati dalla paura. «È colpa nostra» gli gridò. «Siamo stati noi a costringerli! Siamo noi i mostri! Noi!»

Robert la guardò in silenzio. Le sue grida continuarono a

riecheggiare dal corridoio, sovrastando le voci delle infermiere che cercavano di tranquillizzarla.

«Poveretta» disse Bennell. «Deve aver perso del tutto il senno.»

«Già. Il nostro colloquio non ci ha fatto fare grandi progressi» disse Robert. «Presumo soffra di un disturbo paranoico.»

«È probabile» ribatté Bennell. «E adesso ne conosciamo anche la causa. Sappiamo che cosa è successo.»

Robert lo guardò stupito e il poliziotto annuì con un sorriso compiaciuto.

«C'è una ragione alla base dello stato di Frau Schrader» annunciò, guardando l'ora. «Devo andare via subito, ma se mi accompagna all'uscita, le racconterò tutto strada facendo. È incredibile, Robert, veramente incredibile!»

Durante il tragitto il cellulare di Bennell suonò ininterrottamente – tutte le volte lui rispondeva con un: «Arrivo subito» – e Robert ottenne un racconto frammentario.

Il collega di Bennell, Lipinski, aspettava già in macchina. Quando li vide uscire insieme, accese il motore.

«Si tratta allora di rifiuti tossici» disse infine Robert sorseggiando il caffè che aveva preso alla macchinetta vicino all'uscita.

Bennell rimise in tasca il telefono e assentì. «Come le ho detto, i cunicoli ne sono pieni. Ci saranno migliaia di bidoni. Non ne conosciamo ancora il numero, che aumenta a mano a mano che la squadra prosegue il sopralluogo.»

Guardò l'ora e poi Lipinski. «Senta, Robert, adesso devo andare.»

Tirò fuori un pacchetto di sigarette e lo agitò in direzione del collega. Nonostante la pioggia, a Robert parve di vedere Lipinski alzare gli occhi al cielo e spegnere il motore.

«Ancora una cosa» disse a Robert infilandosi in bocca una sigaretta. «I bidoni risalgono agli anni Settanta. A giudicare dalle etichette, quelle schifezze provengono da tutta Europa.»

Robert lo guardò con aria interrogativa. «Sapete già chi possano essere i responsabili?»

«Pare che dietro ci sia la società mineraria che all'epoca aveva gestito per un breve periodo l'impianto» disse Bennell. «In seguito i cunicoli sono stati chiusi. La versione ufficiale era che fossero esauriti e che non si voleva mettere in pericolo la gente del posto con ulteriori scavi. Già, davvero premurosi. Nel frattempo gran parte dei bidoni si è deteriorata e le sostanze tossiche sono filtrate nella falda acquifera, avvelenando l'acqua potabile.» Indicò verso il cielo. «Le forti piogge delle ultime settimane hanno accelerato il processo. Quello che è uscito fuori era miscelato con pura acqua di montagna, come diceva una vecchia pubblicità.»

«Secondo lei dunque Laura Schrader, Linda Hoffman e tutti gli altri si sono intossicati con l'acqua?»

«Il direttore del nostro laboratorio, il dottor Rilla, ne è convinto. In questo momento stanno eseguendo tutte le analisi. Ci vorrà ancora un po' prima di avere i risultati definitivi, ma per il momento mi ha fornito un elenco provvisorio. C'è tutto quello che si può desiderare. Alcaloidi, pesticidi, e molto altro. In ogni caso la miscela contiene anche ingredienti che possono indurre allucinazioni e paranoia. Ne sono state trovate tracce nel sangue di Frau Hoffman e anche nel campione prelevato a Frau Schrader al momento del ricovero. Secondo il dottor Rilla, l'effetto è particolarmente forte nei bambini, negli anziani... e nelle donne incinte.»

Robert guardò il bicchiere di caffè ancora mezzo pieno e lo gettò nel cestino dei rifiuti all'ingresso.

«Come mai nessuno se n'era accorto? Voglio dire, l'acqua potabile è sottoposta a severi controlli.»

«In sé e per sé è vero» confermò Bennell. «Per questo pensiamo che non si tratti solo di un enorme scandalo ambientale, ma anche di uno scandalo politico. Scommetto che sono state pagate sostanziose tangenti. Il figlio del sindaco in carica all'epoca in cui furono nascosti i rifiuti, adesso, amministra la regione. Il fatto che tutti gli abitanti del paese siano scomparsi, compreso lui, potrebbe dimostrare il fatto che questo figlio di papà sapeva di avere a che fare con una bomba a orologeria.»

«Sarebbe mostruoso!»

«Può ben dirlo» esclamò Bennell soffiando fuori il fumo dal naso. «Ma c'è di più. Il caso ha voluto che quello stesso individuo sia anche responsabile della società che controlla l'acqua potabile nella regione. Sarebbe stato il primo a sapere che cosa scorre di recente nei rubinetti della sua comunità.»

«Secondo lei avrebbe fatto evacuare il paese? Ma dove?»

«Forse si tratta solo di una coincidenza, ma mi è giunta all'orecchio la notizia che la sua famiglia sia una delle più ricche della zona» disse Bennell. «Sua moglie è proprietaria del grande villaggio turistico costruito a poca distanza dal paese. Le nostre squadre si stanno recando lì. Sono sicuro che ci troveremo gli abitanti del villaggio. Tutti quanti, a parte il sindaco e sua moglie, immagino. Ma in questo caso non andrebbero lontano, le do la mia parola.»

Robert si massaggiò la fronte. Il mal di testa era diventato insopportabile e faticava a pensare.

Uno scandalo legato ai rifiuti tossici. Allucinogeni nell'acqua potabile. Politici corrotti. Era tutto molto più credibile della storia di Laura Schrader, ma anche così rimanevano dei punti oscuri.

«Ma allora come si spiega l'omicidio della ragazza e i segni di lotta in paese?»

«Avremo una risposta quando troveremo quella gente» disse Bennell. «Finora possiamo solo fare speculazioni. Forse non tutti in paese erano d'accordo a evacuare? Oppure i veleni nell'acqua hanno reso le persone aggressive oltreché paranoiche.»

Lipinski suonò il clacson spazientito e Bennell gli rivolse un cenno. Spense la cicca sul bordo del cestino dei rifiuti e tirò fuori dalla giacca il telefono, che segnalava incessantemente l'arrivo di nuovi messaggi.

«Mi rincresce, ma devo proprio andare» disse. Si voltò un'ultima volta verso Robert mostrandogli il cellulare. «La terrò informato. Merda, sarà lo scandalo ambientale più grosso del secolo! A confronto l'affare Seveso sembrerà limpido come l'acqua di Lourdes.»

Lungo il tragitto verso casa, Robert osservò i passanti. Ne ebbe tutto il tempo, perché il taxi si fece aspettare a causa del traffico congestionato del pomeriggio. Per fortuna trovò un tassista taciturno con la passione per i classici del rock. John Fogerty e i suoi Creedence cantavano di una luna cattiva e della fine del mondo.

No, la fine del mondo non era ancora arrivata, era solo l'ennesima catastrofe ambientale tra il diluvio di annunci catastrofici da tutto il pianeta.

«Che cosa posso fare io per cambiare le cose?» si sentiva chiedere spesso, e anche lui ora si fece la stessa domanda: Che cosa avrei potuto cambiare io?

La risposta era triste e deprimente allo stesso tempo: niente. Lui non era neppure nato quando i bidoni erano stati nascosti nei cunicoli. Apparteneva alla generazione che ora doveva subirne le conseguenze.

Quando finalmente il taxi arrivò a destinazione, Robert scese ed entrò nell'ascensore del suo palazzo. Si sentiva sfinito e prosciugato. Se non altro il mal di testa era un po' diminuito.

Per un momento rimase a osservare la targa sulla porta che Lissi aveva regalato loro il Natale precedente. Una casetta di pan di zenzero fatta a mano con quattro finestre nelle quali aveva inserito le foto dei membri della famiglia. Sopra Jeannette e lui, sotto Pascal e lei, Lissi, diminutivo di Elizabeth, nome che odiava con tutta se stessa. In basso aveva inciso a lettere maiuscole FAMIGLIA WINTER e aveva ripassato la scritta con l'acquarello azzurro.

Nelle giornate come quella, e in particolare oggi, quella targa gli appariva come una promessa. Simboleggiava sicurezza e accoglienza. Era il suo rifugio personale, dove ci si poteva isolare da un mondo che spesso risultava incomprensibile. Un mondo che a volte era troppo e impauriva tante persone. Se non fosse stato così, lui sarebbe stato disoccupato.

Quando entrò in casa, sorrise suo malgrado. I sociologi parlavano della tendenza che le persone manifestavano a isolarsi, definendola *homing* o *cocooning* e dando sempre una connotazione negativa alla cosa. Attribuivano alle persone del genere, definite *homer*, un eccessivo egoismo e un disinteresse verso la società. Robert però era di parere diverso. Non trovava niente di sbagliato nel fatto di rifugiarsi ogni tanto nel proprio guscio familiare. Al contrario, era l'unico posto dove rigenerarsi e recuperare le energie necessarie ad affrontare le sfide della società.

Fu contento di trovare la casa vuota e silenziosa. Così avrebbe avuto un po' di tempo per se stesso.

Sul tavolo in cucina vide un biglietto di Jeannette.

Sono a fare la spesa
Prendo qualcosa di italiano per cena.

Siccome era con i bambini, significava una pizza per tutta la famiglia. Metà vegetariana, per le signore, e metà al prosciutto per Pascal e lui. Era perfetto, a lui bastava solo potersi riposare un po' prima.

Prese due aspirine dall'armadietto in bagno, tornò in cucina e si riempì un bicchiere d'acqua.

Quando avvicinò il bicchiere alla bocca per ingoiare le compresse, esitò.

Non c'è da preoccuparsi, si disse. Le montagne sono lontane da qui. Questa è acqua del rubinetto. La bevi a litri ogni giorno. Non ha niente di strano. Proprio niente.

Robert però non ebbe la forza di portare il bicchiere alla bocca. Alla fine lo rovesciò nel lavandino e lo mise nella lavastoviglie. Si affrettò a prendere un altro bicchiere dalla credenza, mentre il sapore amaro dell'aspirina gli riempiva la bocca. In frigorifero non trovò né acqua minerale né succo, bensì solo un cartoccio di latte aperto. Giusto, Jeannette era andata a fare la spesa.

Mentre versava il latte, osservò sulla confezione il marchio di qualità di un istituto alimentare. Sotto c'era scritto che la fabbrica produttrice aveva vinto un premio l'anno precedente.

Prima di pensarci su troppo, svuotò il bicchiere in un colpo solo. Il latte si mescolò all'aspirina sciolta nella sua bocca e prese un sapore disgustoso. Per sciacquarlo via, si versò ancora un dito di latte e lo bevve velocemente.

A questo punto notò qualcosa. Non sapeva dire di cosa si trattasse, ma gli sembrava che intorno a lui ci fosse stato un cambiamento. Sembrava mancare qualcosa, un particolare che aveva notato con la coda dell'occhio ma che non riusciva a identificare. Come una parola, affiorata sulla punta della lingua che non voleva uscire.

Fu assalito da un'inspiegabile inquietudine. Se solo avesse capito ciò che aveva appena visto...

Maledizione, sto diventando paranoico anch'io, gli venne da pensare. Del resto non c'era da sorprendersi. Quel giorno aveva ascoltato le storie più agghiaccianti. Non tutte erano state semplici invenzioni. Aveva visto le foto di una bambina uccisa a colpi di fucile, con la parte posteriore del cranio saltata via, il cadavere di una donna che aveva cercato di strapparsi il feto dalla pancia con un paio di forbici da cucina.

E poi le scene da tutto il mondo che Laura Schrader doveva essersi solo immaginata, ma che si verificavano in maniera analoga tutti i giorni nel mondo reale.

«Anche gli psicologi sono persone come le altre», aveva detto una volta il suo professore. «Per quanto ci sforziamo di mantenere le distanze, spesso ci scontriamo con i nostri limiti.»

Parole sante, si disse Robert, lasciandosi cadere sul divano. Prese il telecomando, appoggiò i piedi sul tavolino e accese il televisore.

Il caso era già di dominio pubblico. Su tutti i canali si parlava della discarica di rifiuti tossici. Il numero dei bidoni non era stato ancora stabilito, ma un giornalista parlava già dello «scandalo del secolo», formula subito ripresa dai suoi colleghi.

Anche i reporter erano ormai convinti che gli abitanti del paesino fossero stati evacuati di nascosto. Tutti denunciavano nepotismo e corruzione e invocavano maggiori controlli e leggi più severe.

Sullo schermo apparve una serie di immagini di repertorio di un villaggio per le vacanze. Una inviata spiegò come fino a quell momento alla stampa fosse stato vietato l'accesso al paese e alla struttura, mentre alle sue spalle si vedevano figure con tute protettive indaffarate dietro le transenne.

Saresti davvero pronta a entrare lì dentro, mia cara? pensò Robert in un impeto di sarcasmo, poi appoggiò il telecomando accanto a sé.

Alla fine del servizio naturalmente fu tirata in ballo la politica. Tutti i partiti senza eccezioni manifestavano «profondo sgomento e indignazione» per un «comportamento così spietato e disumano» e promettevano di fare «chiarezza a tutti i livelli.»

Mentre Robert si domandava quante volte in vita sua avesse già sentito quelle parole insulse, fu trasmesso un servizio su un altro delitto efferato. In una via del centro cittadino era stato ritrovato il corpo di un uomo assassinato.

Robert trasalì. La via inquadrata era a poca distanza dal suo appartamento. Stando alle prime indagini l'uomo, proprietario di una agenzia pubblicitaria, era stato lapidato con dei mattoni in un cantiere poco distante. Fu inquadrato un giornalaio, mentre sullo schermo scorreva la didascalia con il suo nome e le parole «è stato l'ultimo a parlare con la vittima».

Robert si disse che non doveva essere per forza così. Forse anche l'assassino o gli assassini avevano parlato con lui.

Un tintinnio di chiavi sul pianerottolo lo riscosse dai propri pensieri. Prima che avesse tempo di alzarsi, la porta d'ingresso si aprì e Jeannette entrò carica di borse della spesa. Teneva in equilibrio anche un grosso cartone di pizza.

«Ah, tesoro, sei già a casa. Potresti darmi una mano?»

Robert l'aveva quasi raggiunta, le prese i sacchetti e fu ricompensato con un bacio schioccante sulla guancia.

«Dove sono i bambini?» chiese, posando i sacchetti in cucina.

Jeannette lo guardò meravigliata. «Pensavo che fossero

qui con te... Non mi hanno voluto accompagnare, con questo tempo orribile. Hai controllato in camera loro?»

«No, quando sono arrivato era tutto tranquillo.»

«È davvero strano» commentò Jeannette, avviandosi verso il corridoio senza togliersi l'impermeabile.

Robert la seguì nella camera dei ragazzi e quando Jeannette aprì la porta tirarono entrambi un sospiro di sollievo.

«Eccovi qua!» esclamò Jeannette ridendo, poi si mise a sedere sul tappeto dove erano sparsi vari pezzi di Lego.

«Ehi, ciao» disse Lissi sorridendo ai genitori. «Vi piace quello che abbiamo costruito?»

Robert osservò la torre che i due figli gli mostravano orgogliosi.

«Be', di sicuro non la esporranno al MOMA, ma se continuate su questa strada, forse un giorno potrebbe succedere.»

«Che cos'è il MOMA?» chiese Pascal con l'espressione incuriosita di un bambino di cinque anni.

Lo squillo del cellulare di Robert dal corridoio li interruppe.

«Scusate, potrebbe essere importante» disse lui. Poi aggiunse rivolto a Pascal: «Te lo può spiegare la mamma».

Si alzò e tornò in salotto, dove il cellulare suonava e vibrava impaziente sul tavolino da caffè.

Robert non rimase sorpreso vedendo il nome di Bennell sullo schermo. Di sicuro avevano trovato gli abitanti del paese. Probabilmente era per questo motivo che avevano imposto il silenzio stampa intorno al villaggio vacanze.

In effetti le prime parole di Bennell furono: «Li abbiamo!» Ma Robert non gli prestò attenzione. Fissava con occhi sgranati il televisore dove era ancora in onda il telegiornale. Stavano trasmettendo un servizio su una bambina dell'Arizona. Una bambina di otto anni, bionda, con le trecce e una vistosa macchia sulla guancia.

Prima ancora che venisse fatto il nome, Robert sapeva già che si chiamava Lucy Walker e che il rosa era il suo colore preferito. Rosa come il fucile da bambini di Hello Kitty che fu inquadrato in quel momento. Due ore prima Lucy lo aveva usato per assassinare i genitori e diversi vicini. In tutto nove persone. Poi aveva sparato anche ai poliziotti che erano stati costretti a ucciderla. Il responsabile delle forze dell'ordine la definiva: «Una tragedia».

«Non è possibile» mormorò Robert. «Non poteva saperlo. È accaduto solo due ore fa. Eravamo ancora nella stanza...»

«Robert!» esclamò stridula la voce di Bennell al telefono. «Robert! È ancora in linea?»

Con mano tremante Robert si portò il cellulare all'orecchio. «Sì» disse con un filo di voce.

«Sono morti, Robert!» ansimò Bennell. «Sono stati uccisi tutti quanti! In un cunicolo. Una montagna di cadaveri!»

Robert si limitò ad annuire. «C'erano anche dei bambini?» chiese con voce strozzata.

«Ho visto solo una ragazza» rispose Bennell sconvolto.

«Capelli biondissimi, sui sedici anni?»

«Sì, credo. Perché?»

«Nessun altro bambino?»

«No. Io almeno non ne ho visti.»

«E non li vedrà» disse Robert, pensando: Ecco cosa si prova quando si diventa pazzi. «La sedicenne è la figlia del proprietario del supermercato» aggiunse. «Non era più una bambina, mi capisce?»

«Si può sapere di che cavolo sta parlando?» gridò Bennell.

«Lo scoprirà presto.»

La voce di Robert era solo un sussurro. Abbassò la mano con cui teneva il telefono da dove Bennell continuava a sbraitare. Non l'ascoltava più. Pensava invece ai pesci che si raggruppano a sembrare un unico grande pesce. E agli uccelli migratori che volano insieme per fronteggiare il pericolo.

Perché si sentivano minacciati.

Adesso sapeva anche che cosa aveva registrato il suo subconscio in cucina poco prima. Una minima variazione tra gli oggetti quotidiani. Guardò il bancone della cucina. Il blocco portacoltelli era vuoto.

In quel momento gli giunsero le grida di Jeannette dalla camera dei bambini.

Mentre correva da lei per aiutarla, sapeva già che era troppo tardi.

Per lei.

Per lui.

Per tutti noi.

IX.

Risveglio di primavera

« Wow, guarda qui! »

Edda lanciò un'esclamazione di giubilo e corse lungo il sentiero fino al lago. Ridacchiò, finché giunse al cespuglio dove la carta di giornale svolazzava nella tiepida aria primaverile.

Il fratello Thilo la seguì e, quando la raggiunse, Edda gli mostrò il giornale.

« Secondo te può andare? »

Thilo osservò il foglio con sguardo critico, poi annuì da intenditore. « Credo di sì. »

« Bello » esultò Edda prendendolo per mano. Si avviarono insieme fino al pontile dove si erano riuniti gli altri bambini.

Era una giornata splendida. Finalmente era arrivata la primavera e si poteva giocare di nuovo all'aperto. Il lago scintillava sotto il sole e l'aria era permeata del profumo dei fiori e del canto degli uccelli.

Una famiglia di cicogne aveva fatto il nido sul tetto della vecchia casa accanto al pontile. Era un evento singolare. A Edda piaceva stare per ore ad ammirare quei maestosi uccelli bianchi che stavano accanto al nido sulle loro lunghe zampe rosse e guardavano il lago aprendo e chiudendo il becco.

Mancava poco tempo e poi i piccoli avrebbero preso le loro prime lezioni di volo.

Per il momento, però, era contenta di aver trovato il vecchio giornale. Quelli che erano nel negozio dei genitori erano stati usati da tempo e la carta dei settimanali non galleggiava altrettanto bene. Era troppo pesante e andava a fondo troppo in fretta. Raggiunsero l'estremità del pontile e si misero in ginocchio. Thilo spiegò la carta già ingiallita. Ma sarebbe andata bene lo stesso.

Lisciò delicatamente le pagine sulle assi del molo, leggendo per divertimento le parole scritte a grandi lettere sulla prima pagina. Faceva ancora un po' fatica e certe parole, soprattutto quelle che non conosceva, le sillabava balbettando.

«E-esca-la-tion delle a-aggre-ssioni» lesse. «Co-sa gli a-abbia-mo fatto?»

«Bravissimo» si complimentò Edda. «Leggi benissimo.»

«Dici sul serio?»

Lanciò un'occhiata orgogliosa al fratello. «Certo. Tra un po' leggerai meglio di me.»

«Mmm» fece lui aggrottando la fronte. «Però ancora non capisco tutte le parole. Che cosa significa *es-ca-la-tion*?»

Edda si strinse nelle spalle con un gesto annoiato. «Non ha importanza quello che volevano dire. È tutto passato.»

«Hai ragione» concordò Thilo, poi si mise a piegare il foglio a barchetta.

Era molto abile e veloce. Nessuno sapeva costruire barchette migliori di Thilo, questo era poco ma sicuro. Thilo le sistemò ordinatamente in fila l'una accanto all'altra sul bordo del pontile, poi si misero seduti. Ridendo di gioia, Edda lasciò dondolare le gambe sul pelo dell'acqua.

«Posso?»

«Certo, comincia pure» rispose Thilo con un sorriso compiaciuto.

Edda prese la prima barchetta e la posò delicatamente sull'acqua. Mentre si allontanava beccheggiando, ve ne aggiunse una seconda e una terza.

Ben presto una flotta di diciannove barchette di carta solcava le acque del lago. I due bambini le osservavano, scommettendo fra loro fin dove sarebbero arrivate stavolta. Il tempo era bello e soffiava solo una brezza leggera.

Forse stavolta avrebbero raggiunto la riva opposta. Tutto era possibile. Bastava crederci.

Mentre Thilo teneva d'occhio le barchette, Edda tirò fuori dallo zaino un pacchetto di bastoncini di zucchero. Lo aprì e li offrì a Thilo.

«Non mangiarne troppi tutti insieme» disse, poi aggiunse in tono mesto, «sono gli ultimi.»

«Oh» fece Thilo osservando il bastoncino che teneva in mano come se fosse un prezioso tesoro. «Credi che ne troveremo ancora da qualche altra parte?»

Edda annuì. «Ma certo. Il mondo è così grande. E casomai siano stati mangiati tutti, ne faremo di nuovi. Così tanti che basteranno per tutti. Adesso possiamo fare quello che vogliamo.»

Thilo leccò il bastoncino di zucchero con un sorriso soddisfatto.

«Già, è vero» disse. «Adesso possiamo. Il futuro ci appartiene.»

Era un'idea così entusiasmante che gli venne da sorridere. Guardò le barchette, ormai diventate puntolini bianchi sull'acqua. Passarono accanto a una barca a remi su cui stavano pescando tre dei ragazzi più grandi.

Purtroppo non c'erano più molti pesci nel lago. Per la maggior parte erano sospinti verso riva e puzzavano perché erano già morti. Di tanto in tanto però i ragazzi erano fortunati e uno di loro, Peter, li sapeva anche cucinare in padella.

Erano proprio buoni. Forse prima o poi non ci sarebbero stati più pesci, pensò Thilo. Così come non ci sarebbero più stati bastoncini di zucchero.

Ma che importanza aveva? Si sarebbero trasferiti da qualche altra parte. Dopotutto il mondo adesso era tutto per loro.

A poca distanza i gemelli Hansen avevano costruito una torre di ciottoli. Era molto alta, quasi quanto loro e aveva un aspetto solido.

In realtà il costruttore era Tobias, mentre il fratello Adam raccoglieva i sassi. Aveva passato ore a cercare le pietre giuste sulla riva. Non dovevano essere né troppo grandi né troppo piccole. Perché se si voleva costruire qualcosa di duraturo, bisognava riflettere bene e scegliere il materiale adatto.

Adesso Adam aveva scoperto un sasso particolarmente bello. Piatto e rotondo e di un bianco perfetto, quasi come il piattino di una casa delle bambole.

Adam lo soppesò sul palmo della mano. Sarebbe stato perfetto da far rimbalzare sull'acqua. Lanciandolo con l'inclinazione giusta, con un gioco di polso leggero dal basso verso l'alto, avrebbe potuto fare dieci rimbalzi o forse più.

Si mise in ginocchio, assunse la posizione di lancio giusta e spostò all'indietro la mano con il sasso.

Davanti a lui scintillava il lago blu, il cui fondo era già pieno di sassi. Quanti saranno stati?

Adam si bloccò e si rialzò. Guardò un'altra volta la pietra e poi decise che sarebbe stata più adatta per la loro torre.

Tanto il lago, pensò, è già pieno di sassi.

Ringraziamenti

Se questo libro ha visto la luce è stato grazie a Markus Naegele, Tim Müller, Ulrich Genzler e Roman Hocke. Mi hanno fornito il giusto slancio per proseguire il cammino dopo che avevo lasciato i sentieri a me conosciuti per inoltrarmi in un territorio letterario nuovo e non meno fosco.

Per la rifinitura di ciò che ho riportato con me da lì, sono state preziose, come sempre, le osservazioni di Heiko Arntz.

Ci vorrebbe troppo spazio per ringraziare personalmente tutti coloro che mi hanno aiutato nelle mie ricerche, perciò: grazie a tutti per avervi potuto importunare con le mie domande a qualsiasi ora del giorno e della notte. Siete i migliori, e non solo per questo!

Un ringraziamento va anche a Claudia von Hornstein, Cecilia Perucci, Marinella Magì, Laia Salvat, il team di Oceano e tutti coloro che contribuiscono a fare in modo che i miei libri possano essere letti in tanti paesi.

E naturalmente ringrazio anche voi, fedeli lettrici e lettori. In particolare voi!

Sono riconoscente a mia moglie Anita per il suo amore e il suo sostegno. È stata lei a mostrarmi il modello reale per la casa al lago dalla quale scrivo queste righe. Qui è bellissimo, c'è tanta pace e tanto silenzio. Sarebbe bello se tutto il mondo fosse un posto così pacifico.

In fondo dipende da noi. Possiamo raccogliere solo ciò che abbiamo seminato.

Wulf Dorn
Ottobre 2016

Indice

WULF DORN

INCUBO

Dalla morte dei genitori in un terribile incidente d'auto dal quale è uscito miracolosamente illeso, Simon soffre di incubi spaventosi. Dopo essere stato ricoverato in un ospedale psichiatrico in seguito allo shock, Simon si è stabilito dalla zia insieme con suo fratello maggiore, ma adattarsi alla nuova vita è un compito durissimo, soprattutto da quando Simon è perseguitato da una presenza malvagia che lo spia nel buio, proprio come nei suoi sogni più spaventosi. E forse è proprio questa presenza la responsabile della scomparsa di una ragazza, la stessa che Simon decide di cercare aiutato dalla sua unica amica.

CORBACCIO

CHARLOTTE LINK

LA SCELTA DECISIVA

Simon sceglie di passare le vacanze di Natale con i figli, nella casa al mare del padre, cedendo ancora una volta all'ennesima richiesta della ex moglie e mettendo alla prova per l'ennesima volta la pazienza della sua nuova compagna. Non solo: i piani all'ultimo momento saltano, e lui si ritrova da solo in un paese nel Sud della Francia, vuoto, triste e piovoso. Incerto sulle prossime mosse, Simon passeggia sulla spiaggia sotto l'acqua quando si imbatte in un alterco fra due uomini e una giovane donna, Nathalie: disperata, senza soldi, senza documenti non sa dove andare e Simon, quasi suo malgrado, le offre ospitalità. Non sa che questa sua decisione lo farà precipitare in un incubo da cui cercherà di uscire seguendo le tracce, macchiate di sangue che conducono fino a Sofia e a un'altra ragazza: Selina. Sullo sfondo di una Francia ferita, in cui si respira ancora l'odore acre della paura degli attentati, le storie di persone apparentemente lontanissime fra loro, per un incredibile inanellarsi di eventi, si intrecceranno in modo drammatico e inaspettato ai destini di Simon e Nathalie a mille chilometri di distanza, in una Bulgaria povera e disperata.
Avvincente, inquietante, sorprendente, *La scelta decisiva* è la riconferma dell'indiscusso talento di una delle maggiori autrici di thriller contemporanee.

CORBACCIO

FEDERICO INVERNI

IL RESPIRO DEL FUOCO

Manca poco al tramonto quando il cielo grigio e nero che incombe sulla città di Haven si accende di un rosso infuocato. Ma quel bagliore non proviene dal sole calante che tenta di illuminare uno degli ultimi giorni che precedono il Natale.
È il rosso violento di un incendio scaturito sulla cima di una collina in periferia, nella cittadina abbandonata di Eden Crossing.
Il respiro del fuoco non ha lasciato scampo: l'eccentrico tempio che accoglieva il reverendo Tobias Manne e i suoi adepti è ora un sepolcro ardente con decine di vittime.
La profiler Anna Wayne e il detective Lucas sono arrivati troppo tardi per impedire quel devastante suicidio rituale...
...ma qualcosa appare assurdamente incongruo.
Qualcuno è riuscito a dominare il fuoco, a farsene padrone. E forse quello non è un suicidio collettivo, ma la più efferata delle stragi, messa in atto da una mente visionaria e geniale. Perché esiste soltanto una cosa più affascinante e pericolosa del manipolare il fuoco: manipolare le menti.
Mentre in città la notte arde di altri fuochi, Anna e Lucas devono sfidare il tempo per riuscire a elaborare un profilo del killer, ricostruire la storia delle vittime e individuare la più sfuggente delle ombre, prima che uccida ancora.
Ma ogni indagine ha un prezzo, e quando sia Anna sia Lucas scoprono che quel caso affonda le radici nel loro stesso passato, nei loro segreti, sono costretti a chiedersi se possono davvero fidarsi l'una dell'altro... O se invece, come predicava il reverendo Tobias Manne, non sia il momento di compiere l'ultimo passo: accettare l'inaccettabile.

CORBACCIO

JODI PICOULT

PICCOLE GRANDI COSE

Da più di vent'anni, Ruth Jefferson è infermiera ostetrica al Connecticut Hospital. Durante il proprio turno, mentre sta effettuando il check-up di un neonato, viene improvvisamente allontanata: i genitori di Davis sono bianchi suprematisti e non vogliono che Ruth, afroamericana, tocchi il bambino. L'ospedale soddisfa la loro richiesta di precludere a Ruth di avvicinarsi a Davis, ma il giorno successivo il piccolo ha delle complicanze cardiache proprio mentre Ruth è l'unica ostetrica in servizio. Intervenire oppure no? Obbedire all'esplicito divieto di toccare il bambino oppure al dovere etico di soccorrerlo? Ruth esita prima di effettuare il massaggio cardiaco, il bimbo muore e lei finisce per essere accusata di omicidio colposo. Kennedy McQuarrie, avvocatessa bianca, sceglie di impostare una linea difensiva che escluda a priori l'ipotesi di razzismo nei confronti dell'infermiera. Sarà la scelta giusta? Ruth e l'avvocatessa faticano a trovare un modo di intendersi, ma la vicenda giudiziaria si rivelerà infine utile a entrambe per capire molto di più di se stesse e soprattutto per guardare il mondo da una nuova prospettive.
Un romanzo appassionante e intenso, un *Buio oltre la siepe* del terzo millennio che affronta un tema eterno e universale: il pregiudizio.

CORBACCIO

RUTH WARE

LA DONNA DELLA CABINA 10

Doveva essere la crociera perfetta. Le luci del grande Nord su una nave di lusso, l'*Aurora Borealis*, in compagnia di pochi e selezionatissimi ospiti. Un'ottima opportunità professionale per la giornalista Lo Blackwood, incaricata di sostituire il suo capo e ben felice di trovare sollievo dallo choc provocato da un tentativo di furto subito nella sua casa di Londra.
Ma la crociera si trasforma ben presto in un incubo atroce... Durante la prima notte di viaggio, Lo assiste a quello che ha tutta l'aria di essere un omicidio, proprio nella cabina accanto alla sua, la numero 10. Non solo nessuno le crede, ma la ragazza che dice di aver incontrato nella stessa cabina sembra non essere mai esistita: non è a bordo, nessuno la conosce, e le tracce lasciate dalla sua misteriosa presenza svaniscono una dopo l'altra. Bloccata sulla nave e sempre più isolata nella sua ricerca, Lo cade in preda al terrore. Sta forse impazzendo? Oppure è intrappolata in mezzo all'oceano, unica testimone di un delitto e in balia di uno spietato assassino?
Inquietante, coinvolgente, claustrofobico, *La donna della cabina numero 10* conferma la nascita di una nuova autrice di grande talento nel panorama del thriller internazionale.

CORBACCIO